Aktuelle Dokumente

Herausgegeben von Professor Dr. Ingo von Münch

Reform des Sexualstrafrechts

Zusammengestellt von

Dr. Friedrich-Christian Schroeder
Professor an der Universität Regensburg

1971

Walter de Gruyter · Berlin · New York

Satz und Druck: Neue Presse, Coburg

ISBN 3 11 003934 6

Inhaltsverzeichnis

Einleitung

Der Begriff „Sexualstrafrecht" ist an sich sehr weit und umspannt den großen Bereich aller mit der Sexualität in irgendeiner Weise zusammenhängenden Straftaten, von den Handlungen gegen die sexuelle Selbstbestimmung (Notzucht, Verführung Minderjähriger) über die bloße Ausnutzung fremder Sexualität (Kuppelei, Zuhälterei), die Beseitigung, Verhinderung oder Herbeiführung der natürlichen Folgen der Sexualität (Abtreibung, Sterilisation, Kastration, künstliche Befruchtung) bis zu lediglich sexuell intendierten allgemeinen Straftaten wie dem Mord zur Befriedigung des Geschlechtstriebs oder dem Wäschediebstahl eines Fetischisten.

Es hat sich jedoch eingebürgert, mit dem Begriff „Sexualstrafrecht" diejenigen Tatbestände zu bezeichnen, die im Dreizehnten Abschnitt des Strafgesetzbuches von 1871 unter dem Titel „Verbrechen und Vergehen wider die Sittlichkeit" enthalten sind (nebst den unter den „Verbrechen und Vergehen wider die persönliche Freiheit" eingeordneten Entführungstatbeständen der §§ 235 – 238 StGB). Auch der RegE des 4. StrRG will diesen Begriff durch den der „Sexualstraftaten" ersetzen (s. u. S. 21, 88). Die Ersetzung dieses Begriffes trägt dabei deutlich polemische Züge. In der Tat diskreditierte die bisherige Überschrift die einschlägigen Tatbestände im Widerspruch zu ihrem Inhalt. Allerdings läßt auch die neue, nur noch an den Bereich dieser Tatbestände anknüpfende, Bezeichnung eine kritische Funktion vermissen, wie sie sonstige, auf das geschützte Rechtsgut abstellende, Bezeichnungen von Deliktsgruppen besitzen. Übrigens ist auch der Gegenstand des Dreizehnten Abschnitts des StGB keineswegs absolut fixiert; vielmehr ist hier ein interessanter Prozeß der Abschiebung von Tatbeständen in andere, eindeutiger am Rechtsgüterschutz orientierte, Abschnitte zu beobachten: 1943 wurden die Bigamie (§ 171) und der Ehebruch (§ 172) aus den „Verbrechen und Vergehen wider die Sittlichkeit" aus- und in den Zwölften Abschnitt des Strafgesetzbuches eingegliedert, dessen Überschrift gleichzeitig auf „Straftaten gegen den

Personenstand, die Ehe und die Familie" erweitert wurde[1]. Der RegE des 4. StrRG will nunmehr wie schon vorher der E 1962 auch noch die Blutschande (§ 173) in diesen Abschnitt abschieben (s. u. S. 19). Hinter dieser formalen Einordnung steht natürlich eine inhaltliche Aussage bzw. der Versuch, den umstrittenen Tatbestand der Blutschande rechtsgutmäßig zu fundieren. Jedenfalls müssen auch diese Delikte zum „Sexualstrafrecht" gerechnet werden.

Das geltende Sexualstrafrecht rührt – wie das gesamte geltende Strafgesetzbuch, das freilich in anderen Teilen schon weitgehend reformiert ist – noch aus dem Jahre 1871 her. Dabei lehnten sich die seinerzeit geschaffenen Bestimmungen wegen der Eile, mit der das Reichsstrafgesetzbuch geschaffem wurde, sogar weitgehend an das preußische Strafgesetzbuch von 1851 an.

Wesentlichere Änderungen brachte lediglich die sog. lex Heinze vom 25. 6. 1900[2], die auf Grund eines Mordprozesses gegen das Ehepaar Heinze den umstrittenen Tatbestand der Zuhälterei (§ 181a, s. dazu u. S. 44ff., 128ff.) und ferner die Tatbestände der Überlassung schamloser Werke an Jugendliche und der Mitteilungen aus wegen Gefährdung der Sittlichkeit nichtöffentlichen Gerichtsverhandlungen (§§ 184a, 184b) einfügte. Durch Gesetz vom 28. 6. 1935[3] wurde die Strafbarkeit der Homosexualität von der Vornahme beischlafsähnlicher Handlungen auf das — in seiner Bedeutung allerdings umstrittene — „Unzuchttreiben" erweitert und für qualifizierte Fälle die Strafdrohung zu einem Verbrechen verschärft. Durch das 1. StrRG vom 25. 6. 1969[4] (s. u. S. 9f.) ist dann die Strafbarkeit auf diese qualifizierten Fälle beschränkt worden.

Die Arbeiten an einer Gesamtreform des StGB begannen schon zu Anfang dieses Jahrhunderts, scheiterten aber bis 1945 jeweils am Umbruch der politischen Verhältnisse. Dabei sollten die Sexualstraftaten keine wesentlichen Änderungen gegenüber dem geltenden Recht erfahren. Dies gilt sowohl für den Vorentwurf von 1909

1 VO zur Durchführung der VO zum Schutze von Ehe, Familie und Mutterschaft vom 18. 3. 1943, RGBl. 1943 I S. 169.

2 RGBl. 1900 I S. 301.

3 RGBl. 1935 I S. 839.

4 BGBl. 1969 I S. 645.

(§§ 180, 236–238, 243–258) als auch den Entwurf der Strafrechtskommission von 1913 (§§ 305–307, 313–332, 337), den Entwurf von 1919 (§§ 314–336, 339, 341), den Amtlichen Entwurf eines Allgemeinen Deutschen Strafgesetzbuches von 1925 (§§ 250, 255–277, 280), den Entwurf eines Allgemeinen Deutschen Strafgesetzbuches (Reichstagsvorlage) von 1927 (§§ 276, 282–309, 312), den Entwurf eines Allgemeinen Deutschen Strafgesetzbuches (Antrag Kahl = Beschlüsse des Strafrechtsausschusses des Reichstags der IV. Wahlperiode in der Fassung der deutschen und österreichischen parlamentarischen Strafrechtskonferenzen) von 1930 (§§ 276, 282–309, 312) und schließlich auch den nationalsozialistischen Entwurf eines Deutschen Strafgesetzbuches von 1936 (§§ 192, 199–229, 433). Die vorgesehenen Neuerungen beschränkten sich im wesentlichen auf die Einführung von Tatbeständen des Frauenhandels und des Mißbrauchs wirtschaftlicher Abhängigkeit zum außerehelichen Beischlaf. Der allgemein liberale Entwurf von 1925 wollte die Unzucht mit Tieren für straffrei erklären, erlag aber auch hierin dem durch den Entwurf von 1927 eintretenden Rückschlag, während der Strafrechtsausschuß des Reichstages auch hier noch weiter ging und neben der Sodomiterei auch die einfache Homosexualität und den Ehebruch straffrei lassen wollte.

In der Bundesrepublik wurden die Reformarbeiten 1953 wieder aufgenommen. Die Große Strafrechtskommission, die sich aus Strafrechtslehrern, hohen Richtern und Staatsanwälten, Vertretern der Länderjustizministerien und der Rechtsanwaltschaft sowie Bundestagsabgeordneten zusammensetzte, behandelte die Sittlichkeitsdelikte in ihrer 80.–87., 90., 142. und 143. Sitzung; die umfangreichen Beratungen sind im 8. und 13. Band der „Niederschriften über die Sitzungen der Großen Strafrechtskommission" (1959 bzw. 1960) veröffentlicht.

Aus den Beschlüssen wurde 1960 von der Bundesregierung ein Entwurf gebildet und dem Bundesrat und dem Bundestag vorgelegt, die sich aber wegen der zu Ende gehenden Legislaturperiode nicht mehr mit ihm befassen konnten. 1962 wurde der Entwurf unter Einarbeitung der inzwischen ergangenen Stellungnahmen erneut in den Bundestag eingebracht; dieser als Bundestags-Drucksache IV/650 veröffentlichte sog. E. 1962 gilt als das vorläufige

Endprodukt der Gesamtreform. Er enthält für die Sexualdelikte eine Regelung, die sich weitestgehend an das seinerzeit geltende Recht anschließt (s. u. S. 18 ff.). Es ist bezeichnend, daß die Begründung ganze Passagen der Begründung des Entwurfs von 1925 übernimmt! Der E 1962 bemühte sich darüber hinaus, „Lücken des geltenden Rechts zu schließen", so bei der Nötigung zur Unzucht, der Unzucht mit Widerstandsunfähigen, der Unzucht vor Kindern und Schutzbefohlenen. Diese Tendenz und eine überfeinerte Gesetzestechnik führten dazu, daß aus den 17 Paragraphen des geltenden Rechts 32 Paragraphen wurden, die in sich noch eine weit größere Anzahl von „Tatbeständen", d. h. selbständigen Beschreibungen strafbaren Verhaltens, enthielten. So war die Unzucht mit Kindern in 14 Fälle aufgespalten, zu welchen noch 6 Regelbeispiele für „besonders schwere Fälle" hinzutraten (§§ 210, 212). So trifft den E 1962 der Vorwurf des Perfektionismus in dem doppelten Sinne der Pönalisierung von Verhaltensweisen überhaupt und ihrer tatbestandlichen Ausgestaltung.

Der E 1962 erfuhr denn auch bald in seiner Regelung der Sexualdelikte besonders heftige Kritik, zumal sich schon vorher die Rechtspolitik den Sexualdelikten als Paradigma zugewandt hatte[5]. 1963 trug ein trotz einer Auflage von 63 000 Exemplaren schnell vergriffenes Taschenbuch die Kritik erstmals in eine breitere Öffentlichkeit[6]. 1965 befaßte sich die Tagung der deutschen Strafrechtslehrer in Freiburg i. Br. mit der Regelung der Sexualdelikte im E 1962 und kam zu einem weitgehend negativen Ergebnis[7]. 1967 widmete die Deutsche Gesellschaft für Sexualforschung der Reform des Sexualstrafrechts ein Symposion, auf welchem vor allem der Appell des katholischen Theologen *F. Böckle* zu einer Einschränkung starke Beachtung fand[8].

---

5 *H. Jäger*, Strafgesetzgebung und Rechtsgüterschutz bei Sittlichkeitsdelikten, 1957.

6 Sexualität und Verbrechen. Beiträge zur Strafrechtsreform, hrsg. von *F. Bauer, H. Bürger-Prinz, H. Giese, H. Jäger.*

7 S. die Referate von *H. Leferenz* und *E.-W. Hanack*, Zeitschr. f. d. gesamte Strafrechtswissenschaft, Bd. 77 (1965), S. 379–469 und die Diskussionsberichte a. a. O. S. 506–508 sowie Juristenzeitung 1965, 503 ff.

8 Abdruck der Referate in: Zur Strafrechtsreform, hrsg. von *H. Giese*, Beiträge zur Sexualforschung, 43. Heft, 1968.

Die Frage „Empfiehlt es sich, die Grenzen des Sexualstrafrechts neu zu bestimmen?“ wurde auch zum Thema der Strafrechtlichen Abteilung des 47. Deutschen Juristentages am 18. und 19. 9. 1968 in Nürnberg gewählt. Dabei arbeitete *Hanack* sein Referat vor der Tagung der Deutschen Strafrechtslehrer von 1965 (s. o.) zu einem umfassenden Referat aus, das aus der Reformdiskussion nicht mehr wegzudenken ist[9]. Auf dem 47. Juristentag selbst griffen *B. Just-Dahlmann* und der österreichische Generalprokurator *F. Pallin* in ihren Referaten den E 1962 heftig an, während der seinerzeitige Sachbearbeiter im Bundesjustizministerium *K. Lackner* ihn bei aller Bereitschaft zur Modernisierung grundsätzlich in Schutz nahm; in der Diskussion kamen zahlreiche prominente Juristen zu Wort[10]. Die Beschlüsse empfahlen dem Gesetzgeber die Streichung zahlreicher Bestimmungen des E 1962 und ferner die Zugrundelegung des Alternativ-Entwurfs (s. u. S. 74 ff.).

Hierbei handelt es sich um einen von 14, später 16 Professoren der mittleren Generation erarbeiteten Entwurf, von welchem 1966 der Allgemeine Teil, Anfang 1968 das Politische Strafrecht und Mitte 1968, eben vor dem 47. Deutschen Juristentag, die Sexualdelikte erschienen sind[11] (s. u. S. 19 ff.). Darin waren die einfache Homosexualität, die Unzucht mit Tieren, die Verbreitung unzüchtiger Schriften, die Blutschande, der Ehebruch und die Zuhälterei gestrichen und der Rest der Vorschriften auf 11 allein dem Schutz der Jugend und der Freiheit bzw. Wehrlosigkeit dienende Tatbestände zusammengestrichen; der Kernbegriff des geltenden Rechts, die „Unzucht“ bzw. „unzüchtige Handlung“ wurde durch den Begriff der „sexuellen Handlung von einiger Erheblichkeit“ ersetzt, der freilich außer sprachlichen auch eine Reihe inhaltlicher Schwierigkeiten aufwirft[12].

Inzwischen war der Gesetzgeber dazu übergegangen, die große Strafrechtsreform in Teilreformen aufzulösen. Am 25. 6. 1969 er-

---

9 Verhandlungen des 47. Deutschen Juristentages, Bd. I (Gutachten), 1968, Teil A.

10 A. a. O., Bd. II (Sitzungsberichte), 1968, Teil K.

11 Inzwischen eingebaut in: Straftaten gegen die Person. Erster Halbband, 1970.

12 Vgl. *F.-C. Schroeder*, Die Straftaten gegen die sexuelle Selbstbestimmung nach dem Entwurf eines 4. StrRG, Zeitschr. für Rechtspolitik 1971, 14 ff., 15.

ging das umfassende Erste Gesetz zur Reform des Strafrechts[13], dessen neuartige Bezeichnung freilich allenfalls durch einen quantitativen Unterschied gegenüber den zahllosen früheren Gesetzen zur Änderung des Strafgesetzbuches von 1871 gerechtfertigt ist. Es brachte die dringlichsten Änderungen des Sexualstrafrechts, nämlich die Abschaffung der Strafbarkeit des Ehebruchs, der einfachen Homosexualität, der Unzucht mit Tieren und der Erschleichung des außerehelichen Beischlafs (sog. Amphitryon-Paragraph); die schwere Homosexualität und die Entführungstatbestände wurden modernisiert.

Kurz darauf schränkte der Bundesgerichtshof in dem berühmten „Fanny-Hill“-Urteil den Tatbestand der Verbreitung unzüchtiger Schriften erheblich ein auf lediglich „aufdringlich vergröbernde oder anreißerische Schilderungen geschlechtlicher Vorgänge“, insbesondere „aufdringliche, verzerrende, unrealistische Darstellungen geschlechtlicher Vorgänge“, die „Verherrlichung von Ausschweifungen oder Perversitäten“ und eine „obszöne Ausdrucksweise“[14] (s. u. S. 80ff.).

Am Beginn der 6. Legislaturperiode erklärte der Bundesminister der Justiz *Jahn* die Reform des Sexualstrafrechts für das wichtigste Reformanliegen nach der vordringlichen Reform der Demonstrationsdelikte[15]. Gleichzeitig nannte er die Delikte gegen Ehe, Familie und Personenstand, die nicht nur im Strafgesetzbuch unmittelbar vor den Sexualstraftaten rangieren, sondern auch fließende Grenzen zu ihnen aufweisen (s. o. S. 5f.).

Pünktlich am 27. 7. 1970 lag ein Referentenentwurf eines Vierten Gesetzes zur Reform des Strafrechts aus dem Bundesjustizministerium vor, der die beiden genannten Deliktsgruppen behandelte[16]. Er wurde am 17. 9. 1970 mit geringfügigen Änderungen von der Bundesregierung verabschiedet und mit Begründung dem Bundesrat zugeleitet[17] (s. u. S. 19 ff., 83 ff.); immerhin wurde die Strafbar-

13 BGBl. 1969 I S. 645.
14 BGHSt. 23, 40 ff.
15 2. Sitzung des Sonderausschusses für die Strafrechtsreform am 27. 11. 1969, Beratungen des Sonderausschusses S. 3.
16 Aktenzeichen 4000/1 T c – 21/193/70.
17 Bundesrats-Drucksache 489/70.

keit des Geschwisterinzests wieder eingefügt und der Entwurf als „Diskussionsgrundlage“ bezeichnet[18].

Dieser Entwurf hält gegenüber der abolitionistischen Tendenz des Alternativ-Entwurfs und zahlreicher Reformvorschläge eine gemäßigte Linie ein. Wichtigere Änderungen sind 1. die Einschränkung der Strafbarkeit der Unzucht mit Schutzbefohlenen und die Beschränkung der Unzucht mit Abhängigen auf Strafverfolgungsbeamte und Insassen von Straf- und Krankenanstalten, 2. die Beschränkung der Kuppelei auf die Verkuppelung von Personen unter 16 Jahren und die Zuführung zur Prostitution, 3. die Beschränkung der Strafbarkeit der Verbreitung unzüchtiger Schriften auf sadistische und pädophile Schriften sowie auf die Überlassung an Jugendliche[19].

Diese Reformvorschläge berühren sich eng mit der Materie des Gesetzes über die Verbreitung jugendgefährdender Schriften, das darum auszugsweise in die Dokumentation aufgenommen wurde (s. u. S. 60 ff.).

Außerdem sind die einschlägigen Tatbestände in einer Reihe von internationalen Konventionen geregelt, an denen die Bundesrepublik beteiligt ist. Sie muß daher diese Konventionen entweder erfüllen oder aber kündigen. Letzteres wäre bei der vorgeschlagenen Einschränkung des Pornographieverbots hinsichtlich der internationalen Übereinkunft zur Bekämpfung der Verbreitung und des Vertriebs unzüchtiger Veröffentlichungen der Fall. Auch diese Konventionen werden daher auszugsweise wiedergegeben (s. u. S. 63 ff.).

Im Bundesrat erfuhr der Regierungsentwurf eine eingehende Erörterung. Am 23. und 24. 9. 1970 beriet ein vom Rechtsausschuß eingesetzter Unterausschuß[20], am 7. 10. 1970 der Rechtsausschuß selbst[21]. Dabei ergab sich eine deutliche Frontstellung der Länder

---

18 Vgl. Information, Bundesministerium der Justiz, Nr. 58/1970 v. 17. 9. 1970, S. 2; Bundesjustizminister *Jahn* bei der ersten Beratung des 4. StrRG im Bundesrat, in: Recht, Informationen des Bundesministers der Justiz Nr. 69/1970 v. 23. 10. 1970.

19 Eingehende Erörterung bei *F.-C. Schroeder*, Die Straftaten gegen die sexuelle Selbstbestimmung nach dem Entwurf eines 4. StrRG, Zeitschrift für Rechtspolitik 1971, 14 ff.

20 Bundesrat-Rechtsausschuß, Aktenzeichen R 2701 e – Nr. 12 101/70.

21 Bundesrat-Rechtsausschuß, Aktenzeichen R 0055 – Nr. R 106/70.

Berlin, Bremen, Hamburg und Hessen, die für eine weitere Liberalisierung des Sexualstrafrechts eintraten, gegen die Länder Bayern, Rheinland-Pfalz, Saarland und Schleswig-Holstein, die zusätzliche Bestimmungen wünschten. Eine Reihe von Abänderungsempfehlungen gab auch der Ausschuß für Jugend, Familie und Gesundheit[22].

Das Plenum des Bundesrats befaßte sich in seiner 357. Sitzung am 23. 10. 1970 mit dem Regierungsentwurf[23]. Dabei wurde überraschend eine Reihe von Anträgen auf Erweiterung des strafbaren Bereichs angenommen, wie die Beibehaltung der Unzucht mit Abhängigen, der gewerbsmäßigen Kuppelei, die Beseitigung des sog. Elternprivilegs bei der Verkuppelung Minderjähriger, die Beibehaltung des absoluten Verbots der Verbreitung unzüchtiger Schriften, aber auch eine weitere Einschränkung der Homosexualität[24] (s. u. S. 149 ff.).

In ihrer Gegenäußerung zeigte die Bundesregierung eine ungewöhnliche Aufgeschlossenheit für die Änderungsanträge, abgesehen von denen zur Kuppelei, stellte eine weitere Prüfung in Aussicht und bezeichnete ihren Entwurf wiederum als Diskussionsgrundlage[25] (s. u. S. 162 ff.).

Schon bevor der Regierungsentwurf im Bundesrat beraten war und erst recht, bevor er im Bundestag eingebracht war, hatte der Sonderausschuß des Bundestages für die Strafrechtsreform am 8. 10. 1970 die Anhörung einer großen Zahl von Sachverständigen zu einem umfangreichen Fragenkatalog beschlossen[26], ein nach der Geschäftsordnung zulässiges Verfahren. Die Anhörung fand vom 23. bis 25. 11. 1970 statt und dauerte insgesamt 40 Stunden! Die Anhörung von 31 Soziologen, Sexualwissenschaftlern, Kriminologen, Kriminalpolizeibeamten, Psychiatern, Psychologen, Pädagogen, Gerichtsmedizinern, Theologen, Philosophen, Verfassungsrechtlern, Rechtsvergleichern, Strafrechtslehrern, Richtern, Staats-

22 Vgl. die Zusammenstellung der Empfehlungen der beiden Ausschüsse, Bundesrat-Rechtsausschuß Drucksache 489/1/70.
23 Verhandlungen des Bundesrates, VI. Wahlperiode, S. 227 ff.
24 Bundestags-Drucksache VI/1552 Anlage 2.
25 A. a. O. Anlage 3.
26 Beratungen des Sonderausschusses für die Strafrechtsreform, 23. Sitzung vom 8. 10. 1970, S. 757 f.

anwälten und Rechtsanwälten zu der gesamten Problematik des Sexualstrafrechts war auch auf internationaler Ebene eine Veranstaltung von einmaligem Rang. Die Protokollierung nimmt 320 doppelspaltige DIN-A 4-Seiten ein[27] und kann hier nicht einmal in Auszügen wiedergegeben werden. Die Dokumentation enthält nur den Katalog der Fragen und eine Aufstellung der dazu angehörten Sachverständigen (s. u. S. 170 ff.). Wer sich ernsthaft mit der Materie befassen will, wird aber an dem dort aufgetürmten Material nicht vorbeigehen können. Allerdings zeigte sich einmal mehr, daß die Abschiebung politischer, hier rechtspolitischer, Entscheidungen auf die Wissenschaft nur begrenzt möglich ist. Denn die kontroversen Auffassungen über die Regulierung der Sexualität in Laienkreisen sind auch in der Wissenschaft letztlich noch nicht überwunden. Äußerungen mit betont abolitionistischer Tendenz *(Sigusch, Kentler,* in geringerem Maße auch *Hallermann, Wille)* standen Äußerungen gegenüber, die in der Freigabe erhebliche Gefahren sahen. Dabei stellte der Psychotherapeut *Affemann* vor allem auf langfristige tiefenpsychologische Wirkungen von sexuellen Handlungen gegenüber Kindern und Jugendlichen und der Pornographie ab. Demgegenüber mußte *Sigusch* zugeben, daß seine „Langzeituntersuchungen" nicht mehr als drei Wochen umfaßten. Der Pädagoge *Böttcher* verwies auf praktische Erfahrungen in Fürsorgeerziehungsheimen und stellte vor allem auf den auch bei der Sexualität erforderlichen Lernprozeß ab, der von der Pornographie pervertiert werde. Der Rechtsvergleicher *Jescheck* wies auf die zumeist weitergehenden ausländischen Bestimmungen hin. Auch *Hanack* erklärte, daß der Grundsatz „in dubio pro libertate" bei traditionellen Tatbeständen zweifelhaft sei, beklagte die Eskalation der Pornographie und räumte ausdrücklich ein, daß seine heutige Äußerung skeptischer sei als die von 1968 (s. o. S. 9).

Wegen der engen Beziehungen zwischen dem Sexualstrafrecht und den religiösen Geboten war es vorauszusehen, daß sich die Kirchen intensiv in die Reformdiskussion einschalteten.

Schon am 21. 2. 1969 verbreitete das Kommissariat der Deutschen Bischöfe / Katholisches Büro Bonn eine Stellungnahme zur

27 A. a. O. S. 843 ff.

Strafrechtsreform, in der die Strafbarkeit auf sozialschädliche Verhaltensweisen begrenzt und ein Schutz der Intimsphäre durch den Gesetzgeber verlangt und dementsprechend eine Streichung der Strafvorschriften gegen Ehebruch, einfache Homosexualität und Sodomie gebilligt, dagegen eine Beibehaltung der Strafbarkeit der Pornographie verlangt wurde. Am 25. 9. 1970 gab die Konferenz der Deutschen Bischöfe eine Verlautbarung zur Strafrechtsreform ab, die sich scharf gegen die Einschränkung der Strafbarkeit der Pornographie wandte (s. u. S. 176 ff.). Am 23. 11. 1970 folgte eine detaillierte Stellungnahme des beim Kommissariat der Deutschen Bischöfe bestehenden Katholischen Arbeitskreises für Strafrecht (s. u. S. 196 ff.).

Ende 1970 fanden sich erstmals Vertreter der beiden großen christlichen Kirchen zusammen und legten unter dem Titel „Das Gesetz des Staates und die sittliche Ordnung“ Thesen zum Verhältnis von Recht, Moral und Ethik im allgemeinen und zur Pornographie im besonderen vor (s. u. S. 182 ff.). Diese Schrift fand in der Publizistik eine sehr heftige Kritik, die ihr Unredlichkeit, polemische Verzeichnung, Unterstellung und peinliche Selbstgerechtigkeit vorwarf[28]. Außerdem richtete sich die Kritik gegen die angebliche Usurpierung eines offiziösen Charakters, das hierarchische Handeln, die Übergehung der Kommission der Evangelischen Kirche in Deutschland für Sexualfragen. Dazu ist allerdings festzustellen, daß deren Vorsitzender einer der sechs Mitautoren der Schrift ist. Inzwischen hat auch die genannte Kommission selbst eine umfangreiche „Denkschrift zu Fragen der Sexualethik“ vorgelegt, deren das Sexualstrafrecht betreffende Thesen in diese Dokumentation aufgenommen sind (s. u. S. 209 ff.)[29].

Offensichtlich durch die massive Kritik veranlaßt, legte Bundesjustizminister *Jahn* am 25. 2. 1971 neue Vorschläge zum Pornographieproblem vor, die den Handel außerhalb von Geschäftsräumen, Lichtspiel-, Rundfunk- und Fernsehsendungen einbezogen

28 S. „Das Gesetz der Moral und die staatliche Ordnung“, Gegendenkschrift zur „gemeinsamen christlichen Aussage“ von Julius Kardinal Döpfner, Landesbischof D. Hermann Dietzfelbinger und deren Autorenkollektiv, 1971, und die dort abgedruckten Pressestimmen.

29 Zur Entstehungsgeschichte s. *S. Keil,* Einerseits und andererseits. Anmerkungen zur Entstehung der EKD-Denkschrift zu Fragen der Sexualethik, in: Evangelische Kommentare 1971 Nr. 4 S. 203 f.

und das absolute Pornographieverbot auf sodomitische Darstellungen erweiterten, die Ordnungswidrigkeitentatbestände gegen die Vermittlung außerehelichen Verkehrs und die Anpreisung von Gegenständen für den sexuellen Gebrauch verschärften und um Tatbestände gegen den öffentlichen Anschlag von Darstellungen „grob (aufdringlich) sexuellen Inhalts" und die Anpreisung und den Versand pornographischer Darstellungen erweiterten. Diese Vorschläge erwecken allerdings den Eindruck von Kompliziertheit und Überschneidungen. Außerdem wurde – auf Grund der einhelligen Äußerungen in den Anhörungen im Sonderausschuß – ein neuer Tatbestand gegen die Verbreitung von Darstellungen von Gewalttätigkeiten vorgeschlagen (s. u. S. 221 ff.). Unter der Hand liegt in diesem Vorschlag zugleich der Vorschlag zur Abschaffung eines Stückes Staatsschutz, nämlich der Verächtlichmachung von Staatseinrichtungen oder Anordnungen der Obrigkeit, das früher eine große Rolle spielte, heute aber so gut wie obsolet geworden ist[30].

Auch diese Vorschläge wurden jedoch von dem Katholischen Arbeitskreis für Strafrecht mit eingehender Begründung abgelehnt (s. u. S. 227 ff.).

Erwähnung verdienen schließlich die von dem Strafrechtsausschuß der Bundesrechtsanwaltskammer erarbeiteten Leitsätze zum Regierungsentwurf eines Vierten Gesetzes zur Reform des Strafrechts[31]. Diese sorgfältig begründeten Leitsätze, die den Regierungsentwurf in seiner restriktiven Tendenz unterstützen und vielfach noch weiter gehen, konnten nur wegen ihres Umfangs nicht in die vorliegende Dokumentation aufgenommen werden.

Am 5. 3. 1971 wurde der Regierungsentwurf im Bundestag eingebracht und an den Sonderausschuß für die Strafrechtsreform überwiesen[32].

---

30 S. F.-C. *Schroeder*, Der Schutz von Staat und Verfassung im Strafrecht, 1970, S. 81, 90 f., 477.

31 Leitsätze zum Regierungsentwurf eines Vierten Gesetzes zur Reform des Strafrechts (Sexualstrafrecht) (Bundesratsdrucksache 489/70) vom 9. 11. 1970; Weitere Leitsätze zum Regierungsentwurf eines Vierten Gesetzes zur Reform des Strafrechts (Sexualstrafrecht) vom 18. 1. 1971; Abschließende Leitsätze zum Regierungsentwurf eines Vierten Gesetzes zur Reform des Strafrechts (Sexualstrafrecht) vom 10. 3. 1971.

32 Deutscher Bundestag – 6. Wahlperiode – 105. Sitzung, Stenogr. Berichte S. 6100 ff.

1. Gegenüberstellung des geltenden Rechts, des Entwurfs 1962, des Alternativ-Entwurfs und des Regierungsentwurfs eines 4. StrRG

Strafgesetzbuch (StGB)

Vom 15. Mai 1871
in der Fassung vom 1. Sept. 1969
(BGBl. I S. 1445; III 450-2)

Zweiter Teil

Von den einzelnen Verbrechen, Vergehen und Übertretungen und deren Bestrafung

Zwölfter Abschnitt

Straftaten gegen den Personenstand, die Ehe und die Familie

. . .

§ 172

(aufgehoben seit 1. 9. 1969 durch das 1. StrRG vom 25. 6. 1969)

Dreizehnter Abschnitt

Verbrechen und Vergehen wider die Sittlichkeit

§ 173

(1) Der Beischlaf zwischen Verwandten auf- und absteigender Linie wird an den ersteren mit Freiheitsstrafe von einem Jahr bis zu fünf Jahren, an den letzteren mit Freiheitsstrafe bis zu zwei Jahren bestraft.

(2) Der Beischlaf zwischen Geschwistern wird mit Freiheitsstrafe bis zu zwei Jahren bestraft. Ebenso wird der Beischlaf zwischen Verschwägerten auf- und absteigender Linie bestraft, wenn die Ehe, auf der die Schwägerschaft beruht, zur Zeit der Tat besteht.

(3) Verwandte und Verschwägerte absteigender Linie bleiben

Entwurf eines Strafgesetzbuches (E 1962)

Besonderer Teil

Zweiter Abschnitt

Straftaten gegen die Sittenordnung

Zweiter Titel

Straftaten gegen Ehe, Familie und Personenstand

. . .

§ 193

Ehebruch

(1) Wer seine Ehe oder eine fremde Ehe bricht, wird mit Gefängnis bis zu einem Jahr oder mit Strafhaft bestraft.

(2) Die Tat wird nur auf Antrag und nur dann verfolgt, wenn die Ehe wegen des Ehebruchs geschieden worden ist.

§ 192

Blutschande

(1) Wer mit einem Verwandten absteigender Linie den Beischlaf vollzieht, wird mit Zuchthaus bis zu zehn Jahren, in minder schweren Fällen mit Gefängnis von einem Jahr bis zu fünf Jahren bestraft. Ein minder schwerer Fall ist ausgeschlossen, wenn der Verwandte absteigender Linie noch nicht sechzehn Jahre alt ist.

(2) Wer mit einem Verwandten aufsteigender Linie den Beischlaf vollzieht, wird mit Gefängnis bis zu zwei Jahren bestraft. Ebenso werden Geschwister bestraft, die

Alternativ-Entwurf eines Strafgesetzbuches (AE)

Besonderer Teil

Entwurf eines Vierten Gesetzes zur Reform des Strafrechts (E 4. StrRG)

(BT-Drucks. VI/1552)

Zweiter Teil

Von den einzelnen Verbrechen, Vergehen und Übertretungen und deren Bestrafung

Zwölfter Abschnitt

Straftaten gegen den Personenstand, die Ehe und die Familie

. . .

§ 173

(1) Wer mit einem Verwandten ab- oder aufsteigender Linie den Beischlaf vollzieht, wird mit Freiheitsstrafe bis zu drei Jahren bestraft.

(2) Ebenso werden Geschwister bestraft, die miteinander den Beischlaf vollziehen.

(3) Verwandte absteigender Linie und Geschwister, die zur Zeit der Tat noch nicht achtzehn Jahre alt waren, sind straffrei.

StGB

straflos, wenn sie das achtzehnte Lebensjahr nicht vollendet haben.

(4) Im Falle des Beischlafs zwischen Verschwägerten kann das Gericht von Strafe absehen, wenn die häusliche Gemeinschaft der Ehegatten zur Zeit der Tat aufgehoben war. Die Tat wird nicht mehr verfolgt, wenn Befreiung vom Eheverbot der Schwägerschaft erteilt worden ist.

§ 174

(1) Mit Freiheitsstrafe nicht unter sechs Monaten wird bestraft,

1. wer einen seiner Erziehung, Ausbildung, Aufsicht oder Betreuung anvertrauten Menschen unter einundzwanzig Jahren oder

E 1962

miteinander den Beischlaf vollziehen.

(3) Verwandte absteigender Linie, die zur Zeit der Tat noch nicht sechzehn Jahre alt waren, sind straffrei.

Dritter Titel

Straftaten gegen die Sittlichkeit

Unzucht

§ 211

Unzucht mit Schutzbefohlenen

(1) Mit Gefängnis nicht unter sechs Monaten wird bestraft, wer

1. sein noch nicht einundzwanzig Jahre altes Kind, Adoptivkind, Stiefkind oder Mündel oder
2. als Erzieher eine seiner Erziehung anvertraute Person unter einundzwanzig Jahren

zur Unzucht mißbraucht.

(2) Ebenso wird bestraft, wer die Tat an einem seiner Ausbildung, Aufsicht oder Betreuung anvertrauten Kind oder Jugendlichen begeht.

(3) Der Versuch ist strafbar.

(4) § 206a Abs. 4 gilt entsprechend.

AE

1. Abschnitt
Straftaten gegen die Person
5. Titel
Straftaten gegen die sexuelle Freiheit
(§§ 124 – 129) und
6. Titel
Straftaten gegen Minderjährige
(§§ 130 – 136)

§ 133
Sexueller Mißbrauch von Schutzbefohlenen

(1) Wer an
1. einem Minderjährigen zwischen 14 und 16 Jahren, der ihm zur Erziehung oder zur Betreuung in der Lebensführung anvertraut ist,
2. einem Minderjährigen zwischen 16 und 21 Jahren, der ihm in der genannten Weise anvertraut ist und den er sich unter Mißbrauch der Abhängigkeit gefügig macht, oder
3. seinem minderjährigen leiblichen Kind, Adoptivkind oder Stiefkind über 14 Jahren

sexuelle Handlungen von einiger Erheblichkeit vornimmt oder solche Handlungen an sich von dem Minderjährigen vornehmen läßt, wird mit Geldstrafe nicht unter drei Monaten oder Freiheitsstrafe bis zu drei Jahren bestraft.

E4. StrRG

Dreizehnter Abschnitt
Sexualstraftaten

§ 174

(1) Wer sexuelle Handlungen
1. an einer Person unter sechzehn Jahren, die ihm zur Erziehung, zur Ausbildung oder zur Betreuung in der Lebensführung anvertraut ist,
2. an einer Person unter einundzwanzig Jahren, die ihm zur Erziehung oder zur Betreuung in der Lebensführung anvertraut ist, unter Mißbrauch der Abhängigkeit oder
3. an seinem Kind oder Adoptivkind unter einundzwanzig Jahren

vornimmt oder an sich von dem Schutzbefohlenen vornehmen läßt, wird mit Freiheitsstrafe von drei Monaten bis zu fünf Jahren bestraft.

StGB	E 1962
	§ 212 *Unzucht vor . . . Schutzbefohlenen* (1) Wer Unzucht absichtlich vor . . . (bei § 176 Abs. 1 Nr. 3 StGB) einem Schutzbefohlenen (§ 211) treibt, wird mit Gefängnis bis zu fünf Jahren bestraft. (2) Wer in wollüstiger Absicht 1. . . . (bei § 176 Abs. 1 Nr. 3 StGB) 2. absichtlich vor einem Jugendlichen, der sein Schutzbefohlener ist, eine Handlung vornimmt, die geeignet ist, Jugendliche in geschlechtlicher Hinsicht sittlich zu gefährden, oder 3. . . . (bei § 176 Abs. 1 Nr. 3 StGB) oder einen Jugendlichen, der sein Schutzbefohlener ist, zu einer in Nummer 2 bezeichneten Handlung bestimmt, wird mit Gefängnis bis zu drei Jahren bestraft, wenn die Tat nicht in Absatz 1 oder den §§ 210 oder 211 mit Strafe bedroht ist. (3) Der Versuch ist strafbar. § 214 *Unzucht unter Ausnutzung der Dienststellung*
2. wer unter Ausnutzung seiner Amtsstellung	(1) Wer zur Vornahme von Diensthandlungen (§ 11 Abs. 1 Nr. 4) berufen ist und einen anderen, der 1. unter seiner Dienstgewalt steht oder zu stehen annimmt oder 2. im Hinblick auf die künftige Vornahme oder Unterlassung einer Diensthandlung von ihm abhängig ist oder dies annimmt, unter Ausnutzung dieser Abhängigkeit zur Unzucht mißbraucht, wird mit Gefängnis nicht unter sechs Monaten bestraft. (2) Der Versuch ist strafbar.

AE

Ebenso wird bestraft, wer unmittelbar vor dem Minderjährigen und auf ihn bezogen sexuelle Handlungen von einiger Erheblichkeit vornimmt oder solche Handlungen vor sich von dem Minderjährigen vornehmen läßt.

(2) Wer auf einen Minderjährigen zwischen 14 und 16 Jahren, zu dem er in einem der in Abs. 1 bezeichneten Verhältnisse steht, durch obszöne Reden oder durch pornographische Schriften (§ 10 Abs. 2) einwirkt, um ihn sexuell aufzureizen oder abzustoßen, wird mit Geldstrafe bis zu sechs Monaten bestraft.

E 4. StrRG

(2) Wer unter den Voraussetzungen des Absatzes 1 Nr. 1 bis 3 sexuelle Handlungen

1. vor dem Schutzbefohlenen vornimmt oder
2. vor sich von dem Schutzbefohlenen vornehmen läßt,

um sich oder den Schutzbefohlenen hierdurch sexuell zu erregen, wird mit Freiheitsstrafe bis zu drei Jahren bestraft.

(3) Der Versuch ist strafbar.

§ 174 b

Wer als Beamter, der zur Mitwirkung an einem Strafverfahren oder an einem Verfahren zur Anordnung einer freiheitsentziehenden Maßregel der Sicherung und Besserung oder einer behördlichen Verwahrung berufen ist, unter Mißbrauch der durch das Verfahren begründeten Abhängigkeit sexuelle Handlungen an demjenigen, gegen den sich das Verfahren richtet, vornimmt oder an sich von dem anderen vornehmen läßt, wird mit Freiheitsstrafe von drei Monaten bis zu fünf Jahren bestraft.

StGB

oder seiner Stellung in einer Anstalt für Kranke oder Hilfsbedürftige einen anderen zur Unzucht mißbraucht.

(2) Der Versuch ist strafbar.

§ 175

(1) Mit Freiheitsstrafe bis zu fünf Jahren wird bestraft

1. ein Mann über achtzehn Jahre, der mit einem anderen Mann unter einundzwanzig Jahren Unzucht treibt oder sich von ihm zur Unzucht mißbrauchen läßt,

E 1962

§ 215

Unzucht in Anstalten

(1) Wer in einer Gefangenen- oder Verwahrungsanstalt, in einem Erziehungsheim oder in einer Anstalt für Kranke oder Hilfsbedürftige beschäftigt oder deren Inhaber ist und unter Ausnutzung dieser Stellung einen anderen, der in die Anstalt aufgenommen ist, zur Unzucht mißbraucht, wird mit Gefängnis von drei Monaten bis zu fünf Jahren bestraft.

(2) Der Versuch ist strafbar.

§ 216

Unzucht zwischen Männern

(1) Mit Gefängnis bis zu drei Jahren wird bestraft

1. ein Mann, der mit einem anderen Mann eine beischlafähnliche Handlung vornimmt,
2. ein Mann über einundzwanzig Jahre, der mit einem Mann unter einundzwanzig Jahren Unzucht treibt oder der absichtlich vor einem solchen Mann Unzucht an sich selbst oder mit einem anderen Mann treibt, oder
3. ein Mann über achtzehn Jahre, der einen Mann unter einundzwanzig Jahren dazu bestimmt, daß er mit ihm oder einem anderen Mann oder vor ihm an sich selbst Unzucht treibt.

AE

§ 128
Sexueller Mißbrauch von Anstaltsinsassen

Wer
1. in einer Gefangenen- oder Verwahrungsanstalt,
2. in einem der Fürsorgeerziehung oder der freiwilligen Erziehungshilfe dienenden Heim oder
3. in der geschlossenen Abteilung einer Krankenanstalt

sexuelle Handlungen von einiger Erheblichkeit an einem Anstaltsinsassen, der ihm zur Beaufsichtigung oder Betreuung anvertraut ist, vornimmt oder an sich von diesem vornehmen läßt, wird mit Geldstrafe nicht unter drei Monaten oder Freiheitsstrafe bis zu drei Jahren bestraft.

§ 135
Gleichgeschlechtliche Handlungen an Minderjährigen

(1) Ein Mann, der an einem männlichen Minderjährigen zwischen 14 und 18 Jahren sexuelle Handlungen von einiger Erheblichkeit vornimmt oder solche Handlungen an sich von dem Minderjährigen vornehmen läßt, wird mit Geldstrafe bis zu achtzehn Monaten bestraft.

E 4. StrRG

§ 174 a

(1) Wer sexuelle Handlungen
1. an einem Gefangenen oder einem auf behördliche Anordnung Verwahrten oder
2. an dem noch nicht einundzwanzig Jahre alten Bewohner eines der Erziehung dienenden Heimes,

der ihm zur Beaufsichtigung oder Betreuung anvertraut ist, vornimmt oder an sich von solchen Personen vornehmen läßt, wird mit Freiheitsstrafe von drei Monaten bis zu fünf Jahren bestraft.

(2) Ebenso wird bestraft, wer sexuelle Handlungen an dem Insassen einer Anstalt für Kranke oder Hilfsbedürftige, der ihm zur Beaufsichtigung oder Betreuung anvertraut ist, unter Ausnutzung der Krankheit oder Hilfsbedürftigkeit vornimmt oder an sich von dem Insassen vornehmen läßt.

(3) Der Versuch ist strafbar.

§ 175

(1) Mit Freiheitsstrafe bis zu fünf Jahren wird bestraft
1. ein Mann über achtzehn Jahre, der sexuelle Handlungen an einem anderen Mann unter einundzwanzig Jahren vornimmt oder an sich von dem anderen Mann vornehmen läßt,

StGB

2. ein Mann, der einen anderen Mann unter Mißbrauch einer durch ein Dienst-, Arbeits- oder Unterordnungsverhältnis begründeten Abhängigkeit bestimmt, mit ihm Unzucht zu treiben oder sich von ihm zur Unzucht mißbrauchen zu lassen,

3. ein Mann, der gewerbsmäßig mit Männern Unzucht treibt oder von Männern sich zur Unzucht mißbrauchen läßt oder sich dazu anbietet.

(2) In den Fällen des Absatzes 1 Nr. 2 ist der Versuch strafbar.

(3) Bei einem Beteiligten, der zur Zeit der Tat noch nicht einundzwanzig Jahre alt war, kann das Gericht von Strafe absehen.

E 1962

(2) Bei einem Beteiligten, der zur Zeit der Tat noch nicht einundzwanzig Jahre alt war, kann das Gericht von Strafe absehen.

§ 217

Schwere Unzucht zwischen Männern

(1) Mit Gefängnis nicht unter sechs Monaten wird bestraft

1. ein Mann, der unter Ausnutzung einer durch ein Dienst-, Arbeits- oder Unterordnungsverhältnis begründeten Abhängigkeit einen Mann dazu bestimmt, daß er mit ihm oder einem anderen Mann Unzucht treibt,
2. ein Mann über einundzwanzig Jahre, der einen Mann unter einundzwanzig Jahren dazu verführt, mit ihm oder einem anderen Mann Unzucht zu treiben, oder
3. ein Mann, der gewerbsmäßig mit einem anderen Mann Unzucht treibt oder sich dazu anbietet.

(2) Der Versuch ist strafbar.

vgl. § 216 Abs. 2

AE	E 4. StrRG
	2. ein Mann, der unter Mißbrauch einer durch ein Dienst-, Arbeits- oder Unterordnungsverhältnis begründeten Abhängigkeit einen anderen Mann dazu bestimmt, sexuelle Handlungen an dem Täter vorzunehmen oder an sich von dem Täter vornehmen zu lassen, oder
	3. ein Mann, der sexuelle Handlungen gewerbsmäßig an Männern vornimmt oder von Männern an sich vornehmen läßt oder sich dazu anbietet.
	(2) In den Fällen des Absatzes 1 Nr. 2 ist der Versuch strafbar.
(2) Bei Tätern unter 21 Jahren kann von Strafe abgesehen werden.	(3) Bei einem Beteiligten, der zur Zeit der Tat noch nicht einundzwanzig Jahre alt war, kann das Gericht von Strafe absehen.

StGB

§ 175 b

(aufgehoben seit 1. 9. 1969 durch das 1. StrRG vom 25. 6. 1969)

§ 176

(1) Mit Freiheitsstrafe von einem Jahr bis zu zehn Jahren wird bestraft, wer

1. mit Gewalt unzüchtige Handlungen an einem anderen vornimmt oder einen anderen durch Drohung mit gegenwärtiger Gefahr für Leib oder Leben zur Duldung unzüchtiger Handlungen nötigt,

E 1962

§ 218

Unzucht mit Tieren

Wer mit einem Tier eine beischlafähnliche Handlung vornimmt, wird mit Gefängnis bis zu zwei Jahren bestraft.

§ 206

Nötigung zur Unzucht

(1) Wer einen anderen durch Drohung mit einem empfindlichen Übel nötigt, eine Handlung zu dulden oder vorzunehmen, die das allgemeine Scham- und Sittlichkeitsgefühl in geschlechtlicher Beziehung erheblich verletzt, wird mit Gefängnis bis zu drei Jahren bestraft.

(2) Der Versuch ist strafbar.

§ 206 a

Schwere Nötigung zur Unzucht

(1) Wer die Nötigung zur Unzucht mit Gewalt oder durch Drohung mit gegenwärtiger Gefahr für Leib oder Leben begeht, wird mit Gefängnis nicht unter sechs Monaten bestraft.

(2) Der Versuch ist strafbar.

(3) In besonders schweren Fällen ist die Strafe Zuchthaus bis zu zehn Jahren. Ein besonders schwerer Fall liegt in der Regel vor, wenn

1. mehrere die Tat gemeinschaftlich begehen,
2. die Tat mittels eines hinterlistigen Überfalls begangen wird oder
3. der Täter das Opfer bei der Tat roh mißhandelt.

(4) Bringt der Täter das Opfer in die Gefahr des Todes oder schädigt er es vorsätzlich oder leichtfertig an Körper oder Gesundheit schwer (§ 147 Abs. 2), so

AE

§ 125

Sexuelle Nötigung

(1) Wer einen anderen mit Gewalt oder durch Drohung mit gegenwärtiger Gefahr für Leib oder Leben nötigt, außereheliche sexuelle Handlungen von einiger Erheblichkeit an sich zu dulden oder an sich oder anderen vorzunehmen, wird mit Geldstrafe nicht unter drei Monaten oder Freiheitsstrafe bis zu drei Jahren bestraft.

(2) Hat das Opfer durch sein Verhalten Anlaß zur Tat gegeben oder liegen wegen seiner Beziehung zum Täter erheblich mildernde Umstände vor, kann von Strafe abgesehen werden.

(3) Im Falle des Absatzes 1 ist der Versuch strafbar.

E 4. StrRG

§ 178

(1) Wer einen anderen mit Gewalt oder durch Drohung mit gegenwärtiger Gefahr für Leib oder Leben nötigt, außereheliche sexuelle Handlungen des Täters oder eines Dritten an sich zu dulden oder an dem Täter oder einem Dritten vorzunehmen, wird mit Freiheitsstrafe von einem Jahr bis zu zehn Jahren bestraft.

(2) In minder schweren Fällen ist die Strafe Freiheitsstrafe von drei Monaten bis zu fünf Jahren.

(3) Verursacht der Täter durch die Tat leichtfertig den Tod des Opfers, so ist die Strafe Freiheitsstrafe nicht unter fünf Jahren.

StGB	E 1962
	ist die Strafe Zuchthaus bis zu fünfzehn Jahren. Verursacht er leichtfertig den Tod des Opfers, so ist die Strafe Zuchthaus nicht unter fünf Jahren.
	§ 208 *Unzucht mit Widerstandsunfähigen* (1) Wer einen anderen, der geisteskrank, hochgradig schwachsinnig, bewußtlos, willenlos oder zum Widerstand körperlich unfähig ist, zur Unzucht mißbraucht, wird mit Gefängnis von drei Monaten bis zu fünf Jahren bestraft. (2) Der Versuch ist strafbar. (3) § 206a Abs. 4 gilt entsprechend.
2. eine in einem willenlosen oder bewußtlosen Zustand befindliche oder eine geisteskranke Frau zum außerehelichen Beischlaf mißbraucht, oder	§ 207 *Schändung* (1) Wer eine Frau, die geisteskrank, hochgradig schwachsinnig, bewußtlos, willenlos oder zum Widerstand körperlich unfähig ist, zum außerehelichen Beischlaf mißbraucht, wird mit Zuchthaus bis zu zehn Jahren bestraft. (2) In minder schweren Fällen ist die Strafe Gefängnis von sechs Monaten bis zu fünf Jahren. (3) § 205 gilt entsprechend.
3. mit Personen unter vierzehn Jahren unzüchtige Handlungen vornimmt oder dieselben zur Verübung oder Duldung unzüchtiger Handlungen verleitet.	§ 210 *Unzucht mit Kindern* (1) Wer mit einem Kind Unzucht treibt, wird mit Gefängnis nicht unter sechs Monaten bestraft. (2) Ebenso wird bestraft, wer in wollüstiger Absicht ein Kind dazu bestimmt, daß es an sich selbst oder mit einem anderen Unzucht

AE

§ 127

Sexueller Mißbrauch Widerstandsunfähiger

(1) Wer an einem Bewußtlosen oder sonst Widerstandsunfähigen außereheliche sexuelle Handlungen von einiger Erheblichkeit vornimmt, wird mit Geldstrafe nicht unter drei Monaten oder Freiheitsstrafe bis zu drei Jahren bestraft.

(2(Vollzieht ein Mann mit dem Opfer den außerehelichen Beischlaf, ist auf Freiheitsstrafe bis zu sechs Jahren zu erkennen.

(3) Die Tat wird nur auf Antrag verfolgt.

(4) Hat das Opfer durch sein Verhalten vor Eintritt der Widerstandsunfähigkeit Anlaß zur Tat gegeben oder liegen wegen seiner Beziehung zum Täter erheblich mildernde Umstände vor, kann von Strafe abgesehen werden. Der Versuch bleibt straflos.

§ 132

Sexueller Mißbrauch von Kindern

(1) Wer an einem Kind unter 14 Jahren sexuelle Handlungen von einiger Erheblichkeit vornimmt oder solche Handlungen an sich oder einem anderen von dem Kind vornehmen läßt, wird mit Geldstrafe nicht unter drei Monaten oder Freiheitsstrafe bis zu drei

E. 4 StrRG

§ 179

(3) Wer einen anderen, der geisteskrank, hochgradig schwachsinnig, bewußtlos, willenlos oder zum Widerstand körperlich unfähig ist, dadurch mißbraucht, daß er unter Ausnutzung seines Zustandes außereheliche sexuelle Handlungen an ihm vornimmt oder an sich von dem Opfer vornehmen läßt, wird mit Freiheitsstrafe bis zu fünf Jahren bestraft.

(1) Wer eine Frau, die geisteskrank, hochgradig schwachsinnig, bewußtlos, willenlos oder zum Widerstand körperlich unfähig ist, unter Ausnutzung ihres Zustandes zum außerehelichen Beischlaf mißbraucht, wird mit Freiheitsstrafe von sechs Monaten bis zu zehn Jahren bestraft.

(2) In minder schweren Fällen ist die Strafe Freiheitsstrafe von drei Monaten bis zu fünf Jahren.

(4) Der Versuch ist strafbar.

§ 176

(1) Wer sexuelle Handlungen an einem Kind vornimmt oder an sich von dem Kind vornehmen läßt, wird mit Freiheitsstrafe von sechs Monaten bis zu zehn Jahren bestraft. Ebenso wird bestraft, wer ein Kind dazu bestimmt, daß es sexuelle Handlungen an einem Dritten vornimmt oder von einem Dritten an sich vornehmen läßt.

StGB	E 1962
	treibt, auch wenn das Kind die geschlechtliche Bedeutung seines Verhaltens nicht versteht.
	(3) Der Versuch ist strafbar. (4) In besonders schweren Fällen ist die Strafe Zuchthaus bis zu zehn Jahren. Ein besonders schwerer Fall liegt in der Regel vor, wenn der Täter 1. mit dem Kind den Beischlaf vollzieht, 2. das Kind bei der Tat roh mißhandelt, 3. das Kind mit Gewalt oder durch Drohung mit gegenwärtiger Gefahr für Leib oder Leben zur Unzucht nötigt oder 4. die Tat beharrlich wiederholt. (5) § 206a Abs. 4 gilt entsprechend. (6) Wer in den Fällen der Absätze 1 oder 2 fahrlässig nicht erkennt, daß es sich um ein Kind handelt, wird mit Gefängnis bis zu drei Jahren bestraft.
	§ 212 *Unzucht von Kindern . . .* (1) Wer Unzucht absichtlich vor einem Kind . . . (bei § 174 Abs. 1 Nr. 1 StGB) treibt, wird mit Gefängnis bis zu fünf Jahren bestraft.

Jahren bestraft. Ebenso wird bestraft, wer unmittelbar vor dem Kind und auf das Kind bezogen sexuelle Handlungen von einiger Erheblichkeit vornimmt oder solche Handlungen vor sich oder einem anderen von dem Kind vornehmen läßt.

(2) Hat der Täter
1. mit dem Kind den Beischlaf vollzogen,
2. das Kind bei der Tat körperlich schwer mißhandelt,
3. das Kind während längerer Zeit wiederholt mißbraucht oder
4. die Tat mit seinem leiblichen Kind, Adoptivkind oder Stiefkind oder mit einem ihm zur Erziehung oder zur Betreuung in der Lebensführung anvertrauten Kind begangen,

ist auf Freiheitsstrafe bis zu fünf Jahren zu erkennen.

(3) Treffen mehrere Erschwerungsgründe des Absatzes 2 zusammen, ist auf Freiheitsstrafe bis zu sechs Jahren zu erkennen.

(4) Wer
1. vor einem Kind exhibitionistische Handlungen in einer Weise vornimmt, die geeignet ist, das Kind zu ängstigen, oder

E 4. StrRG

(2) In besonders schweren Fällen ist die Strafe Freiheitsstrafe von einem Jahr bis zu zehn Jahren. Ein besonders schwerer Fall liegt in der Regel vor, wenn der Täter
1. mit dem Kind den Beischlaf vollzogen oder
2. das Kind bei der Tat körperlich schwer mißhandelt

hat.

(3) Der Versuch ist strafbar.

(4) Verursacht der Täter durch die Tat leichtfertig den Tod des Kindes, so ist die Strafe Freiheitsstrafe nicht unter fünf Jahren.

(5) Wer
1. vor einem Kind sexuelle Handlungen vornimmt,
2. ein Kind dazu bestimmt, daß es sexuelle Handlungen vor ihm

StGB

(2) Sind mildernde Umstände vorhanden, so tritt Freiheitsstrafe von sechs Monaten bis zu fünf Jahren ein.

§ 177

(1) Mit Freiheitsstrafe nicht unter einem Jahr wird bestraft, wer durch Gewalt oder durch Drohung mit gegenwärtiger Gefahr für Leib oder Leben eine Frau zur Duldung des außerehelichen Beischlafs nötigt oder wer eine Frau zum außerehelichen Beischlaf mißbraucht, nachdem er sie zu diesem Zweck in einen willenlosen oder bewußtlosen Zustand versetzt hat.

(2) Sind mildernde Umstände vorhanden, so tritt Freiheitsstrafe von einem Jahr bis zu fünf Jahren ein.

1962

(2) Wer in wollüstiger Absicht
1. an einem Kind oder absichtlich vor ihm eine Handlung vornimmt, die geeignet ist, Kinder in geschlechtlicher Hinsicht sittlich zu gefährden,
2. . . . (bei § 174 Abs. 1 Nr. 1 StGB)
3. ein Kind zu einer in Nummer 1 . . . (bei § 174 Abs. 1 Nr. 1 StGB) bezeichneten Handlung bestimmt,

wird mit Gefängnis bis zu drei Jahren bestraft, wenn die Tat nicht in Absatz 1 oder den §§ 210 oder 211 mit Strafe bedroht ist.

(3) Der Versuch ist strafbar.

§ 204

Notzucht

(1) Wer eine Frau mit Gewalt oder durch Drohung mit gegenwärtiger Gefahr für Leib oder Leben zum außerehelichen Beischlaf nötigt, wird mit Zuchthaus bis zu zehn Jahren bestraft.

(2) In minder schweren Fällen ist die Strafe Gefängnis von einem Jahr bis zu fünf Jahren. Ein minder schwerer Fall ist ausgeschlossen, wenn die Tat mittels eines hinterlistigen oder gemeinschaftlichen Überfalls begangen wird.

AE

2. auf ein Kind durch obszöne Reden oder durch pornographische Schriften (§ 10 Abs. 2) einwirkt, um es sexuell aufzureizen oder abzustoßen,

wird mit Geldstrafe bis zu einem Jahr bestraft.

(5) Bei einem Täter unter 18 Jahren kann von Strafe abgesehen werden.[1]

§ 124

Vergewaltigung

(1) Wer eine Frau mit Gewalt oder durch Drohung mit gegenwärtiger Gefahr für Leib oder Leben zum außerehelichen Beischlaf nötigt, wird mit Freiheitsstrafe bis zu sechs Jahren bestraft.

(2) Hat die Verletzte durch ihr Verhalten Anlaß zur Tat gegeben oder liegen wegen ihrer Beziehung zum Täter erheblich mildernde Umstände vor, ist auf Geldstrafe nicht unter drei Monaten oder

1 Von der Strafverfolgung kann in den Fällen der Absätze 1 und 4 abgesehen werden, wenn zu befürchten ist, daß durch das Strafverfahren der Schaden unverhältnismäßig vergrößert wird.

E 4. StrRG

oder einem Dritten vornimmt, oder

3. auf ein Kind durch Vorzeigen pornographischer Abbildungen oder Darstellungen, durch Abspielen von pornographischen Tonträgern oder durch entsprechende Reden einwirkt,

um einen der Beteiligten hierdurch sexuell zu erregen, wird mit Freiheitsstrafe bis zu drei Jahren bestraft. Der Versuch ist strafbar.

§ 177

(1) Wer eine Frau mit Gewalt oder durch Drohung mit gegenwärtiger Gefahr für Leib oder Leben zum außerehelichen Beischlaf mit ihm nötigt, wird mit Freiheitsstrafe nicht unter zwei Jahren bestraft.

(2) In minder schweren Fällen ist die Strafe Freiheitsstrafe von sechs Monaten bis zu fünf Jahren.

StGB

§ 178

Ist durch eine der in den §§ 176 und 177 bezeichneten Handlungen der Tod der verletzten Person verursacht worden, so tritt Freiheitsstrafe nicht unter zehn Jahren oder lebenslange Freiheitsstrafe ein.

§ 179

(aufgehoben seit 1. 9. 1969 durch das 1. StrRG vom 25. 6. 1969)

§ 180

(1) Wer gewohnheitsmäßig oder aus Eigennutz durch seine Vermittlung oder durch Gewährung oder Verschaffung von Gelegenheit der Unzucht Vorschub leistet, wird wegen Kuppelei mit Freiheitsstrafe von einem Monat bis zu fünf Jahren bestraft; auch kann zugleich auf Geldstrafe sowie auf Zulässigkeit von Polizeiaufsicht erkannt werden. Sind mildernde Umstände vorhanden, so kann die Freiheitsstrafe bis auf einen Tag ermäßigt werden.

E 1962

§ 205

Schwere Notzucht

(1) In besonders schweren Fällen wird die Notzucht mit Zuchthaus nicht unter fünf Jahren bestraft. Ein besonders schwerer Fall liegt in der Regel vor, wenn der Täter das Opfer in die Gefahr des Todes bringt oder es vorsätzlich oder leichtfertig an Körper oder Gesundheit schwer schädigt (§ 147 Abs. 2).

(2) Verursacht der Täter leichtfertig den Tod des Opfers, so ist die Strafe Zuchthaus nicht unter zehn Jahren.

Kuppelei, Menschenhandel, Zuhälterei

§ 226

Eigennützige Kuppelei

(1) Wer durch seine Vermittlung oder durch Gewähren oder Verschaffen von Gelegenheit der Unzucht zwischen anderen Vorschub leistet (Kuppelei) und dabei aus Eigennutz handelt, wird mit Gefängnis bis zu drei Jahren bestraft.

(3) Wer die Tat an einem Kind oder Jugendlichen begeht, wird mit Gefängnis von drei Monaten bis zu fünf Jahren bestraft.

AE

Freiheitsstrafe bis zu zwei Jahren zu erkennen.

§ 136

Kuppelei

(1) Wer . . . (nach § 181 StGB) wird mit Geld- oder Freiheitsstrafe bis zu zwei Jahren bestraft.

(2) Ebenso wird bestraft, wer einen Minderjährigen zwischen 14 und 16 Jahren unter grober Verletzung seiner Erziehungspflicht zum außerehelichen Beischlaf mit einem Dritten verleitet.

E 4. StrRG

(3) Verursacht der Täter durch die Tat leichtfertig den Tod des Opfers, so ist die Strafe Freiheitsstrafe nicht unter fünf Jahren.

§ 180

(1) Wer sexuellen Handlungen, die eine Person unter sechzehn Jahren an oder vor einem Dritten vornehmen oder von einem Dritten an sich vornehmen lassen soll,

1. durch seine Vermittlung oder
2. durch Gewähren oder Verschaffen von Gelegenheit

Vorschub leistet, wird mit Freiheitsstrafe bis zu drei Jahren bestraft. Satz 1 Nr. 2 ist nicht anzuwenden, wenn der zur Sorge für die Person Berechtigte oder mit seiner Einwilligung ein anderer handelt; dies gilt nicht, wenn der Sorgeberechtigte durch das Vorschubleisten oder die Einwil-

StGB	E 1962
(2) Als Kuppelei gilt insbesondere die Unterhaltung eines Bordells oder eines bordellartigen Betriebes.	(2) Ebenso wird bestraft, wer ein Bordell oder einen bordellartigen Betrieb unterhält oder leitet.
(3) Wer einer Person, die das achtzehnte Lebensjahr vollendet hat, Wohnung gewährt, wird auf Grund des Absatzes 1 nur dann bestraft, wenn damit ein Ausbeuten der Person, der die Wohnung gewährt ist, oder ein Anwerben oder ein Anhalten dieser Person zur Unzucht verbunden ist.	(4) Wer einem anderen, der über achtzehn Jahre alt ist, Wohnung gewährt, wird nach Absatz 1 nur dann bestraft, wenn er ihn ausbeutet oder zur Unzucht bestimmt oder anhält.

AE	E 4. StrRG
	ligung seine Erziehungspflicht gröblich verletzt. (2) Wer eine Person unter achtzehn Jahren bestimmt, sexuelle Handlungen gegen Entgelt an oder vor einem Dritten vorzunehmen oder von einem Dritten an sich vornehmen zu lassen, wird mit Freiheitsstrafe bis zu fünf Jahren bestraft. (3) . . . (bei § 181 Abs. 1 Nr. 2 StGB) (4) In den Fällen der Absätze 2 und 3 ist der Versuch strafbar. § 180 a (1) Mit Freiheitsstrafe bis zu drei Jahren oder mit Geldstrafe wird bestraft, wer gewerbsmäßig einen Betrieb unterhält oder leitet, in dem Frauen der Prostitution nachgehen und in dem 1. die Frauen in persönlicher oder wirtschaftlicher Abhängigkeit gehalten werden oder 2. die Prostitutionsausübung durch Maßnahmen gefördert wird, welche über das bloße Gewähren von Wohnung und Unterkunft und die damit üblicherweise verbundenen Nebenleistungen hinausgehen. (2) Ebenso wird bestraft, wer 1. einer Person unter achtzehn Jahren zur Ausübung der Prostitution Wohnung oder gewerbsmäßig Unterkunft gewährt oder 2. einen anderen, dem er zur Ausübung der Prostitution Wohnung oder gewerbsmäßig Unterkunft gewährt, zur Prostitution anhält oder mit Rücksicht auf sie ausbeutet. (3) . . . (4) . . . } (nach § 181 StGB) (5) . . .

StGB

§ 181

(1) Die Kuppelei ist, selbst wenn sie weder gewohnheitsmäßig noch aus Eigennutz betrieben wird, mit Freiheitsstrafe von sechs Monaten bis zu fünf Jahren zu bestrafen, wenn

1. um der Unzucht Vorschub zu leisten, hinterlistige Kunstgriffe angewendet werden, oder
2. der Schuldige zu der verkuppelten Person in dem Verhältnis des Ehemannes zur Ehefrau, von Eltern zu Kindern, von Vormündern zu Pflegebefohlenen, von Geistlichen, Lehrern oder Erziehern zu den von ihnen zu unterrichtenden oder zu erziehenden Personen steht.

(2) Der Versuch ist strafbar.

(3) Neben der Freiheitsstrafe kann zugleich auf Geldstrafe sowie auf Zulässigkeit von Polizeiaufsicht erkannt werden.

(4) Sind im Falle des Absatzes 1 Nr. 2 mildernde Umstände vorhanden, so tritt Freiheitsstrafe bis zu fünf Jahren ein, neben welcher auf Geldstrafe erkannt werden kann.

E 1962

§ 228

Schwere Kuppelei

(1) Wer . . . (nach § 181 StGB) wird mit Gefängnis nicht unter sechs Monaten bestraft.

(2) Ebenso wird bestraft, wer Kuppelei durch hinterlistige Machenschaften begeht.

(3) Der Versuch ist strafbar.

§ 227

Kuppelei an Angehörigen und Schutzbefohlenen

(1) Mit Gefängnis bis zu fünf Jahren wird bestraft, wer

1. an seinem Ehegatten,
2. an seinem noch nicht achtzehn Jahre alten Kind, Adoptivkind, Stiefkind oder Mündel oder
3. an einem seiner Erziehung, Ausbildung, Aufsicht oder Betreuung anvertrauten Kind oder Jugendlichen

Kuppelei begeht.

(2) Handelt der Täter in den Fällen des Absatzes 1 Nr. 1 aus Eigennutz, so ist die Strafe Gefängnis von drei Monaten bis zu fünf Jahren.

AE	E 4. StrRG
	s. u. § 181a Abs. 2
s. u. § 136 Abs. 1	§ 180 (1) . . . } (bei § 180 (2) . . . } Abs. 1 StGB) (3) Wer eine Person unter einundzwanzig Jahren, die ihm zur Erziehung oder zur Betreuung in der Lebensführung anvertraut ist, unter Mißbrauch der Abhängigkeit bestimmt, sexuelle Handlunlungen an oder vor einem Dritten vorzunehmen oder von einem Dritten an sich vornehmen zu lassen, wird mit Freiheitsstrafe von drei Monaten bis zu fünf Jahren bestraft. (4) In den Fällen der Absätze 2 und 3 ist der Versuch strafbar.

StGB	E 1962
	§ 227 a *Teilnahme des Verkuppelten* Wegen Teilnahme an der Kuppelei nach den §§ 226 und 227 wird derjenige nicht bestraft, auf dessen unzüchtiges Handeln sich die Tat bezieht. In den Fällen des § 226 Abs. 3 und des § 227 wird jedoch der Anstifter bestraft, der nicht zu den in diesen Vorschriften bezeichneten Personen gehört.
	§ 228 *Schwere Kuppelei* (1) Wer einen anderen durch Kuppelei dazu bringt, daß er gewerbsmäßig Unzucht treibt, wird mit Gefängnis nicht unter sechs Monaten bestraft. (2) . . . (bei § 181 Abs. 1 Nr. 1)
	(3) Der Versuch ist strafbar.
	§ 229 *Menschenhandel* (1) Wer gewerbsmäßig 1. schwere Kuppelei begeht, 3. einen anderen, der noch nicht einundzwanzig Jahre alt ist, anwirbt, um ihn zur Unzucht mit unbestimmten Personen zu bringen, oder

AE

(1) Wer
1. einen Minderjährigen unter 18 Jahren,
2. einen Minderjährigen zwischen 18 und 21 Jahren unter Ausnutzung der Hilflosigkeit, Leichtgläubigkeit oder Unerfahrenheit oder
3. einen ihm zur Erziehung anvertrauten Minderjährigen zwischen 18 und 21 Jahren

zur Prostitution bringt, wird mit Geld- oder Freiheitsstrafe bis zu zwei Jahren bestraft.

(3) Handelt der Täter gewerbsmäßig, ist auf Freiheitsstrafe bis zu sechs Jahren zu erkennen.

E 4. StrRG

§ 180 a

(1) . . . (bei § 180 Abs. 2 StGB)

(2) . . . (bei § 180 Abs. 3 StGB)

4) Wer eine Person unter einundzwanzig Jahren
1. durch Verleiten oder Ausnutzen der Hilflosigkeit, Leichtgläubigkeit oder Unerfahrenheit dazu bringt, daß sie der Prostitution nachgeht, oder
2. anwirbt, um sie dazu zu bringen, daß sie der Prostitution nachgeht,

wird mit Freiheitsstrafe von sechs Monaten bis zu zehn Jahren bestraft.

(5) In den Fällen der Absätze 3 und 4 ist der Versuch strafbar.

(3) Wer einen anderen gewerbsmäßig anwirbt, um ihn dazu zu bringen, daß er der Prostitution nachgeht, wird mit Freiheitsstrafe bis zu fünf Jahren bestraft.

StGB

Gesetz über das Auswanderungswesen

Vom 9. Juni 1897 (RGBl. S. 463; BGBl. III 2182 - 1)

§ 48

Wer eine Frauensperson zu dem Zwecke, sie der gewerbsmäßigen Unzucht zuzuführen, mittelst arglistiger Verschweigung dieses Zweckes zur Auswanderung verleitet, wird mit Freiheitsstrafe von einem Jahr bis zu fünf Jahren bestraft. Daneben kann zugleich auf Geldstrafe sowie auf Zulässigkeit von Polizeiaufsicht erkannt werden.

Dieselben Strafvorschriften finden auf denjenigen Anwendung, welcher mit Kenntnis des vom Täter in solcher Weise verfolgten Zweckes die Auswanderung der Frauensperson vorsätzlich befördert; sind mildernde Umstände vorhanden, so tritt Freiheitsstrafe nicht unter drei Monaten ein, neben welcher auf Geldstrafe erkannt werden kann.

§ 181a

(1) Eine männliche Person, welche von einer Frau, die gewerbsmäßig Unzucht treibt, unter Ausbeutung ihres unsittlichen Erwerbes ganz oder teilweise den Lebensunterhalt bezieht, oder welche einer solchen Frau gewohnheitsmäßig oder aus Eigennutz in bezug auf die Ausübung des unzüchtigen Gewerbes Schutz gewährt oder sonst förderlich ist (Zuhälter), wird mit Freiheitsstrafe von einem Jahr bis zu fünf Jahren bestraft.

(2) Bei mildernden Umständen ist die Strafe Freiheitsstrafe von drei Monaten bis zu fünf Jahren.

E 1962

2. einen anderen anwirbt, um ihn zur Unzucht im' Ausland zu bringen,
4. einen anderen mit Gewalt, durch Drohung mit einem empfindlichen Übel oder durch Hinterlist entführt, um ihn zur Unzucht im Ausland oder mit unbestimmten Personen zu bringen,

wird mit Zuchthaus bis zu zehn Jahren bestraft.

(2) In minder schweren Fällen des Absatzes 1 Nr. 1 bis 3 ist die Strafe Gefängnis von einem Jahr bis zu fünf Jahren.

§ 230

Zuhälterei

Ein Mann, der eine der gewerbsmäßigen Unzucht nachgehende Person

1. dadurch ausbeutet, daß er aus ihrem unzüchtigen Erwerb ganz oder zum Teil seinen Lebensunterhalt zieht, oder
2. aus Eigennutz bei Ausübung der gewerbsmäßigen Unzucht schützt oder fördert,

und mit Rücksicht darauf mehr als nur flüchtige Beziehungen zu ihr unterhält, wird mit Gefängnis nicht unter sechs Monaten bestraft.

AE

§ 126

Menschenhandel

Wer einen anderen mit Gewalt, durch Drohung mit einem empfindlichen Übel oder durch Hinterlist ins Ausland entführt und ihn dort unter Ausnutzung seiner Hilflosigkeit zur Prostitution bringt, wird mit Freiheitsstrafe bis zu sechs Jahren bestraft.

E 4. StrRG

§ 181

(1) Wer einen anderen

1. mit Gewalt, durch Drohung mit einem empfindlichen Übel oder durch List dazu bringt, daß er der Prostitution nachgeht, oder
2. anwirbt oder wider seinen Willen durch List, Drohung oder Gewalt entführt, um ihn unter Ausnutzung seiner Hilflosigkeit im Ausland zu sexuellen Handlungen zu bringen, die er an oder vor einem Dritten vornehmen oder von einem Dritten an sich vornehmen lassen soll,

wird mit Freiheitsstrafe von sechs Monaten bis zu zehn Jahren bestraft.

(2) Der Versuch ist strafbar.

§ 181 a

(1) Ein Mann, der zuhälterische Beziehungen zu einer Frau unterhält, die der Prostitution nachgeht, und dabei

1. die Frau ausbeutet oder
2. seines Vermögensvorteils wegen die Frau bei der Ausübung der Prostitution überwacht, Ort, Zeit, Ausmaß oder andere Umstände ihrer Prostitutionsausübung bestimmt, der Frau zur Prostitutionsausübung Personen zuführt oder Maßnahmen trifft, die die Frau davon abhalten sollen, die Prostitution aufzugeben,

StGB

(3) Neben der Strafe kann auf die Zulässigkeit von Polizeiaufsicht erkannt werden.

§ 182

(1) Wer ein unbescholtenes Mädchen, welches das sechzehnte Lebensjahr nicht vollendet hat, zum Beischlaf verführt, wird mit Freiheitsstrafe bis zu einem Jahr bestraft.

(2) Die Verfolgung tritt nur auf Antrag der Eltern oder des Vormundes der Verführten ein.

§ 183

Wer durch eine unzüchtige Handlung öffentlich ein Ärgernis gibt, wird mit Freiheitsstrafe bis zu zwei Jahren oder mit Geldstrafe bestraft.

E 1962

Unzucht

§ 213

Verführung

(1) Wer ein Mädchen unter sechzehn Jahren dazu verführt, mit ihm den außerehelichen Beischlaf zu vollziehen, wird mit Gefängnis bis zu zwei Jahren bestraft.

(2) Die Tat wird nur auf Antrag verfolgt.

(3) Hat der Täter die Verführte geheiratet, so wird die Tat nur dann verfolgt, wenn die Ehe für nichtig erklärt oder aufgehoben worden ist und das Antragsrecht nicht vor Eingehung der Ehe erloschen war.

§ 219

Erregung öffentlichen Ärgernisses

Wer öffentlich und unter Umständen, unter denen sein Verhalten geeignet ist, Ärgernis zu erregen, eine Handlung vornimmt, die das allgemeine Scham- und Sittlichkeitsgefühl in geschlechtlicher Beziehung erheblich verletzt, wird mit Gefängnis bis zu zwei Jahren oder mit Geldstrafe bestraft.

AE | **E 4. StrRG**

E 4. StrRG (Fortsetzung):

wird mit Freiheitsstrafe von drei Monaten bis zu fünf Jahren bestraft.

(2) Ebenso wird bestraft, wer die in Absatz 1 Nr. 1, 2 genannten Handlungen im Hinblick auf die Prostitutionsausübung seiner Ehefrau vornimmt.

AE

§ 134

Verführung

(1) Ein Mann über 18 Jahren, der ein Mädchen zwischen 14 und 16 Jahren zum außerehelichen Beischlaf verführt, wird mit Geldstrafe bis zu einem Jahr bestraft.

(2) Bei Tätern unter 21 Jahren kann von Strafe abgesehen werden.

(3) Die Tat wird nur auf Antrag verfolgt. Die Verfolgung ist ausgeschlossen, wenn der Täter die Verführte geheiratet hat.

E 4. StrRG

§ 182

(1) Wer ein Mädchen unter sechzehn Jahren dazu verführt, mit ihm den Beischlaf zu vollziehen, wird mit Freiheitsstrafe bis zu einem Jahr oder mit Geldstrafe bestraft.

(2) Bei einem Täter, der zur Zeit der Tat noch nicht achtzehn Jahre alt war, kann das Gericht von Strafe absehen.

(3) Die Tat wird nur auf Antrag verfolgt. Die Verfolgung der Tat ist ausgeschlossen, wenn der Täter die Verführte geheiratet hat.

AE

§ 129

Exhibitionistische Handlungen

Wer vor einer Frau in bedrohlich erscheinender Weise exhibitionistische Handlungen vornimmt, wird mit Geldstrafe bis zu einem Jahr bestraft. Die Vollstreckung kann unterbleiben, wenn der Täter sich einer geeigneten Behandlung unterzieht. § 56 bleibt unberührt.

E 4. StrRG

§ 183

(1) Wer eine Frau durch eine exhibitionistische Handlung belästigt, wird mit Freiheitsstrafe bis zu einem Jahr oder mit Geldstrafe bestraft.

(2) Die Tat wird nur auf Antrag verfolgt, es sei denn, daß die Strafverfolgungsbehörde wegen des besonderen öffentlichen Interesses an der Strafverfolgung ein Einschreiten von Amts wegen für geboten hält.

(3) Das Gericht kann die Vollstreckung einer Freiheitsstrafe auch dann zur Bewährung aussetzen, wenn zu erwarten ist, daß der Täter erst nach einer längeren Heilbehandlung keine exhibitionisti-

StGB

§ 184

(1) Mit Freiheitsstrafe bis zu einem Jahr und mit Geldstrafe oder mit einer dieser Strafen wird bestraft, wer

1. unzüchtige Schriften verbreitet oder durch Ausstellen, Anschlagen, Vorführen oder in anderer Weise sonst allgemein zugänglich macht;

1a. unzüchtige Schriften herstellt, vervielfältigt, bezieht, vorrätig hält, ankündigt, anpreist, an einen anderen gelangen läßt, in den räumlichen Geltungsbereich dieses Gesetzes einführt oder daraus auszuführen unternimmt, damit sie oder aus ihnen gewonnene Stücke verbreitet oder sonst allgemein zugänglich gemacht werden;

2. unzüchtige Schriften einer Person unter sechzehn Jahren gegen Entgelt überläßt oder anbietet;

E 1962

§ 220

Unzüchtige Schriften und Sachen

Wer unzüchtige Schriften (§ 11 Abs. 3) oder zu unzüchtigem Gebrauch bestimmte Sachen

1. verbreitet,
2. an einem allgemein zugänglichen Ort ausstellt, anschlägt, vorführt oder sonst zugänglich macht oder
3. herstellt, vervielfältigt, bezieht, an einen anderen gelangen läßt, vorrätig hält, ankündigt, anpreist, in den räumlichen Geltungsbereich dieses Gesetzes einführt oder daraus auszuführen unternimmt, damit sie oder aus ihnen gewonnene Stücke verbreitet oder nach Nummer 2 zugänglich gemacht werden,

wird mit Gefängnis bis zu zwei Jahren oder mit Geldstrafe bestraft.

§ 220 a

Unzüchtige Schaustellungen

(1) Wer öffentlich eine unzüchtige Schaustellung von Menschen veranstaltet oder eine solche Veranstaltung in seinen Räumen duldet, wird mit Gefängnis bis zu zwei Jahren oder mit Geldstrafe bestraft.

AE	E 4. StrRG
	schen Handlungen mehr vornehmen wird. Dies gilt auch, wenn die Tat nach einer anderen Vorschrift mit gleicher oder milderer Strafe bedroht ist.
	§ 183 a
	Wer öffentlich sexuelle Handlungen vornimmt und dadurch absichtlich oder wissentlich ein Ärgernis erregt, wird mit Freiheitsstrafe bis zu einem Jahr oder mit Geldstrafe bestraft.
	§ 184
	(1) Wer pornographische Schriften, Tonträger, Abbildungen oder Darstellungen 1. einem Kind oder einem Jugendlichen anbietet, überläßt oder sonst zugänglich macht, 2. an einen anderen gelangen läßt, ohne von diesem hierzu aufgefordert zu sein, oder 3. herstellt, vorrätig hält oder in den räumlichen Geltungsbereich dieses Gesetzes einführt oder daraus auszuführen unternimmt, um sie oder aus ihnen gewonnene Stücke im Sinne der Nummern 1 oder 2 zu verwenden oder einem anderen die Verwendung zu ermöglichen, wird mit Freiheitsstrafe bis zu einem Jahr oder mit Geldstrafe bestraft.
	(2) Ebenso wird bestraft, wer an einem Ort, der für Kinder oder für Jugendliche zugänglich ist oder von ihnen eingesehen werden kann, 1. einen pornographischen Text oder eine pornographische Abbildung oder Darstellung ausstellt, anschlägt oder vorführt oder

StGB

E 1962

(2) Der öffentlichen steht die nichtöffentliche Veranstaltung gleich, wenn der Täter gegen Entgelt oder in der Absicht handelt, sich oder einen anderen zu bereichern.

3. Gegenstände, die zu unzüchtigem Gebrauch bestimmt sind, an Orten, welche dem Publikum zugänglich sind, ausstellt oder solche Gegenstände dem Publikum ankündigt oder anpreist;

3a. in einer Sitte oder Anstand verletzenden Weise Mittel, Gegenstände oder Verfahren, die zur Verhütung von Geschlechtskrankheiten oder zur Verhütung der Empfängnis dienen, öffentlich ankündigt, anpreist oder solche Mittel oder Gegenstände an einem dem Publikum zugänglichen Ort ausstellt;

s. o. § 220

§ 221

Mittel zur Verhütung von Geschlechtskrankheiten oder der Empfängnis

Wer in einer Sitte oder Anstand verletzenden Weise

1. Mittel oder Verfahren, deren Zweck ganz oder überwiegend die Verhütung von Geschlechtskrankheiten, von Krankheiten oder Leiden der Geschlechtsorgane oder der Empfängnis ist, öffentlich, in einer Versammlung oder durch Verbreiten von Schriften (§ 11 Abs. 3) ankündigt oder anpreist oder
2. solche Mittel an einem allge-

AE

E 4. StrRG

2. einen pornographischen Tonträger abspielt.

(3) Die Absätze 1 und 2 sind nicht anzuwenden, wenn der zur Sorge für die Person Berechtigte oder mit seiner Einwilligung ein Dritter handelt.

§ 184 a

Wer pornographische Schriften, Tonträger, Abbildungen oder Darstellungen, die Gewalttätigkeiten oder den sexuellen Mißbrauch von Kindern zum Gegenstand haben,

1. verbreitet oder
2. herstellt, vorrätig hält oder in den räumlichen Geltungsbereich dieses Gesetzes einführt oder daraus auszuführen unternimmt, um sie oder aus ihnen gewonnene Stücke zu verbreiten oder einem anderen die Verbreitung zu ermöglichen,

wird mit Freiheitsstrafe bis zu einem Jahr oder mit Geldstrafe bestraft.

Artikel 2

Grob anstößige Anpreisungen

(2) Ordnungswidrig handelt ferner, wer in grob anstößiger Weise Mittel oder Gegenstände, die dem sexuellen Gebrauch dienen, öffentlich oder durch Verbreiten von Schriften, Tonträgern, Abbildungen oder Darstellungen ankündigt oder anpreist oder an einem allgemein zugänglichen Ort ausstellt oder sonst zugänglich macht.

StGB

4. öffentliche Ankündigungen erläßt, welche dazu bestimmt sind, unzüchtigen Verkehr herbeizuführen.

Den Schriften stehen Tonträger, Abbildungen und Darstellungen gleich.

(2) Gegenstände, auf die sich eine Straftat nach Absatz 1 Satz 1 Nr. 3 oder 3 a bezieht, können eingezogen werden. Ist die Tat durch Ankündigen oder Anpreisen begangen worden, so kann nur das Werbematerial eingezogen werden.

Neunundzwanzigster Abschnitt

Übertretungen

§ 361

Mit Geldstrafe bis zu fünfhundert Deutsche Mark oder mit Freiheitsstrafe bis zu sechs Wochen wird bestraft,

. . .

6. wer öffentlich in auffälliger Weise oder in einer Weise, die geeignet ist, einzelne oder die Allgemeinheit zu belästigen, zur Unzucht auffordert oder sich dazu anbietet;

E 1962

mein zugänglichen Ort ausstellt oder sonst zugänglich macht,

wird mit Gefängnis bis zu zwei Jahren, mit Strafhaft oder mit Geldstrafe bestraft.

§ 222

Werbung für unzüchtigen Verkehr

(1) Wer öffentlich, in einer Versammlung oder durch Verbreiten von Schriften (§ 11 Abs. 3) eine Mitteilung macht, die dazu bestimmt ist, unzüchtigen Verkehr herbeizuführen, wird mit Gefängnis bis zu einem Jahr, mit Strafhaft oder mit Geldstrafe bestraft.

(2) Ist die Mitteilung dazu bestimmt, unzüchtigen Verkehr zwischen Männern herbeizuführen, so ist die Strafe Gefängnis bis zu zwei Jahren.

§ 224

Anlocken zur Unzucht

(1) Wer öffentlich in auffälliger Weise oder in einer Weise, die geeignet ist, die Allgemeinheit oder einzelne andere zu belästigen, zur Unzucht anlockt oder sich dazu anbietet, wird mit Strafhaft bestraft.

(2) Bezieht sich die Tat auf Unzucht zwischen Männern, so ist die Strafe Gefängnis bis zu einem Jahr oder Strafhaft.

AE	E 4. StrRG
	(1) Ordnungswidrig handelt, wer in grob anstößiger Weise öffentlich durch Verbreiten von Schriften, Tonträgern, Abbildungen oder Darstellungen 1. sich dazu anbietet, außerehelichem sexuellen Verkehr durch seine Vermittlung oder durch Gewähren oder Verschaffen von Gelegenheit Vorschub zu leisten, oder 2. Angebote zum außerehelichen sexuellen Verkehr bekanntgibt. (3) Die Ordnungswidrigkeit kann mit einer Geldbuße bis zu zehntausend Deutsche Mark geahndet werden.

Zweites Gesetz zur Reform des Strafrechts (2. StrRG)

Vom 4. Juli 1969 (BGBl. I S. 717)

in der Fassung des 10. Strafrechtsänderungsgesetzes vom 7. April 1970 (BGBl. I. S. 313)

Inkrafttreten: 1. 10. 1973

StGB

6a. wer gewohnheitsmäßig zum Erwerb Unzucht treibt und diesem Erwerb in der Nähe von Kirchen oder in einer Wohnung nachgeht, in der Kinder oder jugendliche Personen zwischen drei und achtzehn Jahren wohnen;

6b. wer gewohnheitsmäßig zum Erwerb Unzucht treibt und diesem Erwerb in der Nähe von Schulen oder anderen zum Besuch von Kindern oder Jugendlichen bestimmten Örtlichkeiten oder in einem Hause, in dem Kinder oder jugendliche Personen zwischen drei und achtzehn Jahren wohnen, in einer diese Minderjährigen sittlich gefährdenden Weise nachgeht;

6c. wer gewerbsmäßig Unzucht treibt und dabei einem durch Rechtsverordnung erlassenen Verbot zuwiderhandelt, diesem Erwerb an bestimmten Orten überhaupt oder zu bestimmten Tageszeiten nachzugehen;

. . .

§ 184 a

Wer Schriften, Abbildungen oder Darstellungen, welche, ohne unzüchtig zu sein, das Schamgefühl gröblich verletzen, einer Person unter sechzehn Jahren gegen Entgelt überläßt oder anbietet, wird mit Freiheitsstrafe bis zu sechs Monaten oder mit Geldstrafe bestraft.

E 1962

§ 223

Gewerbsmäßige Unzucht

Wer gewerbsmäßig Unzucht treibt und diesem Erwerb

1. in der Nähe einer Kirche oder eines anderen der Religionsausübung dienenden Gebäudes,
2. in der Nähe einer Schule oder einer anderen Örtlichkeit, die zum Besuch durch Kinder oder Jugendliche bestimmt ist,
3. in einer Wohnung, in der Kinder oder Jugendliche wohnen,
4. in einem Hause, in dem Kinder oder Jugendliche wohnen, in einer diese sittlich gefährdenden Weise,
5. in einer Gemeinde oder in einem Bezirk einer Gemeinde, in denen die Ausübung der Gewerbsunzucht durch Rechtsverordnung verboten ist,

nachgeht, wird mit Strafhaft bestraft.

EA

E 4. StrRG

§ 184 d

Wer gewerbsmäßig Unzucht treibt und diesem Erwerb

1. in der Nähe einer Schule oder einer anderen Örtlichkeit, die zum Besuch durch Kinder oder Jugendliche bestimmt ist, oder
2. in einem Haus, in dem Kinder oder Jugendliche wohnen,

in einer diese Minderjährigen sittlich gefährdenden Weise nachgeht, wird mit Freiheitsstrafe bis zu sechs Monaten oder mit Geldstrafe bestraft.

§ 184 c

Wer gewerbsmäßig Unzucht treibt und diesem Erwerb schon mehrfach entgegen einem durch Rechtsverordnung erlassenen Verbot nachgegangen ist, die Gewerbsunzucht an bestimmten Orten überhaupt oder zu bestimmten Tageszeiten auszuüben, wird, wenn er die Tat beharrlich wiederholt, wegen der neuen Tat mit Freiheitsstrafe bis zu sechs Monaten oder mit Geldstrafe bestraft.

StGB

§ 184 b

Mit Geldstrafe oder mit Freiheitsstrafe bis zu sechs Monaten wird bestraft, wer aus Gerichtsverhandlungen, für welche wegen Gefährdung der Sittlichkeit die Öffentlichkeit ausgeschlossen war, oder aus den diesen Verhandlungen zugrunde liegenden amtlichen Schriftstücken öffentlich Mitteilungen macht, welche geeignet sind, Ärgernis zu erregen.

18. Abschnitt

Verbrechen und Vergehen wider die persönliche Freiheit

§ 235

(1) Wer eine minderjährige Person unter achtzehn Jahren durch List, Drohung oder Gewalt ihren Eltern, ihrem Vormund oder ihrem Pfleger entzieht, wird mit Freiheitsstrafe bis zu fünf Jahren oder mit Geldstrafe bestraft.

(2) In besonders schweren Fällen ist die Strafe Freiheitsstrafe von sechs Monaten bis zu zehn Jahren. Ein besonders schwerer Fall liegt in der Regel vor, wenn der Täter aus Gewinnsucht oder in der Absicht handelt, den Minderjährigen zur Unzucht zu bringen.

E 1962

Zweiter Titel

Straftaten gegen Ehe, Familie und Personenstand

§ 196

Muntbruch

(1) Wer einen Minderjährigen dem zur Personensorge Berechtigten entführt oder mit Gewalt, durch Drohung mit einem empfindlichen Übel oder durch List entzieht, ohne selbst zur Personensorge berechtigt zu sein, wird mit Gefängnis bis zu drei Jahren, mit Strafhaft oder mit Geldstrafe bestraft.

(2) In besonders schweren Fällen ist die Strafe Gefängnis von sechs Monaten bis zu fünf Jahren. Ein besonders schwerer Fall liegt in der Regel vor, wenn der Täter aus Gewinnsucht oder in der Absicht handelt, den Minderjährigen zur Unzucht zu bringen.

(3) Die Tat wird nur auf Antrag verfolgt.

AE	E 4. StrRG
	§ 184 b Sexuelle Handlungen im Sinne dieses Gesetzes sind nur Handlungen, die im Hinblick auf das geschützte Rechtsgut von einiger Erheblichkeit sind.
	18. Abschnitt *Verbrechen und Vergehen wider die persönliche Freiheit* § 235 (1) Wer eine minderjährige Person unter achtzehn Jahren durch List, Drohung oder Gewalt ihren Eltern, ihrem Vormund oder ihrem Pfleger entzieht, wird mit Freiheitsstrafe bis zu fünf Jahren oder mit Geldstrafe bestraft. (2) In besonders schweren Fällen ist die Strafe Freiheitsstrafe von sechs Monaten bis zu zehn Jahren. Ein besonders schwerer Fall liegt in der Regel vor, wenn der Täter aus Gewinnsucht handelt.

StGB

§ 236

Wer eine minderjährige unverehelichte Frau unter achtzehn Jahren mit ihrem Willen, jedoch ohne Einwilligung ihrer Eltern, ihres Vormunds oder ihres Pflegers entführt, um sie zur Unzucht zu bringen, wird mit Freiheitsstrafe bis zu fünf Jahren oder mit Geldstrafe bestraft.

§ 237

Wer eine Frau wider ihren Willen durch List, Drohung oder Gewalt entführt, namentlich mit einem Fahrzeug an einen anderen Ort bringt, und eine dadurch für sie entstandene hilflose Lage zur Unzucht mit ihr ausnutzt, wird mit Freiheitsstrafe bis zu fünf Jahren oder mit Geldstrafe bestraft.

§ 238

(1) In den Fällen der §§ 235 bis 237 tritt die Verfolgung nur auf Antrag ein. Der Antrag kann zurückgenommen werden.

(2) Hat der Täter oder ein Teilnehmer in den Fällen der §§ 235 bis 237 die minderjährige Person oder die Entführte geheiratet, so wird die Tat nur dann verfolgt, wenn die Ehe für nichtig erklärt oder aufgehoben worden ist und das Antragsrecht nicht vor Eingehung der Ehe erloschen war.

E 1962

(4) Hat der Täter oder ein Teilnehmer den Minderjährigen geheiratet, so wird die Tat nur dann verfolgt, wenn die Ehe für nichtig erklärt oder aufgehoben worden ist und das Antragsrecht nicht vor Eingehung der Ehe erloschen war.

§ 209

Entführung zur Unzucht

(1) Wer eine Frau mit Gewalt, durch Drohung mit einem empfindlichen Übel oder durch Hinterlist entführt, um sie zur Unzucht zu bringen, wird mit Gefängnis bis zu fünf Jahren bestraft.

(2) Der Versuch ist strafbar.

(3) Die Tat wird nur auf Antrag verfolgt.

(4) Hat der Täter oder ein Teilnehmer die Frau geheiratet, so wird die Tat nur dann verfolgt, wenn die Ehe für nichtig erklärt oder aufgehoben worden ist und das Antragsrecht nicht vor Eingehung der Ehe erloschen war.

AE	E 4. StrRG
	§ 236 Wer eine minderjährige unverehelichte Frau unter achtzehn Jahren mit ihrem Willen, jedoch ohne Einwilligung ihrer Eltern, ihres Vormunds oder ihres Pflegers entführt, um sie zu außerehelichen sexuellen Handlungen zu bringen, wird mit Freiheitsstrafe bis zu fünf Jahren oder mit Geldstrafe bestraft. § 237 Wer eine Frau wider ihren Willen durch List, Drohung oder Gewalt entführt, namentlich mit einem Fahrzeug an einen anderen Ort bringt, und eine dadurch für sie entstandene hilflose Lage zu außerehelichen sexuellen Handlungen mit ihr ausnutzt, wird mit Freiheitsstrafe bis zu fünf Jahren oder mit Geldstrafe bestraft. § 238 (unverändert)

2. Gesetz über die Verbreitung jugendgefährdender Schriften

Vom 9. Juni 1953/29. April 1961 (BGBl. I 497; III 2161-1), ÄndG vom 24. 5. 1968 (BGBl. I 503, 518)

(Auszug)

Erster Abschnitt. Jugendgefährdende Schriften

§ 1 [Aufnahme in die Liste]

(1) Schriften, die geeignet sind, Kinder oder Jugendliche sittlich zu gefährden, sind in eine Liste aufzunehmen. Dazu zählen vor allem unsittliche, verrohend wirkende, zu Gewalttätigkeit, Verbrechen oder Rassenhaß anreizende sowie den Krieg verherrlichende Schriften. Die Aufnahme ist bekanntzumachen.

(2) Eine Schrift darf nicht in die Liste aufgenommen werden

1. allein wegen ihres politischen, sozialen, religiösen oder weltanschaulichen Inhalts;
2. wenn sie der Kunst oder der Wissenschaft, der Forschung oder der Lehre dient;
3. wenn sie im öffentlichen Interesse liegt, es sei denn, daß die Art der Darstellung zu beanstanden ist.

(3) Den Schriften stehen Schallaufnahmen, Abbildungen und Darstellungen gleich.

(4) Kind im Sinne des Gesetzes ist, wer noch nicht vierzehn, Jugendlicher, wer vierzehn, aber noch nicht achtzehn Jahre alt ist.

§ 2 [Ausnahmen]

In Fällen von geringer Bedeutung kann davon abgesehen werden, die Schrift in die Liste aufzunehmen.

§ 3 [Vertrieb an Jugendliche]

Eine Schrift darf, sobald ihre Aufnahme in die Liste bekanntgemacht ist, einem Kind oder Jugendlichen nicht feilgeboten oder zugänglich gemacht werden.

§ 4 [Weitere Vertriebsverbote]

(1) Eine Schrift, deren Aufnahme in die Liste bekanntgemacht ist, darf nicht

1. durch Händler außerhalb von Geschäftsräumen oder durch Reisende von Haus zu Haus,
2. in Kiosken oder anderen Verkaufsstellen, die der Kunde nicht zu betreten pflegt,
3. im Versandhandel oder
4. in gewerblichen Leihbüchereien oder Lesezirkeln
vertrieben,

verbreitet oder verliehen oder zu diesen Zwecken vorrätig gehalten werden.

(2) Verleger und Zwischenhändler dürfen eine solche Schrift nicht an Personen liefern, soweit diese einen Handel nach Absatz 1 Nr. 1 betreiben oder Inhaber von Betrieben der in Absatz 1 Nr. 2 bis 4 bezeichneten Art sind.

§ 5 [Werbungsbeschränkungen]

(1) Bei geschäftlicher Werbung darf nicht darauf hingewiesen werden, daß ein Verfahren zur Aufnahme einer Schrift in die Liste anhängig ist oder gewesen ist.

(2) Nach Bekanntmachung ist eine geschäftliche Werbung durch Auslegen oder Aushängen der Schrift im Schaufenster, innerhalb eines Verkaufsraumes oder an anderen allgemein zugänglichen Orten, durch Reklame oder Anzeigen, Postwurfsendungen oder andersartige Übermittlung von Werbematerial untersagt. Anzeigen in Fachblättern des Buchhandels sind zulässig.

§ 6 [Schwer gefährdende Schriften]

(1) Schriften, die Kinder oder Jugendliche offensichtlich sittlich schwer gefährden, unterliegen den Beschränkungen der §§ 3 bis 5, ohne daß es einer Aufnahme in die Liste und einer Bekanntmachung bedarf.

(2) Abs. 2, der die Regelung des Abs. 1 auf Schriften erstreckte, die durch Bild für Nacktkultur werben, ist durch Beschluß des Bundesver-

fassungsgerichts vom 23. 3. 1971 – Az. 1 BvL 25/61 und 3/62 – für nichtig erklärt worden.

§ 7 [Periodische Druckschriften]

Eine periodische Druckschrift kann auf die Dauer von drei bis zwölf Monaten in die Liste aufgenommen werden, wenn innerhalb von zwölf Monaten mehr als zwei ihrer Nummern in die Liste aufgenommen worden sind. Dies gilt nicht für Tageszeitungen und politische Zeitschriften.

§ 21 [Strafen und Maßnahmen]

(1) Wer vorsätzlich den §§ 3 bis 6 zuwiderhandelt oder die Liste zum Zwecke der geschäftlichen Werbung abdruckt oder veröffentlicht, wird mit Freiheitsstrafe bis zu einem Jahr und mit Geldstrafe oder mit einer dieser Strafen bestraft. Wird die Tat fahrlässig begangen, so ist auf Geldstrafe zu erkennen.

(2) gegenstandslos durch die Fürnichtigerklärung des § 6 Abs. 2 (s. dort)

(3) Wenn, abgesehen von den Fällen des Absatzes 2, der Erziehungsberechtigte, der gesetzliche Vertreter oder ein Jugendlicher eine Schrift, die den Beschränkungen der §§ 3 bis 6 unterliegt, einem Kind oder einem Jugendlichen feilbietet oder zugänglich macht, so bleibt die Tat straflos. Das Gericht kann von einer Bestrafung nach Absatz 1 absehen, wenn der Täter, der die Schrift einem Kind oder einem Jugendlichen feilgeboten oder zugänglich gemacht hat, dem in § 52 Abs. 1 der Strafprozeßordnung genannten Personenkreis angehört.

(4) Hat ein Kind oder ein Jugendlicher eine Schrift, die den Beschränkungen der §§ 3 bis 6 unterliegt, einem anderen Kind oder Jugendlichen feilgeboten oder zugänglich gemacht, so leitet das Jugendamt die auf Grund der bestehenden Vorschriften zulässigen Maßnahmen ein. Der Vormundschaftsrichter kann auf Antrag des Jugendamtes oder von Amts wegen Weisungen erteilen.

3. Internationale Übereinkunft zur Bekämpfung der Verbreitung und des Vertriebs unzüchtiger Veröffentlichungen

Vom 12. September 1923 (Reichsgesetzblatt 1925 Teil II S. 288ff.)

(Auszug)

Artikel I

Die Vertragsteilnehmer verpflichten sich, alles zu tun, um Personen, die sich der nachstehenden Handlungen schuldig machen, zu ermitteln, zu verfolgen und zu bestrafen und beschließen deshalb:

Bestraft werden soll:

1. wer unzüchtige Schriften, Zeichnungen, Stiche, Malereien, Druckschriften, Bilder, Anschläge, Abzeichen, Lichtbilder, Bildstreifen für Lichtspiele oder andere unzüchtige Gegenstände für den Handel, zur Verbreitung oder öffentlichen Ausstellung anfertigt oder vorrätig hält;

2. wer die erwähnten unzüchtigen Schriften, Zeichnungen, Stiche, Malereien, Druckschriften, Bilder, Anschläge, Abzeichen, Lichtbilder, Bildstreifen für Lichtspiele oder andere unzüchtige Gegenstände zu dem bezeichneten Zwecke einführt, befördert, ausführt oder einführen, befördern oder ausführen läßt oder auf andere Weise in den Verkehr bringt;

3. wer mit den genannten Gegenständen, wenn auch nicht öffentlich, Handel treibt, bei irgendeinem Geschäft über sie mitwirkt, wer sie verbreitet, öffentlich ausstellt oder gewerbsmäßig vermietet;

4. wer, um die verbotene Verbreitung oder den verbotenen Handel zu fördern, durch Anzeigen oder andere Mittel Personen bezeichnet, die sich mit einer der vorstehend aufgeführten strafbaren Handlungen befassen, wer durch Anzeigen oder andere Mittel bekanntmacht, auf welche Weise und durch wen die erwähnten un-

züchtigen Schriften, Zeichnungen, Stiche, Malereien, Druckschriften, Bilder, Anschläge, Abzeichen, Lichtbilder, Bildstreifen für Lichtspiele oder sonstigen unzüchtigen Gegenstände unmittelbar oder mittelbar bezogen werden können.

Artikel XII

Diese Übereinkunft kann durch schriftliche Mitteilung an den Generalsekretär des Völkerbundes gekündigt werden. Die Kündigung wird wirksam ein Jahr nach dem Tage, an dem sie der Generalsekretär empfangen hat, und gilt nur für das Mitglied des Völkerbundes oder den Staat, von dem gekündigt worden ist.

Der Generalsekretär des Völkerbundes hat jede empfangene Kündigung der Übereinkunft den unterzeichneten oder beigetretenen Mitgliedern des Völkerbundes und den anderen unterzeichneten oder beigetretenen Staaten mitzuteilen.

Die Kündigung dieser Übereinkunft zieht nicht ohne weiteres die gleichzeitige Kündigung des Abkommens vom 4. Mai 1910 nach sich, es sei denn, daß dies in der Anzeige ausdrücklich erklärt wird.

Partnerstaaten der Übereinkunft sind:

Afghanistan
Albanien
Algerien
Argentinien
Australien
einschl. Treuhandgebiet Neuguinea, Norfolk-Insel, Papua
Belgien
Birma
Botsuana
Brasilien
Bulgarien
Bundesrepublik Deutschland
Burundi
Ceylon
China
El Salvador
Finnland
Frankreich
Gambia
Ghana
Griechenland
Großbritannien und Nordirland
einschl. Britische Salomon-Inseln, Britisch-Honduras, Fidschi, Gibraltar, Gilbert- und Ellice-Inseln, Hongkong, Leeward-Inseln, Seychellen, Windward-Inseln
Guatemala
Guayana
Haiti
Indien
Indonesien
Irak
Iran
Irland

Italien
Jamaika
Japan
Jordanien
Jugoslawien
Kambodscha
Kanada
Kolumbien
Kongo (Kinshasa)
Kuba
Lesotho
Luxemburg
Madagaskar
Malawi
Malaysia
Marokko
Mexiko
Monaco
Neuseeland
Niederlande
Niederländische Antillen
Niederländisch-Neuguinea
Nigeria
Norwegen
Österreich
Pakistan
Panama
Paraguay
Peru
Polen
Portugal
Rhodesien
Ruanda
Rumänien
San Marino
Schweiz
Sierra Leone
Spanien
Südafrika
Tansania (Tanganjika)
Thailand
Trinidad und Tobago
Tschechoslowakei
Türkei
Uganda
Ungarn
Union der Sozialistischen Sowjetrepubliken
Vereinigte Arabische Republik
Zypern

(nach *Grützner*, Internationaler Rechtshilfeverkehr in Strafsachen, Teil III)

4. Internationales Übereinkommen zur Bekämpfung des Mädchenhandels

Vom 4. Mai 1910 (RGBl. 1913 S. 31)

(Auszug)

Artikel 1

Wer, um der Unzucht eines anderen Vorschub zu leisten, eine minderjährige Frau oder ein minderjähriges Mädchen selbst mit deren Einwilligung, zu unsittlichem Zwecke anwirbt, verschleppt oder entführt, soll bestraft werden, auch wenn die einzelnen Tatsachen, welche die Merkmale der strafbaren Handlung bilden, auf verschiedene Länder entfallen.

Artikel 2

Ferner soll bestraft werden, wer, um der Unzucht eines anderen Vorschub zu leisten, eine volljährige Frau oder ein volljähriges Mädchen durch Täuschung oder mittels Gewalt, Drohung, Mißbrauchs des Ansehens oder durch irgendein anderes Zwangsmittel zu unsittlichem Zwecke anwirbt, verschleppt oder entführt, auch wenn die einzelnen Tatsachen, welche die Merkmale der strafbaren Handlung bilden, auf verschiedene Länder entfallen.

Artikel 3

Die vertragschließenden Teile, deren Gesetzgebung nicht bereits ausreichen sollte, um die in den beiden vorhergehenden Artikeln vorgesehenen strafbaren Handlungen zu bekämpfen, verpflichten sich, diejenigen Maßnahmen zu treffen oder ihren gesetzgebenden Körperschaften vorzuschlagen, die erforderlich sind, damit diese strafbaren Handlungen ihrer Schwere entsprechend bestraft werden.

Partnerstaaten des Übereinkommens sind:

Algerien
Australien
einschl. Treuhandgebiet
Neuguinea, Papua und
Norfolk-Insel
Barbados
Belgien
Birma
Brasilien
Bulgarien
Bundesrepublik Deutschland
Ceylon
Chile
China
Dänemark
Dahome
Elfenbeinküste
Finnland
Frankreich
Gabun
Gambia
Ghana
Großbritannien und Nordirland
einschl.
Bahama-Inseln
Britische Salomon-Inseln
Britisch-Honduras
Falkland-Inseln
Fidschi
Gibraltar
Gilbert- und Ellice-Inseln
Guernsey
Hongkong
Jersey
Leeward-Inseln
Man
Sarawak
Seychellen
Windward-Inseln
Guayana
Guinea
Indien
Indonesien
Irak
Iran
Irland
Island
Italien
Jamaika
Japan
Jugoslawien
Kamerun
Kanada
Kenia
Kolumbien
Kongo (Brazzaville)
Kuba
Libanon
Luxemburg
Madagaskar
Malawi
Malaysia
Mali
Marokko
Mauritius
Mexiko
Monaco
Neuseeland
Niederlande
Niederländische Antillen
Niger
Norwegen
Obervolta
Österreich
Pakistan
Polen
Portugal
Rhodesien
Sambia
Schweden
Schweiz
Senegal
Sierra Leone
Singapur
Sowjetunion
Spanien
Südafrika
Sudan
Surinam
Tansania
Thailand
Trinidad und Tobago

Tschechoslowakei
Tunesien
Türkei
Uganda
Ungarn
Uruguay
Vereinigte Arabische Republik
Zentralafrikanische Republik
Zypern

(nach *Grützner*, Internationaler Rechtshilfeverkehr in Strafsachen, Teil III)

5. Internationale Übereinkunft zur Unterdrückung des Frauen- und Kinderhandels

Vom 30. September 1921 (RGBl. 1924 II S. 181)

(Auszug)

Artikel 3

Die Vertragsteilnehmer verpflichten sich, alles zu tun, um den Versuch der in Artikel 1 und 2 des Übereinkommens vom 4. Mai 1910 bezeichneten strafbaren Handlungen und innerhalb der gesetzlichen Grenzen auch die Vorbereitungshandlungen zu bestrafen.

Partnerstaaten der Übereinkunft sind:

Afghanistan
Albanien
Algerien
Argentinien
Australien
  einschl. Treuhandgebiet
  Neuguinea, Papua und
  Norfolk-Insel
Belgien
Birma
Brasilien
Bulgarien
Bundesrepublik Deutschland
Ceylon
Chile
China
Dänemark (ohne Grönland)
Finnland
Frankreich
Gambia
Ghana
Griechenland
Großbritannien und Nordirland
  einschl.
  Bahama-Inseln
  Britische Salomon-Inseln
  Britisch-Honduras
  Falkland-Inseln
  Fidschi
  Gibraltar
  Gilbert- und Ellice-Inseln
  Hongkong
  Leeward-Inseln
  Sarawak
  Seychellen
  Windward-Inseln
Indien
Irak
Iran
Irland
Italien
Jamaika
Japan
Jugoslawien
Kanada
Kenia
Kolumbien
Kuba
Libanon
Libyen

Luxemburg
Madagaskar
Malawi
Malaysia
Malta
Mauritius
Mexiko
Monaco
Neuseeland
Nicaragua
Niederlande
Norwegen
Österreich
Pakistan
Peru
Philippinen
Polen
Portugal
Rhodesien
Rumänien
Sambia
Schweden
Schweiz
Sierra Leone
Singapur
Sowjetunion
Spanien (ohne die spanischen Besitzungen)
Sudan
Südafrika
Syrien
Thailand
Trinidad und Tobago
Tschechoslowakei
Türkei
Uganda
Ungarn
Uruguay
Vereinigte Arabische Republik
Weißrussische Sozialistische Sowjetrepublik
Zypern

(nach Grützner, Internationaler Rechtshilfeverkehr in Strafsachen, Teil III)

6. Konvention der Vereinten Nationen zur Unterdrückung des Menschenhandels und der Ausbeutung der Prostitution anderer

Vom 2. Dezember 1949/21. März 1950 (Resolution Nr. 317/IV der Generalversammlung der Vereinten Nationen)

(Auszug)

Preamble

Whereas prostitution and the accompanying evil of the traffic in persons for the purpose of prostitution are incompatible with the dignity and worth of the human person and endanger the welfare of the individual, the family and the community,

Whereas, with respect to the suppression of the traffic in women and children, the following international instruments are in force:

1. International Agreement of 18 May 1904 for the Suppression of the White Slave Traffic, as amended by the Protocol approved by the General Assembly of the United Nations on 3 December 1948,

2. International Convention of 4 May 1910 for the Suppression of the White Slave Traffic, as amended by the above-mentioned Protocol,

3. International Convention of 30 September 1921 for the Suppression of the Traffic in Women and Children, as amended by the Protocol approved by the General Assembly of the United Nations on 20 October 1947,

4. International Convention of 11 October 1933 for the Suppression of the Traffic in Women of Full Age, as amended by the aforesaid Protocol,

Whereas the League of Nations in 1937 prepared a draft Convention extending the scope of the abovementioned instruments, and

Whereas developments since 1937 make feasible the conclusion of a convention consolidating the above-mentioned instruments and embodying the substance of the 1937 draft Convention as well as desirable alterations therein;

Now therefore
The Contracting Parties
Hereby agree as hereinafter provided:

Article 1

The Parties to the present Convention agree to punish any person who, to gratify the passions of another:

1. Procures, entices or leads away, for purposes of prostitution, another person, even with the consent of that person;

2. Exploits the prostitution of another person, even with the consent of that person.

Article 2

The Parties to the present Convention further agree to punish any person who:

1. Keeps or manages, or knowingly finances or takes part in the financing of a brothel;

2. Knowingly lets or rents a building or other place or any part thereof for the purpose of the prostitution of others.

Article 3

To the extent permitted by domestic law, attempts to commit any of the offences referred to in articles 1 and 2, and acts preparatory to the commission thereof, shall also be punished.

Article 4

To the extent permitted by domestic law, intentional participation in the acts referred to in articles 1 and 2 above shall also be punishable.

To the extent permitted by domestic law, acts of participation shall be treated as separate offences whenever this is necessary to prevent impunity.

Article 12

The present Convention does not affect the principle that the offences to which it refers shall in each State be defined, prosecuted and punished in conformity with its domestic law.

7. Beschlüsse und Ergebnisse des 47. Deutschen Juristentages

17. bis 20. September 1968 in Nürnberg

Strafrechtliche Abteilung

Beschlüsse der Strafrechtlichen Abteilung

1. Das geltende Sexualstrafrecht ist einer grundsätzlichen Reform dringend bedürftig. Eine solche Reform hat sich im freiheitlichen Rechtsstaat auf die Pönalisierung sozialschädlichen Verhaltens zu beschränken und die Trennung der Funktionen von Moral und Recht zu beachten; sie darf dabei insbesondere nicht an der Frage vorbeigehen, ob eine Strafbestimmung wegen gefährlicher Nebenwirkungen nicht vielleicht mehr Schaden als Nutzen stiftet, ob sie prozessual und personell durchzusetzen ist und ob alle Wege ausgeschöpft sind, die sich außerhalb des Strafrechts zur Abwehr bieten. Dabei ist auch den Möglichkeiten des Fürsorgerechts und eines vom Kriminalrecht abgesplitterten Ordnungswidrigkeitenrechts oder ähnlicher Regelungen stärkere Aufmerksamkeit zu schenken. Der Parlamentarier ist an diese Grundsätze gebunden.

   Eine Reform unter solchen Gesichtspunkten birgt Probleme und hat Konsequenzen, die in der Bundesrepublik bislang kaum bedacht und in Parlament oder Öffentlichkeit fast durchweg nicht einmal im Ansatz diskutiert worden sind. Eine Durchführung der Reform verlangt daher zunächst eine sorgfältige Unterrichtung der Bevölkerung, um den überkommenen Emotionen zu begegnen. Von der juristischen Praxis erfordert sie ein erhebliches Umdenken sowie die Abkehr von manchen traditionellen Simplifizierungen und Aspekten moralischer Selbstgefälligkeit. Der Rechtswissenschaft stellt sie Pflichten, die diese überwiegend lange genug vernachlässigt hat.

   Eine Reform erfordert ferner eine Reihe wissenschaftlicher Untersuchungen im Kontakt mit außerjuristischen Disziplinen.

2. Dem Gesetzgeber wird empfohlen, der weiteren Beratung zur Reform des Sexualstrafrechts den Alternativ-Entwurf zugrundezulegen.

3. Nach Auffassung der Abteilung sollte die Strafbarkeit entfallen[1]:
   a) der einfachen Homosexualität (§ 175 StGB)
   b) des Ehebruchs (§ 172 StGB)
   c) der Sodomie (§ 175 b StGB)

   Aus dem E 1962 sollten gestrichen werden die Strafvorschriften:
   a) gegen Kuppelei unter Ehegatten im Sinne des Partnertausches (§ 227 Nr. 1)
   b) gegen den Zuhälter (§ 230)
   c) gegen Striptease (§ 220a)
   d) gegen Anpreisung von Mitteln zur Verhütung von Geschlechtskrankheiten oder der Empfängnis (§ 221)
   e) des § 222 (Werbung für unzüchtigen Verkehr)
   f) des § 220 (Verbreitung unzüchtiger Schriften und Sachen)
   g) des § 214 (Unzucht mit Abhängigen) unter dem Vorbehalt, daß Polizei, Bundeswehr und andere Sonderverbände ausgenommen werden und daß das geltende Strafrecht den Tatbestand der Nötigung kennt.

4. Das Bundesjustizministerium wird aufgefordert, im Rahmen einer sofortigen Novellierung des StGB dem Parlament die Streichung der §§ 172, 175, 175b StGB vorzuschlagen[1].

   Dem Gesetzgeber wird als weitere Sofortmaßnahme empfohlen, die geltenden Bestimmungen zu den Kuppeleitatbeständen zu ersetzen durch Vorschriften, die den Thesen unter Nr. 16 im Referat von Generalprokurator Dr. Pallin entsprechen[2].

---

1 Erledigt durch das 1. StrRG vom 25. 6. 1969, BGBl. 1969 I S. 645 (Anm. des Hrsg.).

2 Diese Thesen lauten: „Einschränkung der Straftatbestände gegen Kuppelei und Menschenhandel (§§ 226 bis 229 E 1962) auf
   a) Zuführung oder Verleitung zur Unzucht unter Mißbrauch eines Autoritätsverhältnisses,
   b) Zuführung zur gewerbsmäßigen Unzucht,
   c) entgeltliche Förderung fremder Unzucht,
   zu a) bis c) jedoch nur bei Minderjährigkeit der verkuppelten Person.
   d) Anwerbung oder listige oder gewaltsame Verbringung zu gewerbsmäßiger Unzucht im Ausland." (Anm. des Hrsg.).

5. Die Strafrechtliche Abteilung bittet den Gesetzgeber[1],
   a) § 236 StGB mindestens tatbestandlich einzuschränken und in der Strafe zu mildern,
   b) bei § 236 StGB sofort mildernde Umstände einzuführen.

6. Die Abteilung bittet den Gesetzgeber, Möglichkeiten ins Auge zu fassen, die verhindern, daß Kinder durch das Strafverfahren in einer Weise geschädigt werden, die außer Verhältnis zur Tat selbst steht (im Zusammenhang mit Unzucht an Kindern).

1 Erledigt durch das 1. StrRG vom 25. 6. 1969, BGBl. 1969 I S. 645; s. jetzt § 237 StGB (Anm. des Hrsg.).

8. „Fanny Hill"–Urteil des Bundesgerichtshofes

(Entscheidungen in Strafsachen Bd. 23, S. 40 ff.)

1. Strafsenat. Urt. vom 22. Juli 1969 g. D. 1 StR 456/68.

Aus den Gründen:

Das Landgericht hat den Angeklagten von dem Vorwurf der Verbreitung unzüchtiger Schriften (§ 184 Abs. 1 Nr. 1 StGB) in Tateinheit mit einem Vergehen nach § 4 Abs. 1 Nr. 3 und Abs. 2, § 6 Abs. 1, § 21 Abs. 1 des Gesetzes über die Verbreitung jugendgefährdender Schriften (GjS) freigesprochen; es hat jedoch angeordnet, daß alle Exemplare des Buchs „Die Memoiren der Fanny Hill" von John Cleland, die sich im Besitz des Verlegers, des Herausgebers, Druckers, eines Buchhändlers und der Staatsanwaltschaft befinden, sowie die zu ihrer Herstellung gebrauchten Vorrichtungen unbrauchbar zu machen sind.

Die Revision des Angeklagten führte zur Aufhebung der Anordnung und Zurückweisung des auf diese gerichteten Antrags der Staatsanwaltschaft.

Auf den allein anwendbaren § 184 Abs. 1 Nr. 1 StGB kann die Einziehung des Buches „Die Memoiren der Fanny Hill" in der vom Angeklagten verlegten Ausgabe nicht gestützt werden, da es keine unzüchtige Schrift im Sinne dieser Strafvorschrift ist.

1. Zu Unrecht bezweifelt allerdings die Revision die Verfassungsmäßigkeit des § 184 Abs. 1 Nr. 1 StGB mit der Begründung, die Vorschrift sei zu unbestimmt. Dem rechtsstaatlichen Erfordernis der Bestimmtheit des Tatbestandes genügt eine Strafvorschrift, die wertausfüllungsbedürftige Begriffe enthält; denn auch das Strafrecht kann nicht völlig darauf verzichten, allgemeine Begriffe zu verwenden, die formal nicht eindeutig allgemein umschrieben werden können und die an die Auslegung des Richters besondere Anforderungen stellen (BVerfGE 11, 234, 237). In diesen Grenzen, die durch den Grundsatz der Rechtssicherheit gezogen werden, hält

sich das Tatbestandsmerkmal „unzüchtig“ (dazu ausführlich Bay ObLG JZ 1969, 398 m. Nachw.).

2. Nach ständiger Rechtsprechung ist eine Schrift dann als unzüchtig im Sinne des § 184 StGB anzusehen, wenn sie geeignet ist, das Scham- und Sittlichkeitsgefühl des normalen Menschen in geschlechtlicher Beziehung zu verletzen (BGHSt 3, 295, 296; 5, 346, 347; 11, 67, 72), und zwar erheblich (BVerwG NJW 1967, 1483; vgl. § 206 Abs. 1 des Entwurfs 1962 zum StGB). Es kommt darauf an, ob der Inhalt der Schrift den auf den Wertvorstellungen unserer Kultur beruhenden sittlichen Grundanschauungen der Gemeinschaft in geschlechtlicher Hinsicht zuwiderläuft. Darüber, ob das der Fall ist, hat nicht allein der Tatrichter zu befinden, sondern der Würdigung des Begriffs der Unzüchtigkeit liegen im wesentlichen auch rechtliche Erwägungen zugrunde (BGH Urteil vom 23. September 1954 – 3 StR 661/53).

Der § 184 StGB dient nicht der Abwehr von Gefahren im Bereich des Jugendschutzes; die für diesen Zweck erforderlichen Grenzen sind durch das Gesetz über die Verbreitung jugendgefährdender Schriften gezogen. Die Vorschrift hat vielmehr den Zweck, die Allgemeinheit vor gewissen Äußerungen der Geschlechtlichkeit zu schützen, in bezug auf Schriften also dem erwachsenen Menschen vor allem „die Notwendigkeit der Entscheidung zu ersparen, ob er sie lesen will oder nicht“ (Justice William O. Douglas im zustimmenden Sondervotum – concurring opinion – zum Urteil des Supreme Court der Vereinigten Staaten vom 21. März 1966[1], mit dem das Verbotsurteil des Supreme Judicial Court von Massachusetts gegen „Fanny Hill“ aufgehoben worden ist). Den Tatbestand der Strafvorschrift können demnach nur solche Verstöße erfüllen, die eindeutig den Grundbestand gemeinsamer Anschauungen der Gesellschaft auf geschlechtlichem Gebiet antasten und dadurch zu Störungen oder Belästigungen des Gemeinschaftslebens führen.

Die Anschauungen darüber, was in diesem Sinne gemeinschaftsschädlich wirkt und wo demnach die Toleranzgrenze gegenüber geschlechtsbezogenen Darstellungen zu ziehen ist, sind zeitbedingt und damit dem Wandel unterworfen. Zwar hat sich die Recht-

---

1 Memoirs etc. v. Massachusetts Nr. 368, 86 S. Ct. 975.

sprechung nicht nach den Auffassungen besonders prüder oder ungewöhnlich weitherziger Kreise zu richten (BGHSt 3, 295). Eine Tat verliert ihre Eigenschaft als strafbare Handlung auch nicht dadurch, daß andere Taten gleicher Art nicht verfolgt werden (BGH St 5, 346, 347). Die Verbreitung einer Schrift müßte also nicht schon deshalb straflos bleiben, weil gegen den Vertrieb vergleichbarer Schriften nicht strafrechtlich eingeschritten worden ist. Gleichwohl kann die Rechtsprechung nicht an einer tiefgreifenden und nachhaltigen Änderung der allgemeinen Anschauungen über die Toleranzgrenze gegenüber geschlechtsbezogenen Äußerungen vorbeigehen (vgl. Schönke/Schröder, StGB 14. Aufl. § 184 Anm. II 2).

Einen solchen Wandel hat aber die allgemeine Auffassung in der jüngsten Vergangenheit offensichtlich durchgemacht (vgl. Hanack, Gutachten zum 47. Deutschen Juristentag 1968, Rdn. 354 f). Dabei könnte es für eine rechtlich erhebliche Anschauung noch außer Betracht bleiben, wenn in Filmen, Illustrierten und Broschüren Sexualität in oft primitivster Form in ständig steigendem Maße dargeboten wird, da es sich insoweit um eine Welle mißbräuchlicher Ausnutzung einer Zeitströmung handeln mag. Dagegen zeigt eine Fülle ernsthafter Erörterungen und erzieherischer Bestrebungen, daß eine zunehmende Versachlichung der den Sexualbereich betreffenden Anschauungen in Gang gekommen ist, die dazu führt, daß die Sexualität als ein Grundproblem des menschlichen Lebens offen betrachtet und sachlich erörtert wird. Daß unter Förderung und Mitwirkung amtlicher Stellen ein „Atlas der Sexualkunde" zur Aufklärung junger Menschen herausgebracht wird, ist einer der zahlreichen in diese Richtung weisenden Versuche, die nicht auf den räumlichen Bereich unserer Rechtsordnung beschränkt sind, sondern auch in anderen Ländern freiheitlicher Grundordnung ihr Gegenstück fanden.

Angesichts dieser Entwicklung kann die Schilderung geschlechtlicher Vorgänge als solche nicht mehr als unzüchtig im Sinne des § 184 StGB angesehen werden, wenn sie nicht aufdringlich vergröbernd oder anreißerisch ist und dadurch Belange der Gemeinschaft stört oder ernsthaft gefährdet. Denn das Strafgesetz hat nicht die Aufgabe, auf geschlechtlichem Gebiet einen moralischen Standard des erwachsenen Bürgers durchzusetzen, sondern es hat die

Sozialordnung der Gemeinschaft vor Störungen und groben Belästigungen zu schützen. Daß dies auch die Tendenz des Gesetzgebers ist, zeigt die Aufhebung der Strafvorschriften über Ehebruch, einfache Homosexualität zwischen Männern und über Sodomie im Zuge der Reform des Strafrechts (Art. 1 Nr. 50, 52, 53 des Ersten Gesetzes zur Reform des Strafrechts - 1. StrRG - vom 25. Juni 1969, BGBl. I 645). Demnach ist die strafrechtliche Verfolgung von Schrifttum insoweit geboten und vom Gesetzeszweck gedeckt, als seine Verbreitung auch nach den so gewandelten Anschauungen jedenfalls dann zu einer gröblichen Belästigung führt, wenn sexuelle Vorgänge in übersteigerter, anreißerischer Weise ohne Sinnzusammenhang mit anderen Lebensäußerungen geschildert werden. Anhaltspunkte für einen in diesem Sinne strafbaren Inhalt einer Schrift können sich etwa ergeben aus einer aufdringlichen, verzerrenden, unrealistischen Darstellung geschlechtlicher Vorgänge, aus der Verherrlichung von Ausschweifungen oder Perversitäten und aus der obszönen Ausdrucksweise.

3. Bei Anlegung dieses Maßstabs hält das angefochtene Urteil der rechtlichen Nachprüfung nicht stand.

Wie das Landgericht ausführt, handelt es sich bei dem 1749 erstmals veröffentlichten Roman von John Cleland (in der Übersetzung von Feldhammer) nicht um eine aufdringliche Darstellung auf sich selbst reduzierter, aus dem Zusammenhang mit anderen Lebensäußerungen gelöster, übersteigerter Sexualität. Der Roman, der zur sogenannten „galanten Literatur" jener Zeit gehört[2], behandelt vielmehr den Lebensabschnitt eines jungen, ursprünglich ganz unverdorbenen Landmädchens, das im Milieu der Prostitution verführt wird, den sinnlichen Anreizen und Verlockungen verfällt, jedoch in zunehmender Distanz zu dieser Umgebung den Weg zu persönlicher Liebesbindung und ins bürgerliche Leben findet. Die Erzählung enthält allerdings in dichter Folge eine Vielzahl sehr offener, ins einzelne gehender Schilderungen sexueller Erlebnisse, Vorgänge und Empfindungen, teilweise auch solche perverser Geschlechtlichkeit. In der gesamten Darstellung wird die Sinnenfreude stark herausgehoben, die Sexualität bei alledem aber in den Bereich

2 Vgl. die Würdigung in Kindlers Literaturlexikon Bd. IV Sp. 2410 ff.

der allgemeinen Lebensfreude einbezogen. Sexuelle Fehlhaltungen und Ausschweifungen werden weder verherrlicht noch als besonders erstrebenswert hingestellt. Der Autor läßt in den Überlegungen der Romanheldin sogar erkennbar eine wertende Abschichtung der ausschließlich körperlichen Sinnlichkeit gegenüber der echten personalen Liebesbindung anklingen. Als ein wesentliches Merkmal der Romanfigur Fanny Hill schimmert immer wieder die Naivität durch, die grob sexuelle Vorgänge in ihrer Darstellung abschwächt und eine aufreizend vergröbernde Tendenz der Schilderung vermeidet. Das gilt insbesondere für die ausführliche Schilderung der Voyeurszenen, der lesbischen Szenen und der Defloration. Die Vorgänge perverser Geschlechtlichkeit – Verführung eines schwachsinnigen jungen Mannes durch eine Freundin und eine sadomasochistische Szene – verfolgt die Romanfigur mit naiver Neugier, nimmt andererseits jedoch bei der Schilderung dieser Geschehnisse eine vorwiegend belustigte, kaum innerlich beteiligte und damit deutlich distanzierte Haltung ein.

Alles das bestimmt die Strafkammer daher auch, dem Roman – in Übereinstimmung mit den beiden Sachverständigen – künstlerisch-literarischen Wert beizumessen. Daß sie dennoch meint, die vorliegende Fassung des Buches erfülle den objektiven Tatbestand des § 184 Abs. 1 Nr. 1 StGB, beruht nach Ansicht des Senats auf einer zu weiten Auslegung des Begriffs „unzüchtige Schrift“.

Der Charakter des Romans wird zwar durch die häufige Wiederholung von Schilderungen gleicher oder ähnlicher sexueller Vorgänge maßgeblich bestimmt. Jedoch wird hierbei jedenfalls eine grobe Verzeichnung der Sexualität in fortschreitender Steigerung und eine obszöne Verzerrung vermieden. Die Darstellung ist auch nicht anreißerisch. In dem Zusammenhang der jeweiligen Vorgänge muß ferner die freilich auffallende Vielzahl von bildhaften Umschreibungen der männlichen und weiblichen Geschlechtsorgane gesehen werden. Es geht nicht an — wie das Landgericht das tut —, diese verschiedenen Ausdrücke aus der Darstellung herausgelöst zusammenstellen und vornehmlich aus dieser Zusammenstellung auf die „eindringliche sinnliche Wirkung“ und die Unzüchtigkeit des Romans im ganzen zu schließen. Denn es liegt auf der Hand, daß die Vielzahl der aus der Darstellung herausgelösten Umschreibungen in einer solchen Zusammenstellung für sich genommen aufdringlich wirken muß. Der Roman insgesamt jedoch vermeidet, wie die Strafkammer zutreffend darlegt, jede vulgäre Ausdrucksweise. Die für die Zeit des Rokoko typische Sprache ist bilderreich und farbig; obszöne Worte fehlen. Manche Details sind mit geschickt pointierter Formulierung, mit psychologischer Einfühlungsgabe und mit hintergründigem Humor geschildert, worin ebenfalls eine Distanzierung liegt. Das gilt z. B. für den Bericht über die Begegnung eines Homosexuellen mit einer Dirne.

Nach allem kommt der Senat zu der rechtlichen Gesamtwürdigung, daß es sich bei dem Roman „Die Memoiren der Fanny Hill" in der vorliegenden Ausgabe zwar um ein Werk der erotischen Literatur, nicht aber um eine unzüchtige Schrift handelt. Es bedarf demnach nicht mehr der Entscheidung, ob der Roman als Kunstwerk den verfassungsrechtlichen Schutz des Art. 5 Abs. 3 GG genießt.

9. Begründung zu dem Regierungsentwurf eines Vierten Gesetzes zur Reform des Strafrechts Bundestagsdrucksache VI/1552 (Auszug)

A. Allgemeine Vorbemerkung

Mit dem Ersten Gesetz zur Reform des Strafrechts (1. StrRG) vom 25. Juni 1969 (Bundesgesetzbl. I S. 645) und dem Zweiten Gesetz zur Reform des Strafrechts (2. StrRG) vom 4. Juli 1969 (Bundesgesetzbl. I S. 717) ist in der fünften Wahlperiode des Deutschen Bundestages die umfassende Reform des materiellen Strafrechts eingeleitet worden. Am 22. Mai 1970 ist das Dritte Gesetz zur Reform des Strafrechts vom 20. Mai 1970 (Bundesgesetzbl. I S. 505) in Kraft getreten, das die Strafvorschriften zum Schutz des Gemeinschaftsfriedens neu gefaßt hat. Der jetzt vorgelegte Entwurf eines Vierten Gesetzes zur Reform des Strafrechts betrifft die Straftaten gegen Personenstand, Ehe und Familie sowie die Sexualstraftaten. Eine Teilreform dieses Rechtsgebiets hat schon das Erste Gesetz zur Reform des Strafrechts verwirklicht: Seit dem 1. September 1969 sind homosexuelle Handlungen unter erwachsenen Männern nicht mehr strafbar, soweit sie nicht ein Abhängigkeitsverhältnis ausnutzen oder gewerbsmäßig vorgenommen werden. Ebenfalls mit Wirkung vom 1. September 1969 sind die Straftatbestände des Ehebruchs, der Unzucht mit Tieren und der Erschleichung des außerehelichen Beischlafs weggefallen. Seit dem 1. April 1970 ist schließlich die Kuppelei nach § 181 StGB nicht mehr ein Verbrechen, sondern nur noch ein Vergehen (Artikel 1 Nr. 56 des 1. StrRG).

Schwerpunkt des Entwurfs eines Vierten Gesetzes zur Reform des Strafrechts ist das Sexualstrafrecht des Strafgesetzbuches (Artikel 1 Nr. 12). Tiefgreifende Änderungen sind bei den Vorschriften über die Kuppelei und die Verbreitung pornographischer Schriften vorgesehen (vgl. §§ 180 bis 181, 184, 184a i. d. F. des Artikels 1 Nr. 12). Wichtige Neuerungen schlägt der Entwurf u. a. auch im Hinblick auf die Tatbestände des sexuellen Mißbrauchs von Schutzbefohlenen (§ 174) und der exhibitionistischen Handlungen (§ 183) vor.

Die Reform der einschlägigen Strafvorschriften ist in den vergangenen Jahren außerhalb und innerhalb der Bundesrepublik lebhaft erörtert worden. Zu nennen sind u. a. die englischen Sexual Offences Acts 1956/1967, der Entwurf eines amerikanischen Musterstrafgesetzbuches von 1962, das am 1. Januar 1965 in Kraft getretene schwedische Strafgesetzbuch, das Strafgesetzbuch der DDR vom 12. Januar 1968, mehrere dänische Reformgesetze sowie neuere Gesetzgebungspläne in den Niederlanden, in Österreich und in Schweden. In der Bundesrepublik ist im Jahre 1962 der Regierungsentwurf eines Strafgesetzbuches – Entwurf 1962 – vorgelegt worden (Drucksache IV/650), der auch während der fünften Wahlperiode den Beratungen des Bundestages zugrunde gelegen hat (Drucksache V/32). Sechzehn Universitätslehrer haben im Jahre 1968 für die Sexualdelikte und die Straftaten gegen Ehe, Familie und Personenstand einen Alternativ-Entwurf vorgelegt (Alternativ-Entwurf eines Strafgesetzbuches, Besonderer Teil, Sexualdelikte u. a., Tübingen 1968). Im Jahre 1964 hat sich der 9. Internationale Strafrechtskongreß in Den Haag u. a. auch mit den Familien- und Sexualdelikten befaßt. Die strafrechtliche Abteilung des 47. Deutschen Juristentages hat im Jahre 1968 das Thema „Empfiehlt es sich, die Grenzen des Sexualstrafrechts neu zu bestimmen?" behandelt.

Der Entwurf schränkt die Strafbarkeit gegenüber dem geltenden Recht erheblich ein; andererseits sieht er in Teilbereichen neue Strafdrohungen vor. Die Entscheidung darüber, welche Taten mit Strafe bedroht werden sollen, ist bei der Materie des Entwurfs besonders schwierig. Es ist darauf zu achten, daß das Strafrecht nur eine äußere Ordnung sozialen Verhaltens zu wahren hat. In der heutigen Gesellschaft sind die Wertvorstellungen über Ehe, Familie und Sexualität sehr vielfältig. Auch sind Beweggründe und Erscheinungsformen menschlichen Verhaltens auf diesem Gebiet so individuell geartet, daß sie sich oft gerechter Beurteilung entziehen. Dem Strafgesetzgeber ist deshalb Zurückhaltung geboten.

Andererseits ist folgendes zu berücksichtigen: Es geht auch bei den Sexualstraftaten nur zum kleineren Teil um Handlungen, die sich auf die Intimsphäre freiwilliger sexueller Beziehungen beschränken. Vorwiegend handelt es sich um Taten, durch die die Freiheit eines anderen unmittelbar oder mittelbar beeinträchtigt oder die besondere Lage eines Kindes oder Jugendlichen ausgenutzt wird. Der Gesetzgeber hat zu berücksichtigen, daß die Freiheit des einzelnen und die ungestörte Entwicklung junger Menschen in der Sexualsphäre besonderen Gefährdungen ausgesetzt sind. Er muß sich auch Rechenschaft darüber ablegen, welche persönlichen und kommerziellen Interessen sich des straffrei gelassenen Raumes bemächtigen können und wie das Einströmen solcher Kräfte zu beurteilen ist. Das gilt besonders für den Bereich derjenigen Sexualstraftaten, die nicht aus sexuellen Beweggründen begangen werden, sondern sexuelle Handlungen oder Interessen Dritter zum Gegenstand haben (§§ 180 bis 181a, 184, 184a i. d. F. des Artikels 1 Nr. 12).

Die Gesichtspunkte, die den Entwurf bei der Abgrenzung strafbaren und straffreien Verhaltens geleitet haben, sind in großen Zügen folgendermaßen zu kennzeichnen: Eine Strafdrohung ist nur dort vorzusehen, wo Rechtsgüter des einzelnen oder der Allgemeinheit angegriffen oder gefährdet werden und ohne eine Strafdrohung nicht hinreichend geschützt werden können. Als Rechtsgüter des einzelnen sind hier zumal die Freiheit zu geschlechtlicher Selbstbestimmung, die ungestörte sexuelle Entwicklung des jungen Menschen und der Schutz vor schwerwiegenden Belästigungen in sexueller Hinsicht zu nennen. Rechtsgüter der Allgemeinheit sind in diesem Zusammenhang insbesondere Ehe und Familie, die nach dem Grundgesetz (Artikel 6 Abs. 1) unter dem besonderen Schutz der staatlichen Ordnung stehen. Schutzwürdige Güter der Allgemeinheit sind auch die elementaren Grundlagen des friedlichen Zusammenlebens, zumal die Toleranz und die Achtung vor der Menschenwürde des anderen. Im Bereich des Jugendschutzes greifen die Rechtsgüter des einzelnen und der Allgemeinheit ineinander: Taten, die sich gegen Menschenwürde, Toleranz und andere grundlegende Regeln und Einrichtungen des menschlichen Zusammenlebens richten, können zugleich die soziale Orientierung des einzelnen jungen Menschen beeinträchtigen.

Auch dort, wo sich eine Tat gegen schutzwürdige Rechtsgüter richtet, ist ein Straftatbestand unangebracht, sofern die Strafdrohung oder das Strafverfahren wegen gefährlicher Nebenwirkungen mehr Schaden als Nutzen anrichten können (vgl. Hanack, Gutachten A zum 47. Deutschen Juristentag, 1968, S. 252). Dieser Gesichtspunkt führt trotz des hohen Ranges des in Artikel 6 Abs. 1 GG genannten Schutzgutes dazu, die Straftaten zum Schutz von Ehe und Familie einzuschränken. Da das Strafrecht nur als äußerstes Mittel in Betracht kommt, ist jeweils zu prüfen, ob der angestrebte Schutzzweck schon durch nichtstrafrechtliche Vorschriften erreicht werden kann (Hanack a. a. O.). Hierbei muß allerdings auch erwogen werden, ob außerstrafrechtliche Maßnahmen, etwa auf dem Gebiet der Gefährdetenfürsorge, nicht gerade durch eine Strafdrohung erleichtert werden. Solche Überlegungen sind im Zusammenhang mit den §§ 180a, 181a und 183 i. d. F. des Artikels 1 Nr. 12 angestellt worden.

Der Entwurf bemüht sich, neueren Erkenntnissen der Medizin, Psychologie und Pädagogik Rechnung zu tragen. Allerdings fehlt es im Hinblick auf einen großen Teil der für die Entscheidung erheblichen Fragen an gesicherten wissenschaftlichen Erkenntnissen. Das gilt z. B. für das Schutzalter bei den Jugendschutztatbeständen, für die Schwere der mit dem sexuellen Mißbrauch von Kindern verbundenen Schäden und für die Wirkungen der Konfrontation mit pornographischem Material. Der Gesetzgeber kann nicht alle Taten straffrei lassen, deren Schädlichkeit bisher weder eindeutig bewiesen noch ausgeschlossen werden konnte (vgl. Lackner, Sitzungsbericht K des 47. Deutschen Juristentages, 1968, S. 41 f.). Solange die Unschädlichkeit der Tat nicht feststeht, stellt ihre Duldung ein Risiko dar. Ob der Gesetzgeber die mit einem solchen Risiko verbundene Gefahr hinnehmen darf, hängt maßgeblich von der Bedeutung des Schutzobjektes ab. Je höher sein Wert ist, um so geringer wird das Risiko sein, das er verantworten kann. Beim Tatbestand des sexuellen Mißbrauchs von Kindern (§ 176) hat das Schutzobjekt einen so hohen Rang, daß der Entwurf keine Einengung des Tatbestandes vorschlägt, mag auch die Schädlichkeit sexueller Übergriffe gegenüber Kindern in gewissem Umfang zweifelhaft sein. Die getroffenen Entscheidungen werden zu überprüfen sein, sobald eindeutigeres wissenschaftliches Material vorliegt.

Von dem Vierten Gesetz zur Reform des Strafrechts sind keine Auswirkungen auf die Einnahmen und Ausgaben der öffentlichen Haushalte zu erwarten.

B. Zu den einzelnen Vorschriften

Zu Nummer 11 (§ 173 – Beischlaf zwischen Verwandten –)

Der Tatbestand des Beischlafs zwischen Verwandten ist kriminalpolitisch sehr umstritten. Unbestritten ist allerdings, daß der Schutz von Kindern und Schutzbefohlenen strafrechtlich gewährleistet werden muß. Die Kritiker des § 173 StGB sind allerdings der Auffassung, daß dieser Schutz durch die sonstigen Strafvorschriften sichergestellt werden kann (vgl. § 174 und § 176 des Entwurfs).

Gegen die Strafbarkeit des Beischlafs zwischen Verwandten wird eingewendet, ein geschütztes Rechtsgut sei nicht zu erkennen. Der Entwurf folgt dieser Auffassung nicht. Er sieht die Beibehaltung des Tatbestandes des Beischlafs zwischen Verwandten vor, allerdings in einer gegenüber dem geltenden Recht eingeschränkten Fassung. Aufgegeben ist die Bestrafung des Beischlafs zwischen Verschwägerten (§ 173 Abs. 2 Satz 2 StGB). Die Vorschrift über die Bestrafung des Beischlafs zwischen Verschwägerten ist durch so einschneidende, kriminalpolitisch berechtigte Ausnahmen von der Strafbarkeit durchbrochen, daß sie – worauf schon der Entwurf 1962 hingewiesen hat (vgl. die Begründung S. 347) – einen echten Gehalt kaum noch besitzt.

Der Beischlaf zwischen Verwandten auf- und absteigender Linie sowie zwischen Geschwistern soll nach dem Entwurf strafbar bleiben; allerdings sind nach Absatz 3 Verwandte absteigender Linie und Geschwister, die zur Zeit der Tat noch nicht achtzehn Jahre alt waren, straffrei. Strafgrund für den Inzest ist der in Artikel 6 des Grundgesetzes geforderte Schutz von Ehe und Familie. Inzestuöse Beziehungen bedeuten in der Regel eine schwere Belastung für die Familie. Sie wirken nicht nur familienzerstörend, sondern führen nicht selten zu schweren seelischen Schäden, namentlich bei Minderjährigen. Im Gesetzgebungsverfahren wird noch sorgfältig zu prüfen sein, ob diese Gründe, die beim Inzest von Verwandten auf- oder absteigender Linie auf der Hand liegen, in gleich starkem Maße beim Geschwisterinzest gelten. Zusätzlich sind eugenische Gesichtspunkte zu berücksichtigen, die es verständlich machen, daß schon das geltende Recht die Strafbarkeit auf die Fälle des Beischlafs beschränkt und nicht auf sonstige – ebenfalls familiengefährdende – sexuelle Handlungen ausdehnt. Bei Kindern, die einer inzestuösen Beziehung erwachsen, kann wegen der erhöhten Möglichkeit der Summierung rezessiver Erbanlagen die Gefahr erblicher Schädigungen nicht ausgeschlossen werden. Wegen der überwiegend noch bestehenden Tabuisierung des Inzests ist darüber hinaus die Gefahr der Diskriminierung der Inzestkinder gegeben mit erheblichen negativen Folgen für die seelische Entwicklung dieser Kinder.

Das Höchstmaß der angedrohten Freiheitsstrafe beim Deszendenten-Inzest ist gegenüber dem geltenden Recht ermäßigt worden. Eine abgestufte Strafdrohung für den Geschwisterinzest erscheint hiernach überflüssig. Eine Freiheitsstrafe bis zu drei Jahren dürfte selbst in besonders schwerwiegenden Fällen ausreichen. Der Entwurf sieht in Abänderung des geltenden Rechts keine Mindeststrafe vor, um auch den Fällen von geringem Schuldgehalt gerecht zu werden.

Zu Nummer 12 (Dreizehnter Abschnitt – Sexualstraftaten –)

Die Überschrift des Dreizehnten Abschnitts ist neu gefaßt worden. An die Stelle der Überschrift „Verbrechen und Vergehen wider die Sittlichkeit“ tritt die Bezeichnung „Sexualstraftaten“. Diese Änderung trägt der Tatsache Rechnung, daß das Strafrecht nur eine äußere Ordnung sozialen Verhaltens zu wahren hat. Aus dem gleichen Grunde hat der Entwurf den Begriff der „unzüchtigen Handlungen“, wie er bisher im Strafgesetzbuch Verwendung gefunden hat, eliminiert. Er spricht statt dessen von sexuellen Handlungen, die er allerdings – den jeweiligen Erfordernissen der einzelnen Tatbestände angepaßt – in einem eingeschränkten Sinne verstanden wissen will. Von dem neuen Begriff sollen lediglich solche Handlungen erfaßt werden, die im Hinblick auf das jeweils geschützte Rechtsgut von einiger Erheblichkeit sind (vgl. § 184b). Insoweit werden Anregungen des Alternativ-Entwurfs aufgegriffen und weitergeführt. Es wird klargestellt, daß die Frage nach der Erheblichkeit einer sexuellen Handlung nicht nur quantitativ, sondern auch normativ — im Hinblick auf den Schutzzweck der einzelnen Vorschrift — verstanden werden muß.

Zur Terminologie dieses Abschnitts ist zu bemerken, daß der Entwurf von Handlungen „an“ einem anderen spricht, wenn er lediglich körperliche Kontakte erfassen will. Den Gegensatz bilden die Handlungen „vor“ einem anderen, bei denen auf das Erfordernis der körperlichen Kontaktaufnahme verzichtet wird. „Frau“ im Sinne der §§ 177, 179, 180a, 181a, 183 ist jede weibliche Person ohne Rücksicht auf ihr Lebensalter.

Zu § 174 (Sexueller Mißbrauch von Schutzbefohlenen)

Die Vorschrift geht davon aus, daß sich die in Absatz 1 Nr. 1 bis 3 erwähnten Schutzbefohlenen regelmäßig in einem Abhängigkeitsverhältnis befinden, das es ihnen erschwert, sich sexuellen Wünschen und Handlungen der Eltern, Erzieher, Ausbilder und Betreuer zu widersetzen. Die Schutzbefohlenen davor zu bewahren, unter dem Druck einer Abhängigkeit in ihrem sexuellen Verhalten bestimmt zu werden, muß daher eine der Aufgaben des § 174 sein.

Der Entwurf berücksichtigt darüber hinaus aber auch, daß es im Interesse des Schutzbefohlenen, dessen Persönlichkeitsentwicklung regelmäßig noch nicht abgeschlossen sein wird, liegt, die in *Absatz 1* Nr. 1 und 3 erwähnten Verhältnisse schlechthin von sexuellen Beziehungen freizuhalten. Der Entwurf läßt sich dabei von der Erwägung leiten, daß eine erzieherische Einflußnahme durch die Aufnahme sexueller Kontakte in aller Regel erschwert, wenn nicht sogar vereitelt wird. Aus diesem Grunde erschien ein Strafbedürfnis in den Fällen des Absatzes 1 Nr. 1 und 3 auch dort gegeben, wo das Verhalten des Schutzbefohlenen nicht oder nicht maßgebend durch seine Abhängigkeit bestimmt worden ist.

Eine abweichende Regelung trifft der Entwurf in den Fällen des Absatzes 1 Nr. 2. Zwar ist nicht zu verkennen, daß auch hier die Möglichkeit einer erzieherischen Einflußnahme durch die Aufnahme sexueller Beziehungen zu dem Schutzbefohlenen beeinträchtigt werden kann. Auf der anderen Seite aber vermag sich der Entwurf nicht der Erkenntnis zu verschließen, daß gerade im Bereich der Nummer 2 Fallgestaltungen denkbar sind, deren Pönalisierung heute nicht mehr angemessen erscheint. Die Vorschrift beschränkt sich daher im Rahmen der Nummer 2 darauf, denjenigen mit Strafe zu bedrohen, der „unter Mißbrauch der Abhängigkeit“ gehandelt hat. Einen derartigen Mißbrauch wird das Gericht in jedem Falle besonders festzustellen haben. Der bloße Hinweis auf das Vorliegen eines Erziehungs- oder Betreuungsverhältnisses genügt hier schon deshalb nicht, weil vom Gesetz nicht der Mißbrauch eines Erziehungs- oder Betreuungsverhältnisses schlechthin, sondern ein Mißbrauch der „Abhängigkeit“ vorausgesetzt wird.

Absatz 2 erweitert den Tatbestand, indem er auch denjenigen mit Strafe bedroht, der sexuelle Handlungen vor dem Schutzbefohlenen vornimmt oder vor sich von dem Schutzbefohlenen vornehmen läßt, um sich oder den Schutzbefohlenen hierdurch sexuell zu erregen. Die Fassung stellt klar, daß sexuelle Handlungen vor dem Schutzbefohlenen, die aus – wie auch immer zu bewertenden – pädagogischen Gesichtspunkten lediglich Aufklärungszwecken dienen sollen, nicht unter § 174 Abs. 2 fallen. Auch sexuelle Handlungen, die der Täter vor dem Schutzbefohlenen vornimmt, um sich selbst sexuell zu erregen, unterliegen der Vorschrift nur dann, wenn der Täter gerade durch die Anwesenheit des Schutzbefohlenen seine eigene sexuelle Erregung auslösen oder steigern will. Dies wird durch die Aufnahme des Wortes „hierdurch“ in Absatz 2 klargestellt.

Die Strafbarkeit des Versuchs *(Absatz 3)* erscheint aus Gründen des Jugendschutzes geboten. Denn schon mit Beginn der Ausführungshandlungen wird regelmäßig das Verhältnis des Täters zum Schutzbefohlenen beeinträchtigt und die ungestörte Entwicklung des jungen Menschen gefährdet.

Die Strafrahmen berücksichtigen, daß § 174 Fälle unterschiedlichen Schweregrades umfaßt. Während auf der einen Seite etwa die Möglichkeit eines schweren und anhaltenden Mißbrauchs des Schutzbefohlenen zu berücksichtigen ist, muß andererseits auch an sexuelle Verhaltensweisen von geringerer Intensität gedacht werden, die beispielsweise innerhalb eines bloßen Ausbildungsverhältnisses (Absatz 1 Nr. 1) in Erscheinung treten. Schließlich stellen die Taten des Absatzes 2 gegenüber denen des Absatzes 1 das geringere Unrecht dar.

Zu § 174a (Sexueller Mißbrauch von Gefangenen, Anstalts- und Heiminsassen)

§ 174a Abs. 1 übt – ähnlich wie § 174 – eine doppelte Schutzfunktion aus. Auch diese Vorschrift läßt sich von der Erwägung leiten, daß sich die in Absatz 1 genannten Gefangenen, Anstalts- und Heiminsassen regelmäßig in einem Abhängigkeitsverhältnis befinden, welches es ihnen erschwert, sich der sexuellen Wünsche und Handlungen derer zu erwehren, denen sie zur Beaufsichtigung oder Betreuung anvertraut sind. Auch hier muß daher dem betroffenen Personenkreis mit den Mitteln des Strafrechts Schutz vor einem nicht gewollten sexuellen Ansinnen gewährt werden.

Daneben hält es der Entwurf aber sowohl im Interesse des Vertrauens der Öffentlichkeit zu den genannten Anstalten und Heimen als auch zum Schutz der Anstalts- und Heiminsassen für geboten, sexuelle Beziehungen zwischen dem Insassen und denjenigen, denen er zur Beaufsichtigung und Betreuung anvertraut ist, zu unterbinden. Das zu § 174 Ausgeführte gilt hier entsprechend. Denn Resozialisierung und Erziehung, die in diesem Bereich eine bedeutsame Rolle spielen, werden in aller Regel durch die Aufnahme sexueller Kontakte erschwert, da sie dem Erzieher wie dem Betreuer für die Zunkunft die Möglichkeit einer intensiven pädagogischen oder sozialpädagogischen Einflußnahme nehmen.

Soweit das Verhalten des Aufsichtspersonals in Frage steht, ist zu berücksichtigen, daß diese Personen im Falle sexueller Beziehungen zu den Gefangenen, Anstalts- oder Heiminsassen Gefahr laufen, ihre Aufgabe nicht mehr sachgemäß erfüllen zu können. Das Interesse der Gesellschaft an einer wirksamen Beaufsichtigung vor allem der Gefangenen und Anstaltsinsassen muß in diesem Zusammenhang ebenfalls geschützt werden.

Aus dem Zweck der Vorschrift folgt, daß auch Inhaber oder Angestellte von externen Unternehmerbetrieben, die im Rahmen der Anstalt oder des Heimes tätig sind, strafbar sein können, wenn ihnen Anstalts- oder Heiminsassen zur Beaufsichtigung oder Betreuung anvertraut sind.

Zu den einzelnen Nummern des Absatzes 1 ist folgendes zu bemerken: Gefangener i. S. des Absatzes 1 Nr. 1 ist auch der gem. § 127 StPO von einem Beamten Festgenommene (vgl. Dreher, Strafgesetzbuch, 31. Aufl., § 120 Anm. 1). Unter den der Erziehung dienenden Heimen des Absatzes 1 Nr. 2 sind nicht nur Fürsorgeerziehungsheime und Einrichtungen der freiwilligen Erziehungshilfe zu verstehen; gemeint sind auch andere Heime, in denen junge Menschen zusammenleben und erzogen werden (z. B. Internate und Jugendwohnheime mit erzieherischer Betreuung).

Durch § 174a Abs. 2 soll der Kranke oder Hilfsbedürftige davor geschützt werden, daß der Täter mit ihm unter Ausnutzung seines Zustandes sexuelle Handlungen vornimmt. Der Betroffene soll somit einerseits davor bewahrt werden, in seinem Zustand eine Entscheidung zu treffen, die er in dieser Form in gesundem Zustand nicht getroffen hätte. Andererseits aber soll er auch vor Handlungen des Täters geschützt werden, die dieser – ohne besondere Willensbeeinflussung – unter Ausnutzung der Krankheit oder Hilfsbedürftigkeit an dem Opfer vornimmt. Hier ist etwa an überraschende Griffe des Pflegepersonals u. ä. gedacht.

Der Strafrahmen entspricht dem des § 174 Abs. 1. Auch für den Bereich des § 174a erschien die Strafbarkeit des Versuchs angezeigt.

Zu § 174b (Sexueller Mißbrauch unter Ausnutzung einer Amtsstellung)

Der Entwurf geht davon aus, daß es im Bereich der Sexualdelikte einer allgemeinen Vorschrift zum Schutze derer, die unter der Dienstgewalt eines anderen stehen oder im Hinblick auf die Vornahme oder Unterlassung einer Amtshandlung von ihm abhängig sind, nicht bedarf. Die Gefahr, daß im Behördenbereich aufgrund eines Über- und Unterordnungsverhältnisses Drucksituationen erzeugt werden, denen der Untergeordnete nicht zu entgehen vermag, ist nicht größer als in den Unternehmen der privaten Wirtschaft, in denen sich Zwangssituationen viel eher – etwa aus der Möglichkeit der fristgerechten Kündigung – ergeben können.

Eines besonderen Schutzes derer, die im Hinblick auf die künftige Vornahme oder Unterlassung einer Diensthandlung von einem anderen abhängig sind, bedarf es in aller Regel schon deswegen nicht, weil dem Bürger gegen rechtswidrige Verwaltungsakte ohnehin wirksame Rechtsbehelfe zur Seite stehen.

Das Bild einer Obrigkeit, der sich der Bürger mehr oder weniger schutzlos ausgeliefert fühlt, gilt heute nicht mehr; auch subjektiv befindet er sich gegenüber dem Amtsträger regelmäßig nicht in einer Drucksituation, die ihn zu einem an sich nicht gewollten sexuellen Verhalten bestimmen könnte. In diesen Fällen können sexuelle Beziehungen zwischen dem Beamten und dem Bürger zwar dem Ansehen des Staates schaden. Jedoch stehen dem Disziplinarrecht wirksame Möglichkeiten des Eingreifens zur Verfügung. Darüber hinaus sind in gravierenden Fällen der Nötigungstatbestand und die Vorschriften über die Bestechung anwendbar.

Eine Strafvorschrift erscheint nur dort erforderlich, wo es um ein Strafverfahren oder um ein Verfahren zur Anordnung einer freiheitsentziehenden Maßregel der Sicherung und Besserung oder einer behördlichen Verwahrung geht. In diesem engen Bereich, in dem sich der Bürger in besonderem Maße von dem an dem Verfahren mitwirkenden Beamten abhängig fühlt, muß der Betroffene vor sexuellen Zumutungen geschützt werden, soweit diese von dem Beamten unter Mißbrauch der durch das jeweilige Verfahren begründeten Abhängigkeit an ihn herangetragen werden. Es gilt insoweit das zu § 174 Abs. 1 Ausgeführte hier entsprechend.

Der Täterkreis des § 174b ist auf Beamte beschränkt worden, die zur Mitwirkung an den in der Vorschrift aufgezählten Verfahren berufen sind. Diese müssen in ihrer Eigenschaft als Beamte hinzugezogen werden, so daß der Referendar, der an einem Strafverfahren als Vertreter des Verteidigers beteiligt ist, nicht unter die Strafdrohung des § 174b fällt. Ob und gegebenenfalls bei welchen Verfahren Sachverständige von dem Tatbestand erfaßt werden, wird die Rechtsprechung zu entscheiden haben. Bedeutung mag diese Frage u. a. bei den beamteten Ärzten der Gesundheitsbehörden, die als Gutachter in einem Unterbringungsverfahren tätig werden, gewinnen. Dagegen werden Beamte in untergeordneter Stellung (z. B. Protokollführer) regelmäßig den Tatbestand des § 174b schon deshalb nicht erfüllen können, weil das Opfer nur ausnahmsweise in einer durch das Verfahren begründeten Abhängigkeit zu ihnen stehen wird.

Der Strafrahmen entspricht denen des § 174 Abs. 1 und des § 174a.

Zu § 175 (Homosexuelle Handlungen)

Der Entwurf beschränkt sich darauf, die Vorschrift seiner Terminologie anzupassen. Durch die Fassung des Absatzes 1 wird klargestellt, daß der Tatbestand stets die Aufnahme körperlicher Kontakte voraussetzt.

Eine sachliche und weitergehende Reform der Vorschrift sieht der Entwurf nicht vor. Damit soll indes nicht zum Ausdruck gebracht werden, daß auch für die Zukunft eine unveränderte Beibehaltung der Vorschrift empfohlen wird. Maßgebend dafür, die Regelung des § 175 Abs. 1 Nr. 1 bis 3 zur Zeit nicht zur Diskussion zu stellen, war vielmehr vor allem eine rechtspolitische Erwägung: Es wurde berücksichtigt, daß die Vorschrift des § 175 erst in der vergangenen Legislaturperiode grundlegend geändert worden ist.

Zu § 176 (Sexueller Mißbrauch von Kindern)

§ 176 Abs. 1, der das Kind in seiner Gesamtentwicklung schützen will, ist als Vergehenstatbestand ausgestaltet worden. Der Entwurf trägt damit dem Umstand Rechnung, daß die Gerichte in der Vergangenheit bei Verurteilungen nach § 176 Abs. 1 Nr. 3 StGB überwiegend Gefängnisstrafen verhängt haben. Die Verurteilungsstatistik des Statistischen Bundesamtes weist beispielsweise für das Jahr 1966 1912 Verurteilungen Erwachsener aufgrund der genannten Vorschrift aus. Von diesen lauteten 1767 auf Gefängnisstrafen, davon wiederum 1062 auf Gefängnisstrafen von drei bis einschließlich neun Monaten. Ähnliche Ergebnisse zeigen die Statistiken der vorangegangenen Jahre. Man wird hieraus den Schluß ziehen müssen, daß in der Mehrzahl relativ leichte Fälle zur Aburteilung gelangen, während besonders schwere Fälle, die eine Einstufung des Delikts als Verbrechen rechtfertigen würden, die Ausnahme bilden. Diese Ausnahmefälle etwa in einem besonderen abschließenden Katalog zusammenzufassen, erscheint schon wegen der Fülle der denkbaren Fallgestaltungen kaum möglich. Der Entwurf hat deshalb in Absatz 2 den Weg der Regelbeispiele gewählt und für besonders schwere Fälle eine Freiheitsstrafe von einem Jahr bis zu zehn Jahren vorgesehen. Als Regelbeispiele für derartige besonders schwere Fälle werden hier der Vollzug des Beischlafs sowie die schwere körperliche Mißhandlung des Kindes erwähnt.

Lediglich dort, wo der Täter durch die Tat leichtfertig den Tod des Kindes herbeiführt, wurde der Verbrechenstatbestand beibehalten (Absatz 4). Hier erschien die Androhung einer Freiheitsstrafe nicht unter fünf Jahren angezeigt.

Einen geringeren Unrechtsgehalt besitzen regelmäßig die Taten nach Absatz 5. Zu ihnen werden (Nummer 1) künftig auch die Fälle des Exhibitionismus vor Kindern zählen, welche die Rechtsprechung bisher unter § 176 Abs. 1 Nr. 3 StGB nur bei „geflissentlichem Hinsehen" der Kinder subsumiert hat. Um eine vor dem Kind vorgenommene „sexuelle Handlung" handelt es sich auch dann, wenn sich der Täter auf das Vorzeigen seines Gliedes beschränkt.

Wie § 174 Abs. 2 verlangt auch § 176 Abs. 5, daß der Täter gehandelt hat, „um einen der Beteiligten hierdurch sexuell zu erregen". Auf die Ausführungen zu der erstgenannten Vorschrift kann insoweit verwiesen werden.

Da die Taten nach § 176 Abs. 1, 2 und 5 Vergehen sind, war es erforderlich, den Versuch in diesen Fällen für strafbar zu erklären (Absatz 3 und Absatz 5 Satz 2).

Zu § 177 (Vergewaltigung)

Absatz 1 der Vorschrift, die die freie Selbstbestimmung über das eigene Geschlechtsleben der Betroffenen schützen will, lehnt sich an die Fassungen des § 204 Abs. 1 E 1962 sowie des Alternativ-Entwurfs (1968, § B 1) an, stellt jedoch durch die Hinzufügung der Worte „mit ihm" klar, daß Täter nur derjenige sein kann, der selbst den Beischlaf mit dem Opfer vollzieht.

Mit Rücksicht auf den besonderen Unrechtsgehalt der Tat droht die Vorschrift in ihrem Absatz 1 Freiheitsstrafe nicht unter zwei Jahren an. Im Gegensatz zum Alternativ-Entwurf verzichtet der Entwurf darauf, einen Katalog benannter Strafmilderungsgründe aufzustellen. Minder schwere Fälle, für die Freiheitsstrafen von zwei Jahren nicht schuldangemessen wären, erscheinen auch außerhalb der vom Alternativ-Entwurf aufgeführten Fallgruppen denkbar. Ihnen trägt Absatz 2 des Entwurfes Rechnung.

Absatz 3 schließt sich in seiner Fassung an § 176 Abs. 4 an.

Zu § 178 (Sexuelle Nötigung)

Die Vorschrift soll – wie § 177 – die freie Selbstbestimmung über das eigene Geschlechtsleben vor gravierenden Nötigungshandlungen schützen. Abweichend von § 177 fällt unter § 178 auch derjenige, der sich auf die Nötigungshandlung beschränkt und das Opfer veranlaßt, sexuelle Handlungen an einem Dritten vorzunehmen oder von einem Dritten an sich zu dulden. Die Vorschrift des § 178 hat Verbrechenscharakter; sie sieht in den Absätzen 1 und 2 einen weitgefächerten Strafrahmen vor. Das Gesetz versucht hierdurch, einerseits dem Umstand gerecht zu werden, daß der Tatbestand nur besonders verwerfliche Nötigungsmittel aufzählt; zum anderen berücksichtigt der Entwurf, daß die Vorschrift eine breite Skala sexueller Handlungen umfaßt, die von relativ leichten bis hin zu sehr schweren Handlungen reichen.

Absatz 3, der zugleich dem Schutz des Lebens des Genötigten dient, sieht für seinen Bereich eine Freiheitsstrafe nicht unter fünf Jahren vor. Für ihn gilt das zu § 176 Abs. 4 und § 177 Abs. 3 Gesagte entsprechend.

Zu § 179 (Sexueller Mißbrauch Widerstandsunfähiger)

Auch diese Vorschrift soll die freie Selbstbestimmung über das eigene Geschlechtsleben schützen.

Den Kreis der zu schützenden Personen hat der Entwurf entsprechend den §§ 207 und 208 E 1962 bestimmt. Auf die Begründung zu den genannten Vorschriften wird insoweit Bezug genommen. Dafür, mit dem Alternativ-Entwurf (1968, § B 3) allein auf die Bewußtlosigkeit oder sonstige Widerstandsunfähigkeit abzuheben, konnte sich der Entwurf nicht entscheiden, da ihm das Merkmal der Widerstandsunfähigkeit nicht hinreichend deutlich abgegrenzt zu sein scheint.

Im Gegensatz zu den §§ 207 und 208 E 1962 verlangt der Entwurf, daß der Täter das Opfer unter Ausnutzung seines Zustandes mißbraucht haben muß. An einer derartigen Ausnutzung wird es nicht selten dort fehlen, wo persönliche Bindungen mit sexuellem Einschlag bereits vor Beginn einer akuten Psychose bestanden haben und lediglich während des Verlaufs der Psychose fortgesetzt werden.

Die Strafrahmen der Absätze 1 bis 3 versuchen, dem außerordentlich unterschiedlichen Unrechtsgehalt der hier in Frage stehenden Fallgestaltungen gerecht zu werden.

Zu den §§ 180, 180a, 181 (Förderung sexueller Handlungen Minderjähriger. Förderung der Prostitution, Menschenhandel)

Die §§ 180, 180a und 181 treten an die Stelle der bisherigen Vorschriften über die Kuppelei. Als Kuppelei werden nach geltendem Recht (§§ 180, 181 StGB) und nach den früheren Reformentwürfen (vgl. u. a. § 304 E 1930, § 22 E 1962) alle Handlungen verstanden, mit denen der Täter durch Vermittlung oder durch Gewähren oder Verschaffen von Gelegenheit der Unzucht zwischen Dritten Vorschub leistet. In diesem umfassenden Sinn soll die Kuppelei nach dem Entwurf nur noch dann strafbar sein, wenn sie sich auf sexuelle Handlungen eines Minderjährigen unter sechzehn Jahren bezieht (§ 180 Abs. 1 Nr. 1). Sonst soll sich die Strafbarkeit auf einen engeren Kreis von Handlungen beschränken: So betreffen die Jugendschutztatbestände des § 180 Abs. 2, 3 nur das *Bestimmen* zu sexuellen Handlungen. Auch bei der Förderung der Prostitution und beim Menschenhandel wird auf enger umschriebene Tathandlungen abgehoben: Die Tat wird in § 180a Abs. 3, 4 Nr. 2 sowie in § 181 Abs. 1 Nr. 2 (1. Alternative) als „Anwerben" bezeichnet; die Vorschriften des § 180a Abs. 4 Nr. 1 sowie des § 181 Abs. 1 Nr. 1 richten sich gegen denjenigen, der einen anderen *dazu bringt,* daß er der Prostitution nachgeht; in § 180a Abs. 1, 2 und in § 181 Abs. 1 Nr. 2 (2. Alternative) geht es schließlich um Tathandlungen, die auch schon das geltende Recht in besonderer Weise umschreibt (§ 180 Abs. 2 StGB und § 48 des Gesetzes über das Auswanderungswesen). Angesichts dieser unterschiedlichen Beschreibung der jeweiligen Tathandlung empfiehlt es sich nicht, die in den §§ 180, 180a und 181 genannten Taten unter dem Oberbegriff der Kuppelei zusammenzufassen.

Eine solche Kennzeichnung als Kuppelei würde auch den kriminalpolitischen Zweck der neuen Vorschriften verdunkeln. die Vorschriften richten sich nicht gegen die bloße Förderung sexueller

Handlungen Dritter. Der Entwurf geht davon aus, daß freiwillige sexuelle Handlungen auch dann, wenn sie nicht innerhalb der Ehe vorgenommen werden, keine strafrechtlich zu schützenden Rechtsgüter verletzen. Ist diese Voraussetzung richtig, dann besteht im Regelfall auch kein Anlaß, die Förderung solcher Handlungen mit Strafe zu bedrohen. Der Entwurf stellt die Förderung fremder sexueller Handlungen nur dort unter Strafe, wo sich die Tat nicht auf eine solche Förderung beschränkt, sondern zugleich andere Rechtsgüter verletzt oder gefährdet. Das ist der Fall, wenn ein Dritter in den verschiedenen Fällen des § 180 auf das sexuelle Verhalten Minderjähriger Einfluß nimmt. Dem § 180a liegt – wie auch den §§ 181, 181a – der Gedanke zugrunde, daß die Prostitution für denjenigen, der diesen Erwerb ausübt, ein Übel ist; deswegen werden Handlungen mit Strafe bedroht, die dazu geeignet sind, andere in die Prostitution hineinzuführen, darin festzuhalten oder mit Rücksicht auf die Prostitutionsausübung auszubeuten. Bei § 181 (Menschenhandel) geht es zusätzlich um den Schutz der persönlichen Freiheit.

Indem der Entwurf die Förderung sexueller Handlungen Dritter nur noch in den genannten Fällen mit Strafe bedroht, schränkt er gegenüber dem geltenden Recht (§§ 180, 181 StGB) die Strafbarkeit in erheblichem Umfang ein. Wegen der Neuerungen, die im Bereich des Jugendschutzes vorgesehen sind und auch zum Teil eine Ausdehnung der Strafbarkeit mit sich bringen, wird auf die nachfolgende Begründung zu § 180 verwiesen. Im übrigen soll die Strafbarkeit für folgende, nach geltendem Recht mit Strafe bedrohte Handlungen entfallen:

1. Verkuppelung der Ehefrau durch ihren Ehemann (§ 181 Abs. 1 Nr. 2 StGB), soweit nicht der Tatbestand des § 181a Abs. 2 des Entwurfs eingreift;

2. Kuppelei mit hinterlistigen Kunstgriffen (§ 181 Abs. 1 Nr. 1 StGB);

3. Verkuppelung von Personen über 21 Jahren durch ihre Eltern, Vormünder oder Erzieher (vgl. § 181 Abs. 1 Nr. 2 StGB);

4. alle nicht in anderen Vorschriften mit Strafe bedrohten Fälle der gewohnheitsmäßigen oder eigennützigen Kuppelei (§ 180 Abs. 1 StGB).

Der Entwurf beruht auf der Überlegung, daß hier entweder ganz auf eine Strafvorschrift verzichtet werden kann oder andere Vorschriften für den Rechtsgüterschutz ausreichen. Im einzelnen ist zu den erwähnten Fallgruppen zu bemerken:

1. Die *Verkuppelung der Ehefrau durch ihren Ehemann* soll nach dem Entwurf in den schwersten Fällen strafbar bleiben, nämlich dann, wenn der Ehemann seines Vermögensvorteils wegen auf die Prostitutionsausübung seiner Ehefrau den in § 181a Abs. 1 Nr. 2 bezeichneten Einfluß nimmt, zumal wenn er ihr Freier zuführt. In den übrigen Fällen der Ehegattenkuppelei kann auf eine Strafandrohung verzichtet werden. Sie ist in manchen Fällen unangebracht: Unterhält z. B. die Frau sexuelle Beziehungen zu einem Mann, den sie nach Abschluß des laufenden Scheidungsverfahrens heiraten will, dann soll der Ehemann nicht bestraft werden, wenn er diesen sexuellen Beziehungen nicht entgegentritt. Auch in anderen Fällen erscheint es unzweckmäßig, ein Einschreiten des Ehemannes gegen außereheliche sexuelle Handlungen seiner Ehefrau mit Mitteln des Strafrechts zu erzwingen. Der im Verlauf der Reformarbeiten unternommene Versuch, die Strafbarkeit auf das aktive Tun des Ehemannes zu beschränken, ist in rechtstechnischer Hinsicht fragwürdig; denn die Grenze zwischen aktivem Tun und Unterlassen kann nicht immer eindeutig bestimmt werden. Eine solche Unterscheidung zwischen Tun und Unterlassen kann auch ungerecht sein, weil nicht allgemein, sondern nur im Hinblick auf die Umstände des einzelnen Falles gesagt werden kann, daß das aktive Tun verwerflicher ist als das Unterlassen. Unter Umständen kann es besonders mißbilligenswert erscheinen, wenn der Ehemann ein Einschreiten unterläßt; das gilt etwa dann, wenn sich die Ehefrau offensichtlich nur widerstrebend einem Dritten hingibt. Umgekehrt kann ein aktives Tun in milderem Lichte erscheinen, etwa bei einem Ehemann, der seiner Ehefrau auf ihre dringende Bitte durch einen aktiven Beitrag (Übergabe der Schlüssel usw.) ein Zusammentreffen mit ihrem Partner ermöglicht.

Es gibt Anhaltspunkte dafür, daß Fälle, in denen der Ehemann sexuellen Handlungen seiner Ehefrau mit Dritten Vorschub leistet, in den vergangenen Jahren häufiger geworden sind. Bei diesen unter der Bezeichnung „Partnertausch“ oder „Gruppensexualität“ bekanntgewordenen Vorgängen scheint es sich in aller Regel nicht etwa um neuartige, dauerhafte Formen des Zusammenlebens, sondern um kurzfristige, häufig wechselnde Kontakte ohne persönliche Bindung zu handeln (vgl. H. J. Horn, Gruppensexualität im Spiegel des Strafverfahrens, Monatsschrift für Kriminologie und Strafrechtsreform 1970, S. 131 ff.). Es ist nicht ausgeschlossen, daß derartige Verhaltensweisen sowohl die einzelnen Ehen der beteiligten Paare gefährden als auch das allgemeine Bewußtsein von den wertmäßigen Zusammenhängen zwischen der Ehe und der Sexualität in Mitleidenschaft ziehen können. Es wäre das Recht und die Pflicht des Gesetzgebers, solche Schäden von der einzelnen Ehe und der Ehe als verfassungsrechtlich geschützter Institution abzuwenden, wenn das strafrechtliche Verbot der Ehegattenkuppelei eine angemessene Maßnahme der Abwehr wäre. Das ist jedoch nicht der Fall. Daß die einschlägigen Handlungen in den vergangenen Jahren unter der Geltung des § 181 Abs. 1 Nr. 2 StGB häufiger geworden sind, hat deutlich gemacht, wie gering die generalpräventive Wirkung einer Strafvorschrift auf diesem Gebiet ist. Angesichts des gemeinsamen Interesses an der Diskretion fühlen sich die Beteiligten offenbar in aller Regel vor Strafverfolgung sicher.

Gegen eine Strafbarkeit des „Partnertausches“ unter dem Gesichtspunkt der Ehegattenkuppelei spricht vor allem folgendes Argument: Soweit die Ehe noch einigermaßen intakt ist, wird gerade die Strafverfolgung wegen Ehegattenkuppelei die Ehe schwer gefährden. Die Ehefrau wird oft Grund haben, den Ehemann durch ihre Aussage zu belasten; dadurch kann die Ehe zerrüttet werden. Das Zeugnisverweigerungsrecht der Ehefrau dürfte eine solche Gefahr nicht ausräumen. Im übrigen gilt auch hier der Grundsatz, daß das Strafrecht möglichst keine Vorgänge innerhalb der Ehe zum Gegenstand haben sollte. Die Gründe, die gegen die Strafbarkeit des Ehebruchs angeführt worden sind, treffen auch bei der Ehegattenkuppelei zu. Dies gilt um so mehr, als der „Partnertausch" in fast noch stärkerem Maße als der Ehebruch den inneren Bereich der Ehe betrifft: Vielfach wird sich die Ehefrau nur deswegen am „Partnertausch" beteiligen, weil sich der Ehemann ihrem Einfluß und ihrer Beobachtung beim „Partnertausch" weniger entzieht als bei anderen außerehelichen Beziehungen; es wird andererseits auch von Fällen berichtet, in denen der Ehemann den „Partnertausch" herbeigeführt hat, um die an außerehelichen Kontakten interessierte Ehefrau zu halten. Wie das Verhalten des Ehemannes in solchen Fällen ethisch zu würdigen ist, kann auf sich beruhen; jedenfalls ist es in solchen Fällen nicht Aufgabe des Strafrechts, auf die Motivation der Eheleute einzuwirken.

Allerdings kann nicht ausgeschlossen werden, daß die Ehefrau gelegentlich von ihrem Mann zur Beteiligung am „Partnertausch" gedrängt wird. Doch ist zweifelhaft, ob eine Strafvorschrift gegen Ehegattenkuppelei ihren Widerstand gegen solche Pressionen unterstützen kann. Die Strafvorschrift kann auch dazu führen, daß die Frau nur noch tiefer in die Vorgänge verstrickt wird. Im übrigen sind die Straftatbestände der Nötigung (§ 240 StGB) und der Nötigung zu sexuellen Handlungen mit einem Dritten (§ 178) anwendbar, sofern der Ehemann in der dort bezeichneten Weise Gewalt oder Drohungen anwendet. Der Einwand, daß solche Taten, soweit sie unter Eheleuten stattfinden, in der Praxis nicht verfolgt werden, gilt für eine Strafvorschrift gegen die Ehegattenkuppelei nicht weniger als für diese Straftatbestände. Auswüchsen bei der öffentlichen Anknüpfung von Kontakten im Sinne des „Partnertausches" soll durch den Bußgeldtatbestand des Artikels 2 Abs. 1 Nr. 2 entgegengetreten werden; diese Vorschrift wird insbesondere bei grob anstößigen Zeitungsannoncen Anwendung finden.

Die Straffreiheit der Ehegattenkuppelei ist auch vom Alternativ-Entwurf eines Strafgesetzbuches vorgeschlagen worden. Im deutschen Strafrecht wird die Ehegattenkuppelei erst seit 1900 mit Strafe bedroht. Soweit es sich nicht um die Zuführung zur Prostitution handelt (vgl. dazu § 181a Abs. 2), sehen die anderen europäischen Staaten ganz überwiegend keine

Strafdrohungen für die Verkuppelung der Ehefrau durch ihren Ehemann vor.

2. Die Strafvorschrift gegen die mit *hinterlistigen Kunstgriffen* verübte Kuppelei (§ 181 Abs. 1 Nr. 1 StGB) kann entfallen, weil insoweit andere Strafvorschriften ausreichen. Auf Taten, die sich gegen die Entschlußfreiheit des Opfers richten, sind die Tatbestände der sexuellen Nötigung (§ 178) und des sexuellen Mißbrauchs von Widerstandsunfähigen (§ 179) anzuwenden. Die bisherige Rechtsprechung zeigt, daß hinterlistige Kunstgriffe in erster Linie bei der Zuführung von Frauen zur Prostitution vorkommen. Soweit das Opfer durch List dazu gebracht wird, daß es der Prostitution nachgeht, ist die Tat nach § 181 Abs. 1 Nr. 1 i. d. F. des Entwurfs mit Strafe bedroht. Dasselbe gilt, wenn dieser Erfolg bei einer Person unter 21 Jahren durch Ausnutzen der Leichtgläubigkeit oder Unerfahrenheit erreicht wird (§ 180a Abs. 4). Hinzuweisen ist ferner auf den Tatbestand des § 181 Abs. 1 Nr. 2 (Entführung mit List zum Zwecke der Verbringung ins Ausland).

3. Der geltende § 181 Abs. 1 Nr. 2 StGB bedroht Eltern, Vormünder, Geistliche, Lehrer und Erzieher auch dann mit Strafe, wenn sich ihre Kuppeleihandlung auf *volljährige Abkömmlinge, Mündel oder Zöglinge* bezieht. Insoweit bedarf der Betroffene jedoch keines strafrechtlichen Schutzes. Er ist regelmäßig in der Lage, sich solchen kupplerischen Bemühungen zu entziehen. Das Verhalten der Eltern und Erzieher bleibt selbstverständlich strafbar, wenn es zugleich die Tatbestände des § 180a oder des § 181 erfüllt.

4. Die *gewohnheitsmäßige* sowie die *eigenützige Kuppelei bleibt* nach dem Entwurf straffrei, soweit sie nicht die in § 180 geschützten Minderjährigen betrifft und nicht dazu dient, andere der Prostitution oder dem Menschenhandel zuzuführen (§§ 180a, 181). Die bloß gewohnheitsmäßige Kuppelei hatte schon der Entwurf 1962 von der Strafdrohung ausgenommen. Gegen das Merkmal der Gewohnheitsmäßigkeit spricht u. a., daß es nicht ohne Rückgriff auf moralische Bewertungen festgestellt werden kann (vgl. BGHSt. 15, 377); solche moralischen Werturteile sollen dem Richter erspart bleiben. Der Ent-

wurf läßt abweichend vom Entwurf 1962 auch die Strafdrohung gegen die eigennützige Kuppelei fallen. Das Merkmal des Eigennutzes ist in Rechtsprechung und Literatur so weit ausgedehnt worden, daß es nach heutiger Auffassung nicht mehr die strafwürdigen und die nicht strafwürdigen Taten voneinander abzugrenzen vermag. Es ist erwogen worden, in Anlehnung an das schwedische und schweizerische Recht die *gewinnsüchtige Kuppelei* mit Strafe zu bedrohen. Auch von dieser Lösung ist jedoch Abstand genommen worden. Ob in einem bestimmten Lebenskreis – z. B. unter Arbeitskollegen – die Vermittlung oder Förderung sexueller Beziehungen mit Mitteln des Strafrechts bekämpft werden muß, hängt davon ab, ob solche Vorgänge objektiv gefährlich sind oder nicht. Der Umstand, daß der Vermittler oder Förderer für seine Tätigkeit in gewinnsüchtiger Weise ein Entgelt gefordert hat, besagt nichts über diese Gefährlichkeit; er beleuchtet nur die moralische Bedenklichkeit der Motive. Der moralische Wert der Motive sollte jedoch bei der Entscheidung für oder gegen die Strafbarkeit außer Betracht bleiben. Außerdem ist folgendes zu berücksichtigen: Die Gefahren, die von der Kuppelei ausgehen können, werden um so ernster zu nehmen sein, je größer der Umfang der kupplerischen Tätigkeit ist. Gerade derjenige Kuppler aber, der sein Geschäft im großen Stil betreibt, wird im eigenen geschäftlichen Interesse kein übermäßiges, den Tatbestand der Gewinnsucht begründendes Entgelt fordern.

Mit Rücksicht auf die letztgenannte Erwägung stand eine Vorschrift zur Diskussion, die *gewerbsmäßiges Handeln* des Kupplers mit Strafe bedroht; es ist dabei erwogen worden, die Strafbarkeit auf Täter zu beschränken, die gewerbsmäßig sexuelle Beziehungen vermitteln, also Partner zusammenführen. Eine solche Strafdrohung hätte insbesondere folgende Verhaltensweisen erfaßt, die ohne sie im Grundsatz straffrei bleiben:

a) Betrieb von Call-Girl-Ringen;
b) Förderung der Prostitution durch Zuführen der Freier oder empfehlende Hinweise, etwa von Taxifahrern oder Hotelportiers;

c) Anbahnen von sexuellen Beziehungen durch Büros für Bekanntschaftsvermittlung oder Reiseunternehmungen;

d) Vermittlung oder Förderung sexueller Kontakte zwischen den Gästen einer Gaststätte oder zwischen den Gästen und dem Personal;

e) Betrieb gewerbsmäßiger Schaustellungen von Menschen, wobei diese vor dem Publikum an sich selbst, miteinander oder mit dem Publikum sexuelle Handlungen vornehmen.

Der Entwurf hat trotz der Bedenklichkeit dieser Verhaltensweisen von einer Strafvorschrift gegen die gewerbsmäßige Kuppelei abgesehen. Sie erscheint entbehrlich. Die zu a) bis e) genannten Handlungen können zum Teil auch durch andere Vorschriften unterbunden werden. So macht sich nach dem Entwurf strafbar, wer einem Call-Girl-Ring Mädchen unter 21 Jahren zuführt oder durch gewerbsmäßiges Anwerben Mitglieder verschafft (§ 180a Abs. 3, 4). Das Zuführen von Freiern soll strafbar bleiben, soweit der Zuführende im Rahmen eines Betriebes nach § 180a Abs. 1 handelt oder der Zuhälter oder Ehemann der Dirne ist (§ 181a Abs. 1 Nr. 2, Abs. 2). Leistet der Inhaber einer Gaststätte der Unsittlichkeit Vorschub, so kann seine Erlaubnis zum Betrieb des Gaststättengewerbes auch nach dem neuen, am 10. Mai 1971 in Kraft tretenden Gaststättengesetz vom 5. Mai 1970 (Bundesgesetzbl. I S. 465) widerrufen werden (§ 15 Abs. 2 i. V. m. § 4 Abs. 1 Nr. 1); die Fortführung des Betriebes ist dann eine Ordnungswidrigkeit (§ 28 Abs. 1 Nr. 1). Nach § 3 der Verordnung über das Verbot der Beschäftigung von Personen unter einundzwanzig Jahren mit sittlich gefährdenden Tätigkeiten vom 3. April 1964 (Bundesgesetzbl. I S. 262) macht sich nach § 66 des Jugendarbeitsschutzgesetzes strafbar, wer weibliche Personen unter 21 Jahren in sittlich gefährdender Weise als Nackttänzerinnen, Tanzdamen, Bardamen und dgl. beschäftigt. Reiseunternehmern und Büros für Bekanntschaftsvermittlung soll es durch Artikel 2 Abs. 1 Nr. 1 des Entwurfs verboten werden, öffentlich in grob anstößiger Weise für die Vermittlung oder Förderung außerehelichen sexuellen Verkehrs zu werben.

Dem Entwurf liegt die Prognose zugrunde, daß die Tätigkeiten, die hiernach straflos bleiben und auch keinen anderen Beschränkungen unterliegen, kein solches Ausmaß annehmen werden, daß gesellschaftliche Schäden, insbesondere Gefahren für Ehe und Familie zu befürchten sind. Die Nachfrage nach den Diensten des kupplerischen Vermittlers wird sich wahrscheinlich auch in Zukunft in verhältnismäßig engen Grenzen halten. Die unbefangenere Begegnung der Geschlechter wird voraussichtlich dazu führen, daß insbesondere junge Menschen nur wenig Interesse an der gewerblichen Vermittlung haben werden. Die Anbahnung von Beziehungen zwischen älteren oder kontaktschwachen Menschen mit Mitteln des Strafrechts zu verhindern, besteht kein Anlaß. Zwar ist nicht auszuschließen, daß nach einem Wegfall der Strafbarkeit versucht werden wird, durch Werbung neue Bedürfnisse für die einschlägigen Dienstleistungen zu schaffen; hier ist z. B. an Reiseunternehmer zu denken, deren Werbung zum Teil schon heute auf sexuelle Erlebnisse anläßlich der Ferienreise anspielt. Eine solche Werbung – die übrigens, soweit sie grob anstößig ist, unter den Bußgeldtatbestand des Artikels 2 Abs. 1 Nr. 1 fallen soll – würde sich indessen wahrscheinlich weniger auf die Vermittlung als vielmehr auf die Förderung sexueller Kontakte – etwa durch Vermietung von Doppelzimmern, gesellige Veranstaltungen und dgl. – beziehen. Dieser Werbung könnte das Strafrecht nur dadurch begegnen, daß es die gewerbsmäßige Förderung von sexuellen Handlungen generell mit Strafe bedroht. Ein solches Verbot würde jedoch zu weit gehen. Es würde u. a. jeden Gastwirt treffen, der ein Doppelzimmer an Unverheiratete vermietet. Ein Gastwirt verdient indessen, wenn er ein ernsthaft liebendes, erwachsenes Paar aufnimmt, keine Strafe. Von einem solchen Gastwirt unterscheidet sich der Inhaber eines Absteigequartiers nicht hinsichtlich der Gewerbsmäßigkeit, sondern allein durch die anderen Absichten seiner Gäste. Dieser Unterschied ist nicht greifbar genug, um zur Abgrenzung zwischen strafbarem und straffreiem Verhalten zu dienen. Im übrigen stand schon nach geltendem Recht die Strafbarkeit des Absteigewirts in einer gewissen Spannung zu der Regelung, wonach das Wohnungsgewähren an Dirnen

– auch im Rahmen eines Dirnenwohnheimes – nicht strafbar ist. Der Entwurf löst diese Spannung auf, indem er den Betrieb eines Absteigequartiers gestattet, jedoch dem gewerbsmäßigen Absteigewirt ebenso wie dem Zimmervermieter bei Strafe verbietet, Dirnen oder Strichjungen unter achtzehn Jahren aufzunehmen, den Gast zur Prostitution anzuhalten oder ihn mit Rücksicht auf die Prostitution auszubeuten (§ 180a Abs. 2).

Da Ehe und Familie dem besonderen Schutz der staatlichen Ordnung unterstehen (Artikel 6 Abs. 1 GG), müßte das Verbot der gewerbsmäßigen Kuppelei gleichwohl aufrechterhalten werden, wenn es Ehe und Familie wirksam schützen könnte. Zweifellos können kommerziell betriebene kupplerische Bemühungen den Ehegatten einem verstärkten Anreiz zu außerehelichen sexuellen Handlungen aussetzen. Das Strafrecht ist jedoch kein geeignetes Mittel, um solche Versuchungen – die schon jetzt in großer Zahl vorhanden sind – von dem einzelnen Ehegatten abzuwenden. Schwerer wiegt die Befürchtung, ein Vordringen der gewerbsmäßigen Kuppelei könne die tragenden Wertvorstellungen, auf denen Ehe und Familie beruhen, im Bewußtsein der Allgemeinheit erschüttern. Dieser Befürchtung wird man indessen entgegenhalten dürfen, daß zwischen dem Ausmaß der außerehelichen Geschlechtsbeziehungen und der Frage des Bestandes von Ehe und Familie kein beweisbarer Zusammenhang besteht. In den letzten fünfzig Jahren ist die Bereitschaft der Allgemeinheit, außereheliche geschlechtliche Beziehungen zu akzeptieren, sicher gewachsen; es gibt aber keine Anhaltspunkte dafür, daß während dieses Zeitraumes die allgemeine Wertschätzung von Ehe und Familie in nennenswertem Umfang Schaden genommen hat.

Was schließlich den einzelnen angeht, auf den sich die gewerbsmäßige Kuppelei beziehen wird, so werden die mit ihr angebahnten flüchtigen sexuellen Beziehungen insbesondere wegen der Art ihres Zustandekommens für ihn wahrscheinlich eher schädlich als günstig sein. Der Entwurf geht jedoch davon aus, daß es nur im Bereich des Jugendschutzes (§ 180) und im Zusammenhang mit der besonderen Schutzrichtung der §§ 180a, 181 Aufgabe des Strafrechts ist, solche Gefahren von dem einzelnen abzuwehren. Grundsätzlich ist es Sache des einzelnen, eine seiner Persönlichkeit und seinen Anschauungen entsprechende Lebensform auch im Hinblick auf die Sexualität zu finden und sich den Zumutungen der gewerbsmäßigen Kuppelei zu verschließen. Auch in diesem Zusammenhang ist auf den Bußgeldtatbestand des Artikels 2 Abs. 1 Nr. 1 hinzuweisen, der die grob anstößige Werbung für kupplerische Dienste von demjenigen fernhalten soll, der eine solche Werbung nicht lesen oder hören will.

Die Beseitigung des Grundtatbestandes der Kuppelei hat die erwünschte Nebenfolge, daß weitgehend Probleme entfallen, die die Auslegung der §§ 180, 181 StGB erschwert haben.

a) Das gilt zunächst für die Problematik *des Unzuchtsbegriffes*. Die höchstrichterliche Rechtsprechung hat, von eng umgrenzten Ausnahmefällen abgesehen, alle außerehelichen Geschlechtsbeziehungen als Unzucht aufgefaßt; unter den Begriff der Unzucht, deren Förderung nach den §§ 180, 181 StGB verboten ist, fallen nach der Rechtsprechung des Bundesgerichtshofes unter Umständen auch geschlechtliche Beziehungen Verlobter (BGHSt. 6, 46; 17, 232). Eine Einschränkung der Strafbarkeit ist insoweit erwünscht. Sie wird allerdings nicht schon dadurch erreicht, daß der Ausdruck „Unzucht" durch den in § 184b erläuterten Begriff der sexuellen Handlung ersetzt wird; denn der Begriff der sexuellen Handlung ist jedenfalls nicht enger als derjenige der Unzucht. Jedoch sind nach dem Entwurf die Tatbestände so umschrieben, daß – abgesehen von den Fällen des § 180 Abs. 1 – die bloße Förderung sexueller Handlungen zur Strafbarkeit nicht ausreicht; vielmehr müssen besondere Umstände (Bestimmung zu sexuellen Handlungen gegen Entgelt oder unter Mißbrauch eines Abhängigkeitsverhältnisses; Zuführung zur Prostitution oder zum Menschenhandel) hinzutreten, die die Tat auch bei tolerantester Auffassung als verwerflich erscheinen lassen.

b) Die schwierige Frage, in welchem Umfang auch ein *Unterlassen* zur Strafbarkeit wegen Kuppelei führt, wird weithin dadurch ausgeräumt, daß der Entwurf – wiederum abgesehen von § 180 Abs. 1 – Tatbestandsumschreibungen wählt, deren Schwerpunkt deutlich auf dem aktiven Tun liegt. Das gilt vor allem für die Merkmale „bestimmen“ (§ 180 Abs. 2, 3), „anwerben“ (§ 180a Abs. 3, 4 Nr. 2; § 181) und „dazu bringen“ (§ 180a Abs. 4 Nr. 1; § 181 Abs. 1 Nr. 1). Eine Tatbegehung durch Unterlassen wird hier nur ausnahmsweise in Betracht kommen und dann auch unproblematisch erscheinen.

c) Schwierigkeiten haben sich bei der Auslegung des bisherigen Rechts auch im Hinblick auf die Frage ergeben, ob sich der Verkuppelte der *Teilnahme* an der Kuppelei schuldig machen kann. Der Bundesgerichtshof (BGHSt. 10, 386; 15, 377) hat die Frage bejaht; der Entwurf 1962 hat eine Strafbarkeit des Verkuppelten für einen Teil der Fälle ausdrücklich ausschließen wollen (§ 227a). Nach dem vorliegenden Entwurf hat die Problematik eine geringere Tragweite als bisher. Denn der Entwurf macht deutlich, daß die Strafvorschriften bestimmte Personen schützen sollen: den Minderjährigen (§ 180), die Dirne (§ 180a Abs. 1, 2) und denjenigen, der zur Prostitution gebracht werden soll (§ 180a Abs. 3, 4; § 181). Diese geschützten Personen können nach den allgemeinen Grundsätzen über die notwendige Teilnahme nicht als Teilnehmer bestraft werden. Offen bleibt demnach nur die Frage, wie der außenstehende Nutznießer der strafbaren Handlung zu beurteilen ist, also insbesondere derjenige, mit dem der Minderjährige in den Fällen des § 180 sexuelle Handlungen vornehmen soll. Ob hier eine Bestrafung wegen Teilnahme in Betracht kommt, wird die Rechtsprechung unter Berücksichtigung der rechtsdogmatischen Zusammenhänge zu entscheiden haben. Sollte sie zu einer Strafbarkeit wegen Teilnahme gelangen, so würde das der rechtspolitischen Tendenz des Entwurfes nicht widersprechen.

Zu den einzelnen Vorschriften wird folgendes bemerkt:

Zu § 180 (Förderung sexueller Handlungen Minderjähriger)

§ 180 soll die geschlechtliche Entwicklung junger Menschen vor Manipulationen Dritter abschirmen. Junge Menschen sind solchen Manipulationen wegen ihrer Unerfahrenheit oder wegen der Autorität anderer besonders ausgeliefert und bedürfen daher eines

Strafschutzes, der um so umfassender sein muß, je geringer ihr Lebensalter und je gefährdeter ihre Lebenssituation ist. § 180 geht deshalb zum Teil über das geltende Recht hinaus. Nach geltendem Recht ist wegen Verkuppelung eines Minderjährigen nur strafbar, wer entweder zu seinen Eltern oder Erziehern gehört oder aber eigennützig oder gewohnheitsmäßig handelt. Nach § 180 Abs. 1 und 2 kommt es auf derartige Qualifikationen nicht an; diese Straftatbestände können von jedermann erfüllt werden. § 180 Abs. 3 des Entwurfs lehnt sich dagegen enger an das geltende Recht (§ 181 Abs. 1 Nr. 2 StGB) an. Andererseits wird gegenüber dem geltenden Recht die Strafbarkeit insofern eingeschränkt, als in den Absätzen 2 und 3 nicht jedes Vorschubleisten, sondern nur das Bestimmen mit Strafe bedroht ist.

Absatz 1 Satz 1 betrifft die Verkuppelung von Personen unter 16 Jahren. Das durch Vermittlung oder durch Gewähren oder Verschaffen von Gelegenheit bewirkte Vorschubleisten muß sich auf sexuelle Handlungen beziehen, an denen mindestens eine Person im Alter von weniger als 16 Jahren mitwirken soll. Dabei kommen sowohl sexuelle Kontakte mit körperlicher Berührung als auch solche sexuellen Handlungen in Betracht, die der Minderjährige ohne körperliche Berührung vor einem Dritten vornehmen soll, z. B. geschlechtsbezogene Schaustellungen. Handlungen, die der Minderjährige an oder vor dem „Kuppler" selbst vornehmen oder von ihm an sich vornehmen lassen soll, sind nicht gemeint; insoweit enthalten § 174 Abs. 2 Nr. 2 und § 176 Abs. 5 Nr. 2 eine abschließende Regelung. Die Formulierung „vornehmen und vornehmen lassen *soll*" klärt eine bisher umstrittene Frage: Die Tat ist vollendet, wenn der Täter Vorschub geleistet hat; daß es tatsächlich zu sexuellen Handlungen zwischen den Verkuppelten gekommen ist, wird nicht vorausgesetzt.

Absatz 1 Satz 2 schränkt den Tatbestand in Fällen ein, in denen ein Personensorgeberechtigter oder mit seiner Einwilligung ein Dritter durch Gewähren oder Verschaffen von Gelegenheit sexuellen Handlungen Vorschub leistet. Damit wird der Tatsache Rechnung getragen, daß der Kreis der Handlungen und Unterlassungen, die als Gewähren oder Verschaffen von Gelegenheit unter Absatz 1 Satz 1 fallen, recht weit gezogen ist. Ohne die Ausnahmevorschrift des Satzes 2 würden Verhaltensweisen von Eltern und Erziehern strafbar sein, die nicht ohne weiteres als verwerflich zu bezeichnen sind, unter Umständen sogar pädagogisch sinnvoll sein können. Hier ist an Eltern zu denken, die den sexuellen Beziehungen zwischen ihrer fünzehnjährigen Tochter und einem jungen Mann nicht entgegentreten und in bestimmtem Umfang sogar Vorschub leisten, weil sie fürchten, das Mädchen werde sich andernfalls jedem elterlichen Einfluß entziehen und sich damit zusätzlichen Gefahren aussetzen. Bei manchen Personensorgeberechtigten muß auch mit sexualpädagogischen Auffassungen gerechnet werden, wonach den Jugendlichen schon im Alter von weniger als 16 Jahren eine sexuelle Betätigung zugebilligt, zumindest nicht strikt verboten wird. Über den pädagogischen Wert solcher Ansichten ist hier nicht zu entscheiden; jedenfalls erscheint es unangemessen, ihnen mit Mitteln des Strafrechts entgegenzutreten. Auch der Mehrheit der Eltern, die solche Auffassungen nicht teilen, ist mit einer strikten Strafvorschrift nach dem Muster des bisherigen § 181 Abs. 1 Nr. 2 wenig gedient: Ihr Einfluß auf den jungen Menschen wird davon abhängen, daß sie Konflikte auf bewegliche Weise zu lösen und ihren Rat mit der Autorität eigener Überzeugung zu geben vermögen; der Umstand, daß sie an enge Grenzen des Strafrechts gebunden sind, wird sie dabei eher behindern als unterstützen. Die für die Unterlassungsdelikte entwickelten Grundsätze über die Grenzen der Rechtspflicht zum Handeln werden diesen besonderen Problemen nicht in vollem Umfang gerecht. Denn in den geschilderten Situationen steht nicht nur ein Unterlassen, sondern unter Umständen auch ein aktives Tun des Personensorgeberechtigten zur Diskussion.

Die Ausnahmebestimmung des Absatzes 1 Satz 2 bezieht sich nicht auf die *Vermittlung* sexueller Beziehungen. Ein derartiger Eingriff in die Sphäre junger Menschen soll unter keinen Umständen erlaubt werden. Die Ausnahmebestimmung des Satzes 2 ist ferner unanwendbar, wenn das Vorschubleisten die Erziehungspflichten des Personensorgeberechtigten gröblich verletzt. Eine solche Grenze muß gesetzt werden, weil z. B. nicht hingenommen werden kann, daß die Eltern aus eigennützigen Beweggründen den häufig wechselnden Geschlechtsverkehr ihrer Tochter zulassen. Die Beurteilung der Frage, ob Erziehungspflichten gröblich verletzt worden sind, stellt den Richter vor schwierige Aufgaben. Er wird sich u. a. an den Grundsätzen orientieren, die bei der Anwendung des § 1666 BGB entwickelt worden sind.

Absatz 1 Satz 2 nimmt neben den Personensorgeberechtigten auch diejenigen von der Strafbarkeit aus, die mit Einwilligung des Personensorgeberechtigten Vorschub leisten. Hier ist vor allem an Erzieher (Lehrer, Leiter von Jugendgruppen usw.) zu denken. Sie machen sich nur dann nicht strafbar, wenn ihr konkretes Verhalten von einer Einwilligung des Personensorgeberechtigten eindeutig gedeckt ist; die allgemeine Übertragung von Erziehungsaufgaben reicht nicht aus. Fehlt es an einer Einwilligung des Personensorgeberechtigten, so macht sich der Erzieher wegen Kuppelei strafbar, gleichviel ob sein Verhalten unter pädagogischen Gesichtspunkten vertretbar war oder nicht. Die Strafbarkeit tritt abweichend vom geltenden Recht auch dann ein, wenn der Erzieher nicht aus Eigennutz oder gewohnheitsmäßig handelt. Bei Minderjährigen unter 16 Jahren soll es dem Erzieher verwehrt bleiben, solche eigenen Vorstellungen von angemessener Sexualpädagogik ohne das Einverständnis der Eltern zu verwirklichen. Hat der Personensorgeberechtigte zwar eingewilligt, hiermit jedoch seine Erziehungspflichten gröblich verletzt, so ist seine Einwilligung unbeachtlich; in diesem Fall macht sich der Erzieher trotz der Einwilligungserklärung strafbar.

Minderjährige, die das 16. Lebensjahr vollendet haben, sollten nicht dem umfassenden Schutz des § 180 Abs. 1 unterstehen. Die Frau ist mit sechzehn Jahren ehemündig. Bei Jugendlichen zwischen dem 16. und 18. Lebensjahr ist nach neueren wissenschaftlichen Untersuchungen die Zahl derjenigen, die sexuelle Handlungen von einiger Erheblichkeit vorgenommen oder an sich geduldet haben, wahrscheinlich größer als die Zahl derer, die solche Erfahrungen nicht gemacht haben. Zweifellos ist es zu diesen Handlungen ganz überwiegend aus eigener Initiative der Beteiligten gekommen. Das Vorschubleisten durch Fremde dürfte hier keine große Bedeutung haben. Deswegen kann auf eine Strafvorschrift verzichtet werden. Darauf, daß damit die Vermietung eines Doppelzimmers an ein 16 Jahre altes Paar nicht mehr strafbar ist, wird hingewiesen. Die in der Vorbemerkung zu den §§ 180, 180a,

181 genannten Gesichtspunkte, die ein strafrechtliches Verbot der kommerziellen Vermittlung sexueller Beziehungen als entbehrlich erscheinen lassen, treffen auch hier zu.

Es empfiehlt sich auch nicht, bei Jugendlichen über 16 Jahre das gegen Eltern und Erzieher gerichtete Verbot des bisherigen § 181 Abs. 1 Nr. 2 StGB in vollem Umfange aufrechtzuerhalten. Zumal das Vorschubleisten durch Unterlassen sollte hier nicht mehr strafbar sein. Den Eltern und Erziehern ist es oft schon aus tatsächlichen Gründen erschwert, sexuelle Handlungen von Schutzbefohlenen über 16 Jahre zu unterbinden; mehr noch als bei Minderjährigen unter 16 Jahren können sich bei den Älteren Umstände ergeben, unter denen ein striktes Verbot keine angemessene erzieherische Maßnahme ist. Eine auf aktive Förderung oder Vermittlung der sexuellen Beziehungen beschränkte Strafvorschrift ist im Hinblick auf Minderjährige, die das 16. Lebensjahr vollendet haben, abgesehen von den Fällen der Absätze 2 und 3, auch bei Eltern und Erziehern nicht erforderlich; denn solche Handlungen haben angesichts der eigenen Aktivität der Minderjährigen keine große Bedeutung. Die Einschränkung der Strafbarkeit präjudiziert nicht die Frage, ob der Personensorgeberechtigte sein Sorgerecht im Sinne des § 1666 BGB mißbraucht, wenn er sexuellen Handlungen seines 16 bis 21 Jahre alten Kindes Vorschub leistet; unberührt bleibt auch die Frage, welche zivilrechtlichen Möglichkeiten der Personensorgeberechtigte hat, um sexuellen Beziehungen seines Kindes entgegenzuwirken.

Auch bei Minderjährigen über 16 Jahren erschienen jedoch Vorschriften notwendig, die sie vor einer korrumpierenden Einwirkung schützen. Diesem Zweck dienen die Absätze 2 und 3 des § 180.

Eine besonders gefährliche, korrumpierende Einwirkung liegt vor, wenn ein Minderjähriger unter 18 Jahren dazu bestimmt wird, mit oder vor anderen Personen sexuelle Handlungen gegen Entgelt vorzunehmen *(Absatz 2)*. Denn der Minderjährige, der sich gegen Entgelt hingibt, wird daran gehindert, die Sexualität in seine Gesamtpersönlichkeit zu integrieren und die Fähigkeit zu partnerschaftlicher Beziehung einzuüben. Ein beträchtlicher Teil der Prostituierten hat im Alter von weniger als 18 Jahren erstmals die Erfahrung einer bezahlten Hingabe gemacht; die Bestimmung zu sexuellen Handlungen gegen Entgelt kann den Weg zur Prostitution ebnen. „Gegen" Entgelt wird eine sexuelle Handlung nur dann vorgenommen, wenn eine Zuwendung an den Minderjährigen der ausschlaggebende Beweggrund für seine sexuelle Handlung ist. Geschenke, die den Minderjährigen in eine geneigte Stimmung versetzen sollen, sind kein Entgelt; vielmehr wird vorausgesetzt, daß sich die Partner vor der sexuellen Handlung des Minderjährigen ausdrücklich oder stillschweigend darüber einigen, daß die sexuelle Handlung im Austausch gegen die geleistete oder zugesagte Zuwendung erfolgen soll. Bei dem Entgelt muß es sich um eine Zuwendung von wirtschaftlichem Wert handeln; dabei kommen nicht nur Geldzahlungen und Sachwerte, sondern auch Reisen und dgl. in Betracht. Für die Tathandlung des Bestimmens gelten hier wie auch in den Fällen des Absatzes 3 die Grundsätze, die für das gleichlautende Merkmal bei der Anstiftung (§ 48 StGB) entwickelt worden sind. Der Beweggrund des Bestimmenden ist gleichgültig; daß er an dem Entgelt beteiligt werden will, wird nicht vorausgesetzt. Sexuelle Handlungen, auf die sich das strafbare Bestimmen beziehen muß, sind nicht nur Handlungen mit körperlichem Kontakt, sondern auch Handlungen, die das Mädchen vor Dritten vornehmen soll. Demnach macht sich nach Absatz 2 auch strafbar, wer ein Mädchen unter 18 Jahren dazu bestimmt, vor Dritten gegen Entgelt geschlechtsbezogene Schaustellungen (sog. Striptease) vorzunehmen. Der Versuch ist strafbar (Absatz 4); demnach kann auch derjenige zur Rechenschaft gezogen werden, der den Minderjährigen ohne Erfolg zu bestimmen sucht.

Nach Absatz 2 macht sich nur strafbar, wer den Minderjährigen zu sexuellen Handlungen mit oder vor *Dritten* bestimmt. Es ist erwogen worden, auch denjenigen mit Strafe zu bedrohen, der den Minderjährigen dazu bestimmt, mit ihm selbst sexuelle Handlungen gegen Entgelt vorzunehmen. Eine solche Strafvorschrift findet sich nicht im geltenden deutschen Strafrecht, wohl aber im neuen schwedischen Strafgesetzbuch (Kapitel 6 § 8) und mit gewissen Abweichungen hinsichtlich des Schutzalters in Artikel 248ter des niederländischen Strafgesetzbuches sowie in § 149 des Strafgesetzbuches der DDR. Für eine solche Erweiterung spricht die Erwägung, daß der Jugendliche auch dann gefährdet wird, wenn die

Bestimmung zu einer entgeltlichen sexuellen Handlung nicht im Interesse eines Dritten, sondern im Hinblick auf die eigenen sexuellen Wünsche des Bestimmenden erfolgt. Gegen diese Lösung sprechen aber praktische Gründe: Der Minderjährige hätte es in der Hand, den Partner durch Drohung mit einer Strafanzeige zu erpressen. Das als Zeugin vernommene Mädchen würde im Strafverfahren als angehende Prostituierte abgestempelt werden, auch wenn sie nur ein einziges Mal dem Drängen des Partners nachgegeben hat. Diese Nachteile sind in gewissem Maße zwar auch mit der Lösung des Entwurfs (Absatz 2) verbunden; sie halten sich hier aber in einem kleinen Rahmen, weil die Fälle einer Bestimmung durch Dritte seltener sein werden als die Bestimmung des Mädchens durch den zahlungswilligen Sexualpartner.

Absatz 3 ist im Zusammenhang mit § 174 Abs. 1 Nr. 2 zu sehen. Ebenso strafwürdig wie der Täter, der die dort näher umschriebene Abhängigkeit des Schutzbefohlenen unter 21 Jahren zu eigenen sexuellen Kontakten mißbraucht, ist derjenige, der den Schutzbefohlenen unter denselben Umständen zu sexuellen Handlungen mit oder vor einem Dritten bestimmt. Das Merkmal „bestimmen" ist hier ebenso wie in Absatz 2 zu verstehen; auf die Ausführungen zu Absatz 2 wird verwiesen (vgl. ferner § 175 Abs. 1 Nr. 2). Abweichend von § 174 Abs. 1 Nr. 3 sind die Eltern nicht genannt. Sie fallen jedoch unter § 180 Abs. 3, soweit ihnen die Personensorge für ihr Kind zusteht; ihr Kind ist ihnen dann kraft Gesetzes stets zur Erziehung anvertraut. Auf ein bestimmtes Motiv des Täters wird nicht abgehoben. Ein Mißbrauch des Abhängigkeitsverhältnisses wird regelmäßig vorliegen, wenn der Täter aus finanziellem Interesse (Beispiel: die Tochter oder das Lehrmädchen soll sich einem Geschäftsfreund des Vaters oder des Lehrherrn zugänglich zeigen) oder aus den sexuellen Beweggründen des Triolisten handelt; im letzteren Fall kann zugleich der Tatbestand des § 174 Abs. 1 oder Abs. 2 erfüllt sein. Läßt sich der Täter bei der Bestimmung des Schutzbefohlenen zu sexuellen Handlungen nicht von eigennützigen Gesichtspunkten leiten, so wird es vielfach an einem Mißbrauch der Abhängigkeit fehlen. – Da der Versuch mit Strafe bedroht ist (Absatz 4 i. V. m. Absatz 3), ist auch die erfolglose Einwirkung auf den Schutzbefohlenen mit Strafe bedroht.

Zu § 180a (Förderung der Prostitution)

Die Tatbestände des § 180a dienen unmittelbar oder mittelbar dem Schutz desjenigen, der der Prostitution nachgeht oder Gefahr läuft, zur Prostitution gebracht zu werden. Während der Alternativ-Entwurf, abgesehen von den Fällen der Entführung ins Ausland, nur denjenigen mit Strafe bedroht, der einen Minderjährigen zur Prostitution bringt, sieht der vorliegende Entwurf einen umfassenderen Strafschutz vor. Dies geschieht in erster Linie im Interesse der persönlichen Freiheit des Betroffenen. Denn angesichts der typischen Persönlichkeitsstruktur von Prostituierten und angehenden Prostituierten und mit Rücksicht auf die mannigfachen Pressionen im Umkreis der Prostitution kann in der Mehrzahl der Fälle kaum davon gesprochen werden, daß der Schritt zur Prostitution und die Fortsetzung dieser Tätigkeit auf freier Entscheidung beruhen. Dies gilt auch dann, wenn kein Druck ausgeübt wird, der die Schwelle der strafbaren Nötigung erreicht. Im übrigen geht der Entwurf mit der Präambel zu der Konvention der Vereinten Nationen zur Unterdrückung des Menschenhandels und der Ausbeutung der Prostitution anderer vom 2. Dezember 1949/21. März 1950 (Resolution Nr. 317 IV der Generalversammlung der Vereinten Nationen) davon aus, daß „die Prostitution und das damit verbundene Übel des Menschenhandels unvereinbar mit der Würde und dem Wert der menschlichen Person sind und das Wohl des einzelnen, der Familie und der Gemeinschaft gefährden". Daraus folgt, daß die Prostitution trotz ihrer gesellschaftlichen und rechtlichen Duldung für denjenigen, der sich diesem Erwerb hingibt, ein Übel ist, das die Rechtsordnung in seinem Interesse nach Möglichkeit verhüten sollte. Dieses Ziel kann allerdings nicht dadurch erreicht werden, daß die Prostitution als solche strafrechtlich bekämpft wird; die besondere Problematik der gleichgeschlechtlichen Prostitution unter Männern ist hier nicht zu erörtern (vgl. dazu § 175 Abs. 1 Nr. 3 sowie den Ersten Schriftlichen Bericht des Bundestags-Sonderausschusses für die Strafrechtsreform, Drucksache V/4094, S. 32). Der Entwurf sucht den notwendigen Rechtsgüterschutz dadurch zu verwirklichen, daß er in § 180 und ebenso in § 181 das Verhalten Dritter unter Strafe stellt, soweit es erfahrungsgemäß geeignet ist, andere der Prostitution zuzuführen, darin festzuhalten und auszubeuten (vgl. auch § 181a).

Bei der Fassung der Straftatbestände war dem Internationalen Übereinkommen vom 4. Mai 1910 zur Bekämpfung des Mädchenhandels (Reichsgesetzbl. 1913 S. 31; 1928 II S. 314) und der Internationalen Übereinkunft vom 30. September 1921 zur Unterdrückung des Frauen- und Kinderhandels (Reichsgesetzbl. 1924 II S. 181, 202) Rechnung zu tragen. Die Bundesrepublik ist Vertragspartner dieser Vereinbarungen. Dagegen ist die Bundesrepublik der erwähnten Konvention der Vereinten Nationen vom 2. Dezember 1949/21. März 1950 bisher nicht beigetreten, und zwar im wesentlichen wegen Artikel 2 Nr. 2 dieser Konvention (Verbot der Wohnungsgewährung an Prostituierte). Die Bundesrepublik ist auch nicht Vertragspartner des Internationalen Abkommens über die Unterdrückung des Handels mit volljährigen Frauen vom 11. Oktober 1933. Im Interesse einer möglichst weitgehenden internationalen Rechtsvereinheitlichung sucht der Entwurf jedoch auf die beiden zuletzt genannten Vereinbarungen Rücksicht zu nehmen, soweit nicht vordringliche kriminalpolitische Gesichtspunkte entgegenstehen.

Absatz 1 tritt an die Stelle des bisherigen § 180 Abs. 2 StGB. Während das bisherige Verbot der Unterhaltung eines Bordells oder bordellartigen Betriebes von der Rechtsprechung nur als eine Erläuterung des Grundtatbestandes der Kuppelei (§ 180 Abs. 1 StGB) verstanden worden ist, enthält die neue Vorschrift einen selbständigen Straftatbestand. Dies ist eine Folge des Wegfalls einer allgemeinen Strafvorschrift gegen die Kuppelei. Unter diesen Umständen empfiehlt es sich, das strafbare Verhalten genauer zu umschreiben, als es die Ausdrücke „Bordell“ und „bordellartiger Betrieb“ vermögen. Diese beiden Ausdrücke sind auch mißverständlich; außerdem wird der Begriff „bordellartiger Betrieb“ von einem Teil der Literatur anders ausgelegt als von der Rechtsprechung. Die neue Vorschrift stimmt der Sache nach im wesentlichen mit der Auslegung überein, die der Bundesgerichtshof den Begriffen des Bordells und vor allem des bordellartigen Betriebes gegeben hat (Urteil vom 3. Mai 1955 – 5 StR 406/54 –, z. T. abgedruckt in MDR 1955, 528; Urteil vom 7. Januar 1964 – 5 StR 501/63; Urteil vom 8. Mai 1964 – 4 StR 57/64 –, abgedruckt in NJW 1964, 2023).

In Anlehnung an Artikel 2 Nr. 1 der Konvention der Vereinten Nationen vom 2. Dezember 1949/21. März 1950 wird neben der Unterhaltung auch die Leitung der genannten Betriebe unter Strafe gestellt. Eine Einschränkung der Strafbarkeit tritt dadurch ein, daß abweichend von § 180 Abs. 2 StGB nur noch gewerbsmäßiges Handeln mit Strafe bedroht wird. Es wird nicht vorausgesetzt, daß der Täter die in Absatz 1 Nr. 1, 2 bezeichneten Zustände selbst herbeigeführt hat. Er macht sich auch dann strafbar, wenn er einen Betrieb, der die Voraussetzungen der Nummern 1, 2 erfüllt, übernimmt und an jenen Zuständen nichts ändert. Strafbar macht sich ferner, wer es duldet, daß in dem von ihm unterhaltenen oder geleiteten Betrieb die in den Nummern 1, 2 bezeichneten Zustände von Dritten herbeigeführt werden.

Die Vorschrift bezieht sich nur auf die Prostitution von Frauen; Betriebe, in denen Männer der Prostitution nachgehen, haben in Deutschland bisher keine Rolle gespielt. Der Ausdruck „Prostitution" drückt deutlicher als das Merkmal der Gewerbsunzucht aus, daß auch Fälle einbezogen sind, in denen ein anderer als derjenige, der Prostitution treibt, das Entgelt für diese Tätigkeit erhält (vgl. Hanack, Gutachten A zum 47. Deutschen Juristentag 1968, S. 192 Anm. 311).

Der Tatbestand setzt voraus, daß die Frauen in den Räumen des Betriebes der Prostitution nachgehen; er ist auch erfüllt, wenn das Anwerben der Freier anderswo stattfindet. Das Merkmal „Betrieb" besagt, daß eine gewisse Gesamtorganisation vorhanden sein muß, in die die Prostituierten eingefügt sind.

Nach *Nummer 1* müssen die Dirnen in persönlicher oder wirtschaftlicher Abhängigkeit „gehalten" werden; eine gezielte Einwirkung auf ihre persönliche oder wirtschaftliche Unabhängigkeit ist erforderlich. Solche Einwirkungen kommen – entgegen abweichenden Behauptungen in der Literatur – auch heute in der Praxis vor, insbesondere dort, wo Zuhälter die Kontrolle über den Betrieb oder Teile davon an sich gezogen haben.

Die *Nummer* 2 geht davon aus, daß derjenige, der die Prostitutionsausübung im Rahmen eines Betriebes fördert, die Prostituierte verstärkt an ihre Tätigkeit bindet und damit Bemühungen erschwert, sie aus dem Milieu herauszulösen. Nach den Erfahrungen der Gefährdetenfürsorge ist die Sozialarbeit an Prostituierten um so schwieriger, je straffer das Etablissement organisiert ist. Ferner sind die in Nummer 2 bezeichneten Handlungen geeignet, die Freiheit der Prostituierten zu beeinträchtigen. So kann eine Abhängigkeit der Prostituierten von der Betriebsleitung eintreten, wenn sie die Freier nicht selbst aussucht, sondern zugewiesen erhält. Der Begriff „Maßnahmen“ (vgl. auch § 181a Abs. 1 Nr. 2) besagt, daß die Prostitutionsausübung durch spezielle Einrichtungen gefördert werden muß; es genügt nicht, daß eine Förderung durch den „Ruf des Hauses“ oder dadurch eintritt, daß die Prostituierten durch volle Verpflegung der Sorge für ihren Lebensunterhalt enthoben werden (für beide Fälle abweichend RGSt. 64, 171). Eine „Maßnahme“ der Prostitutionsförderung liegt auch dann nicht vor, wenn geduldet wird, daß sich die Prostituierten hinter Fenstern oder sonst auf dem Grundstück des Betriebes anbieten.

Die Regelung des Absatzes 1 läßt demnach Dirnenwohnheime zu, in denen Wohnung oder Unterkunft gewährt wird und lediglich solche Nebenleistungen erbracht werden, die üblicherweise auch bei einer Vermietung an Personen, die nicht der Prostitution nachgehen, in Betracht kommen. Zulässige Nebenleistungen können sich u. a. auf Verpflegung, Zimmerreinigung, Bettwäsche und die Einrichtung von Tagesräumen für die Bewohnerinnen beziehen. Daß ein Portier über die Anwesenheit bestimmter Mädchen Auskunft gibt, ist zulässig, weil solche Auskünfte auch von dem Portier eines gewöhnlichen Wohnheims gegeben werden. Verboten wird es dagegen bleiben, daß der Portier den Freier bei der Auswahl einer Prostituierten berät oder ihm eine Prostituierte zuweist.

Der Entwurf hält also im wesentlichen an der geltenden Rechtslage fest, wie sie in der Rechtsprechung des Bundesgerichtshofes verstanden wird; die Gerichte werden allerdings die Möglichkeit haben, auf Grund der veränderten Tatbestandsformulierung im Detail zu neuen Lösungen zu kommen. In der großstädtischen Polizeipraxis hat der geltende Rechtszustand nach § 180 Abs. 2 StGB keine außergewöhnlichen Schwierigkeiten bereitet. In zahlreichen Orten sind Dirnenwohnheime entstanden, in denen Prostituierte, die dazu bereit sind, Aufnahme finden können. Bedenken gegen das bisherige Recht bezogen sich vor allem auf die Unklarheit der Begriffe „Bordell" und „bordellartiger Betrieb". Diesem Mißstand hilft der Entwurf ab. Es ist geltend gemacht worden, die Duldung der Dirnenwohnheime, besonders in der neuen Form des „Eros-Centers", verstoße gegen das geltende Recht, dessen Beibehaltung darum unehrlich sei und die Strafverfolgungsbehörden in die Gefahr bringe, sich der Begünstigung im Amt schuldig zu machen. Legt man jedoch die Rechtsprechung des Bundesgerichtshofes zugrunde, so ergeben sich keine Anhaltspunkte dafür, daß die Behörden bei der Duldung der Dirnenwohnheime gegen das materielle Recht verstoßen haben.

Sicher ist der derzeitige Rechtszustand nicht optimal. Im Interesse der allgemeinen Verbrechensbekämpfung, des Schutzes der Dirnen vor Abhängigkeit und Ausbeutung, des Jugendschutzes, der Gefährdetenfürsorge und des Schutzes der Nachbarschaft vor Belästigungen wäre es zweckmäßig, wenn die Behörden mehr rechtliche Befugnisse zur Überwachung der Dirnenwohnheime und zum Einschreiten gegen Auswüchse erhalten würden. Der Bundesgesetzgeber hat jedoch für eine sachdienliche Regelung, wie sie auch in der Literatur als „Dirnengesetz" empfohlen worden ist (Hanack, a. a. O., S. 171 ff.) keine Gesetzgebungskompetenz. Denn im Mittelpunkt einer solchen sachdienlichen Regelung würden polizeirechtliche Gesichtspunkte stehen. Maßnahmen gegen gemeingefährliche und übertragbare Krankheiten (Artikel 74 Nr. 19 GG) würden bei einer solchen Regelung allenfalls eine untergeordnete Rolle spielen. Denn ein gesundheitliches Problem stellt nicht so sehr der in Absatz 1 genannte Betrieb, sondern vielmehr die Straßenprostitution dar; die Straßenprostitution könnte jedoch durch die hier in Rede stehenden Vorschriften nicht wirksam bekämpft werden, da nach den bisherigen Erfahrungen ein erheblicher Teil der Prostituierten die Straßenprostitution unter allen Umständen einer Tätigkeit in Dirnenwohnheimen vorzieht. Es ist geprüft worden, ob Vorschriften, welche die Unterhaltung eines einschlägigen Betriebes von einer mit Auflagen verbundenen, widerruflichen Erlaubnis abhängig machen, in das Gewerberecht aufgenommen werden können und damit in die Zuständigkeit des Bundesgesetzgebers fallen (Artikel 74 Nr. 11 GG). Die Frage ist angesichts des überkommenen Inhalts des Gewerbebegriffs und seines Zusammenhangs mit dem

Grundrecht des Artikels 12 GG zu verneinen; daß Artikel 74 Nr. 11 GG keine Grundlage für die Zuständigkeit des Bundesgesetzgebers wäre, folgt auch aus den Grundsätzen, die das Bundesverfassungsgericht in seinem Beschluß vom 18. März 1970 – 2 BvO 1/65 – (Bundesgesetzbl. I S. 841) zum Spielbankenrecht entwickelt hat.

Unter diesen Umständen vermag nur der Landesgesetzgeber den Behörden die hier in Rede stehenden Einwirkungsmöglichkeiten zu geben. Angesichts der tatsächlichen Verhältnisse im Umkreis der Prostitution kann es nicht verantwortet werden, in Erwartung einer späteren landesrechtlichen Regelung schon jetzt die Strafdrohung im Sinne des Absatzes 1 aufzuheben. Denn nach den von der Polizei an den Brennpunkten der Prostitution gemachten Beobachtungen vollzieht sich zur Zeit ein bedenklicher Wandel: Neben die Inhaber von Wohnheimen, die sich um ein gutes Einvernehmen mit der Polizei bemühen, sind neuerdings sehr aktive Einzelpersonen und Gruppen getreten, die die behördliche Überwachung der Etablissements mit allen Mitteln zu verhindern suchen und im Rahmen straffer Organisation die Prostituierten unter ihren massiven Einfluß zu bringen versuchen. Würde der Straftatbestand wegfallen, bevor ein gleichwertiger Ersatz geschaffen ist, so könnten diese Kräfte Machtpositionen ausbauen, die später nicht mehr zu beseitigen sind. Es ist überdies fraglich, ob überhaupt ohne ein strafrechtliches Verbot im Sinne des Absatzes 1 auszukommen ist. Wie die Erfahrungen mit dem bisherigen Recht zeigen, hat das strafrechtliche Verbot eine gewisse präventive Bedeutung. Es veranlaßt den Inhaber des Dirnenwohnheims, zu seiner eigenen Absicherung ein einigermaßen vertrauensvolles Verhältnis zur Polizei anzustreben. Dadurch erhält die Polizei die Möglichkeit, nicht nur auf die Einhaltung des Verbots nach § 180 Abs. 1, sondern auch auf die sonstigen Verhältnisse in dem Etablissement zu achten, insbesondere Straftaten nach § 180 Abs. 2 zu bekämpfen. In nahezu allen europäischen Ländern ist der Betrieb von Bordellen und ähnlichen Einrichtungen bei Strafe verboten. Eine Aufhebung dieses Verbots in der Bundesrepublik würde nicht nur der allgemeinen internationalen Rechtsüberzeugung (vgl. Artikel 2 Nr. 1 der Konvention der Vereinten Nationen vom 2. Dezember 1949/21. März 1950) zuwiderlaufen; sie würde auch die am Prostitutionsgeschäft interessierten Kreise des Auslandes anlocken. Die von den Vereinten Nationen im Jahre 1959 veröffentlichte Studie über den Menschenhandel und die Prostitution führt den seit einigen Jahrzehnten beobachteten Rückgang des Menschenhandels darauf zurück, daß sehr viele Prostitutionsbetriebe in der ganzen Welt aufgrund des einschlägigen strafrechtlichen Verbots geschlossen werden mußten. Es ist zu befürchten, daß der Anreiz zum Menschenhandel wieder größer werden würde, wenn nach einem Wegfall der Strafvorschrift in der Bundesrepublik Bordelle und prostitutionsfördernde Betriebe in großer Zahl entstehen würden. Aus dem gleichen Grunde hat der englische „Wolfenden Report" (Report of the Committee on Homosexual Offences and Prostitution, 1957) die Tolerierung von Bordellen als „Rückschritt" abgelehnt (S. 97).

Absatz 2 entspricht im Ergebnis der derzeitigen Regelung des § 180 Abs. 3 StGB. Auf das dort verwandte Merkmal des Anwerbens kann der Entwurf an dieser Stelle mit Rücksicht auf Absatz 4 Nr. 2 verzichten. Neu aufgenommen ist in Absatz 2 Nr. 1, 2 das Merkmal der gewerbsmäßigen Unterkunftsgewährung. Damit ist der Vermieter eines Absteigequartiers gemeint. Der Absteigewirt fiel bisher unter die allgemeine Strafdrohung des § 180 Abs. 1 StGB. Der Entwurf bedroht ihn ebenso wie den Wohnungsvermieter nur dann mit Strafe, wenn er eine Person unter 18 Jahren, die der Prostitution nachgeht, aufnimmt oder wenn er seinen Gast zur Prostitution anhält oder mit Rücksicht auf sie ausbeutet. Die Vorschrift des Absatzes 2 gilt auch für die Inhaber von Dirnenwohnheimen; sie verbietet es ihnen, die Dirnen auszubeuten oder zur Prostitution anzuhalten oder Mädchen unter achtzehn Jahren aufzunehmen. Nicht unproblematisch ist die Einbeziehung des Absteigequartiers in die Nummer 1. Sie verweist eine Person unter 18 Jahren, die der Prostitution nachgehen will, auf die Straßenprostitution. Der Entwurf nimmt diesen Nachteil hin. Da unter dem Gesichtspunkt des Jugendschutzes das Absteigequartier der Wohnung nicht vorzuziehen ist, kommt als sinnvolle Alternative nur die völlige Streichung der Nummer 1 in Betracht. Sie würde dem Jugendschutz noch abträglicher sein: Sofern keine Anhaltspunkte für einen Verstoß gegen Absatz 2 Nr. 2 oder Absatz 4 vorlägen, könnte die Polizei nicht mehr gegen Absteigequartiere und Dirnenwohnheime einschreiten, in denen Prostituierte unter 18

Jahren tätig sind; die Arbeit der Fürsorge an diesen Mädchen würde dann praktisch unmöglich werden.

Absatz 3 soll vor allem gewerbsmäßige Agenturen treffen, die Call-Girl-Ringe, Dirnenwohnheime, Lokale mit Prostitutionsbetrieb und dgl. mit neuen Kräften versorgen. Die Vorschrift bleibt hinter der Konvention der Vereinten Nationen vom 2. Dezember 1949/21. März 1950 zurück, nach welcher auch das nichtgewerbsmäßige Anwerben zur Prostitution in jedem Fall bestraft werden soll (Artikel 1 Nr. 1). In den letzten Jahren ist zwar eine gewerbsmäßige Anwerbung von künftigen Prostituierten in Deutschland nur vereinzelt beobachtet worden. Es ist aber möglich, daß hier eine Änderung eintritt, wenn das beobachtete Vordringen organisierter Gruppen im Umkreis der Prostitution anhält. Solchen Möglichkeiten muß vorgebeugt werden. Das gilt um so mehr, als nach dem Entwurf die Verkuppelung Erwachsener selbst dann, wenn sie gewerbsmäßig erfolgt, grundsätzlich nicht mehr strafbar sein soll.

Die Absicht des Täters muß sich darauf richten, den Angeworbenen dazu zu bringen, daß er der Prostitution nachgeht. Bezweckt die Anwerbung nur, daß eine Prostituierte den Ort oder die Art ihrer Prostitutionsausübung wechselt, so ist der Tatbestand nicht erfüllt. Andererseits setzt die Vorschrift nicht voraus, daß der Angeworbene noch nie der Prostitution nachgegangen ist; sie trifft auch denjenigen, der gewerbsmäßig handelt eine ehemalige Dirne, die sich von der Prostitution gelöst hatte, zu ihrer früheren Tätigkeit zurückführt. Da der Versuch strafbar ist (Absatz 5), tritt die Strafbarkeit auch dann ein, wenn die Anwerbung erfolglos bleibt.

Der Jugendschutztatbestand des *Absatzes 4* entspricht den internationalen Abkommen, an denen die Bundesrepublik beteiligt ist (Artikel 1 des Internationalen Übereinkommens vom 4. Mai 1910 zur Bekämpfung des Mädchenhandels i. V. m. Artikel 5 der Internationalen Übereinkunft vom 30. September 1921 zur Unterdrückung des Frauen- und Kinderhandels). Das bisherige Recht hatte diesen Abkommen durch den allgemeinen Kuppeleitatbestand Rechnung getragen. Absatz 4 soll verhindern, daß Personen unter 21 Jahren zur Prostitution gebracht werden. Auch nicht gewerbsmäßiges Handeln fällt hierunter. Die Vorschrift hat erhebliche praktische Bedeutung, u. a. für die nicht seltenen Fälle, in denen Minderjährige zur Prostitution gebracht werden, nachdem sie aus der Fürsorgeerziehung entwichen sind. Absatz 4 geht insofern über das geltende Recht (§ 180 Abs. 1 StGB) hinaus, als weder Gewohnheitsmäßigkeit noch Eigennutz verlangt wird. Ebenso wie in Absatz 3 wird vorausgesetzt, daß der Minderjährige zur Zeit der Tat nicht der Prostitution nachgeht. In den Fällen der Nummer 1 ist der Täter nur strafbar, wenn er den Minderjährigen verleitet oder seine Hilflosigkeit, Leichtgläubigkeit oder Unerfahrenheit ausgenutzt hat. Der bloße Ratschlag begründet die Strafbarkeit nicht. Ist der Minderjährige noch nicht 18 Jahre alt, so ist auch § 180 Abs. 2 zu beachten; dort ist das Bestimmen zur Prostitution auch in Fällen mit Strafe bedroht, in denen nicht alle Voraussetzungen des Absatzes 4 erfüllt sind. Der Versuch ist strafbar (Absatz 5), so daß die Erfolglosigkeit seiner Bemühungen den Täter nicht vor Strafe schützt.

Zu § 181 (Menschenhandel)

Seinen internationalen Verpflichtungen ist der deutsche Gesetzgeber im Hinblick auf den Menschenhandel bisher dadurch gerecht geworden, daß er jede eigennützige Kuppelei mit Strafe bedrohte. Außerdem waren die arglistige Verleitung zur Auswanderung und bestimmte Formen der Unterstützung in § 48 des Gesetzes über das Auswanderungswesen unter Strafe gestellt. Da der allgemeine Tatbestand der Kuppelei entfallen soll, bedarf es einer besonderen Strafvorschrift über den Menschenhandel. Sie macht die Sondervorschrift des § 48 des Gesetzes über das Auswanderungswesen überflüssig (vgl. die Begründung zu Artikel 5 Nr. 2).

Die in § 181 bezeichneten Taten haben in den vergangenen Jahren für die Strafverfolgungspraxis in der Bundesrepublik keine Bedeutung gehabt. Das besagt aber nicht, daß Strafvorschriften gegen den Menschenhandel entbehrlich sind. Vielmehr ist die Annahme erlaubt, daß die in den meisten Staaten vorhandenen Strafvorschriften mit zum Rückgang des Menschenhandels beigetragen haben. Auch darf nicht allein auf die Verhältnisse in Deutschland abgestellt werden. Eine wirksame Bekämpfung des Menschenhandels in aller Welt setzt voraus, daß die Tat in möglichst vielen Ländern mit Strafe bedroht ist und nach den Regeln des internationalen Strafrechts (vgl. § 4 Abs. 3 Nr. 4 i. d. F. des Artikels 1 Nr. 1) verfolgt werden kann. § 181 entspricht den Artikeln 1 und 2 des Internationalen Übereinkommens vom 4. Mai 1910 zur Bekämpfung des Mädchenhandels. Im Einklang mit diesem Übereinkommen sind in Absatz 1 auch Taten ohne Auslandsbezug mit Strafe bedroht. Das Abkommen schreibt den Schutz von Personen aller Altersgruppen vor. Mit Rücksicht auf mögliche Entwicklungen auf dem Gebiet der homosexuellen Prostitution sind auch Männer in den Schutz des § 181 einbezogen worden.

Absatz 1 Nr. 1 erhöht, soweit eine Nötigung oder Freiheitsberaubung vorgenommen wird, den Strafrahmen der allgemeinen Strafvorschriften. In den Fällen der List wirkt sich Nummer 1 strafbegründend aus. Die Vorschrift ist nur anwendbar, wenn das Opfer dazu gebracht wird, die Prostitution aufzunehmen; es genügt ebensowenig wie im Falle des § 180a Abs. 4 Nr. 1, daß eine Prostituierte dazu veranlaßt wird, ihre Tätigkeit an einem anderen Ort oder in anderer Weise fortzusetzen.

Absatz 1 Nr. 2 setzt voraus, daß der Anwerber oder Entführer beabsichtigt, das Opfer unter Ausnutzung einer im Ausland bestehenden hilflosen Lage zu sexuellen Handlungen zu bringen. Die Tat ist mit der Anwerbung oder Entführung von dem bisherigen Ort vollendet. Sie kann im Inland wie im Ausland begangen werden; in den Fällen der Anwerbung im Ausland wird keine Ortsveränderung vorausgesetzt. Im Hinblick auf die Entführung weicht Nummer 2 von § 237 StGB in doppelter Hinsicht ab: Nach Nummer 2 genügt es, daß die hilflose Lage Gegenstand der Absicht des Täters war; sie braucht nicht tatsächlich eingetreten zu sein. Die sexuellen Handlungen des Opfers müssen sich nach der Vorstellung des Täters auf einen Dritten beziehen, während § 237 StGB darauf abstellt, daß der Entführer selbst sexuelle Handlungen mit dem Opfer vornimmt. Als sexuelle Handlungen kommen auch Handlungen mit oder vor Dritten außerhalb der Prostitution in Betracht.

In allen Fällen des § 181 ist der Versuch strafbar (Absatz 2). Den Menschenhandel als Verbrechen auszugestalten, erschien nicht erforderlich; das Höchstmaß der angedrohten Freiheitsstrafe von zehn Jahren reicht aus.

Zu § 181a (Zuhälterei)

Der Entwurf hält an der Strafbarkeit der Zuhälterei fest. Dagegen hat der Alternativ-Entwurf vorgeschlagen, den Straftatbestand der Zuhälterei zu streichen (1968, S. 55 ff.; vgl. auch Hanack, Gutachten A zum 47. Deutschen Juristentag, 1968, S. 197ff.). Der Entwurf geht von einer anderen Einschätzung der kriminalpolitischen Lage aus als der Alternativ-Entwurf. Dem Alternativ-Entwurf ist zwar einzuräumen, daß die arbeitsscheue Lebensweise des Zuhälters kein hinreichender Grund für eine Strafdrohung ist. Auch kann der Umstand, daß Zuhälter häufig andere Straftaten begehen, für sich allein keine Strafdrohung rechtfertigen; zudem ist die Auffassung, daß der Zuhälter regelmäßig besonders gemeingefährlich und gewalttätig sei, in dieser Allgemeinheit nicht zu belegen. Indessen ist die dem Alternativ-Entwurf zugrunde liegende Ansicht, daß der Zuhälter ein schwächlicher, labiler Asozialer sei, dem man besser mit Sozialarbeit begegnen könne, eine nicht weniger problematische Verallgemeinerung. Die tatsächliche Basis für diese Auffassung des Alternativ-Entwurfs ist sehr schmal. Die exaktesten wissenschaftlichen Untersuchungen aus neuerer Zeit – die rechtswissenschaftlichen Dissertationen von Rolf Borchers (Hamburg 1967) und Jürgen Fock (Berlin 1965) – beschränken sich auf eine Auswertung der Akten von Strafverfahren, in denen Zuhälter verurteilt worden sind. Sie sind dem Einwand ausgesetzt, daß das Dunkelfeld bei der Zuhälterei groß ist und daß angesichts der besonderen Beweisprobleme in Zuhältereiprozessen die verurteilten Täter keine repräsentative Auswahl sein dürften; die Vermutung liegt nahe, daß es dem energischen Zuhälter besser als dem schwächlichen gelingt, durch Einwirkung auf die Zeugen einer Verurteilung zu entgehen. Außerdem ist das in den beiden Dissertationen untersuchte Aktenmaterial 8 bis 14 Jahre alt; die sonstigen wissenschaftlichen Untersuchungen beziehen sich durchweg auf einen noch früheren Zeitraum.

Unter diesen Umständen haben neuere Berichte aus der Praxis, die ein anderes Bild des Zuhälters zeichnen, ein besonderes Gewicht. Hier sind die Referate zu nennen, die Matthes und Westphal am 27. März 1969 vor dem Fachausschuß II des Deutschen Vereins für öffentliche und private Fürsorge gehalten haben (auszugsweise veröffentlicht in: Kriminalistik 1969 S. 475), ferner die Ergebnisse einer im Innenministerium des Landes Nordrhein-Westfalen veranstalteten Besprechung vom 14. Juli 1970, an der Vertreter der Polizei aus Großstädten des ganzen Bundesgebietes sowie der Gefährdetenfürsorge teilgenommen haben. Aus diesen und anderen Berichten (vgl. schon Amelunxen, Der Zuhälter, 1967, S. 28 ff.) ergibt sich, daß seit etwa fünf Jahren energische, zum Teil in Gruppen auftretende Zuhälter in den Vordergrund drängen und die Prostitution straffer zu organisieren suchen. Im Zusammenhang damit beobachtet man eine neue Art von Abhängigkeit der Dirne gegenüber dem Zuhälter, der ihre Unterbringung oder ihr Revier bestimmt und sie überwacht. Es gibt Anhaltspunkte dafür, daß es Zuhältern gelungen ist, in einigen Dirnenwohnheimen einen erheblichen Einfluß auszuüben, der mit Gewalttätigkeiten gegenüber Dirnen und Freiern verbunden ist; die Vorstellung, in den größeren Dirnenwohnheimen (Eros-Centers) werde es eine Prostitution ohne Zuhälter geben, hat sich durchweg als falsch erwiesen. Es ist festgestellt worden, daß Zuhältergruppen einzelne und mehrere Dirnen veranlassen, ihre Tätigkeit innerhalb der Bundesrepublik und über ihre Grenzen hinaus je nach der örtlich verschiedenen Nachfrage zu verlegen. Auch Fälle des „Verkaufs" von Dirnen an andere Gruppen sind beobachtet worden.

Im Hinblick auf diese Verhältnisse kann eine Streichung des § 181a StGB nicht verantwortet werden. Es ist zu befürchten, daß zumal die Zuhälter, die in den neueren Berichten geschildert werden, die Dirne in starkem Maße in ihre Abhängigkeit bringen. Auch wenn es zu keinen Nötigungs- und Körperverletzungshandlungen kommt, bindet der Zuhälter die Dirne an das Milieu der Prostitution; er vertieft damit den sozialen Schaden, den die Prostitution für die Dirne darstellt. Dieser Vorgang ist wegen seiner objektiven Folgen für die Prostituierte auch dann gefährlich, wenn sie mit dem Verhalten des Zuhälters einverstanden ist. Die Bindung der Dirne an das Milieu der Prostitution wird demnach als Strafgrund nicht dadurch in Frage gestellt, daß nach früheren wissenschaftlichen Untersuchungen die Dirne zum Teil ihrerseits die Beziehung zum Zuhälter aufnimmt und aufrechtzuerhalten sucht. Es kann deshalb auf sich beruhen, ob diese Beobachtung auch für die neueren Verhältnisse gilt; es kann auch offenbleiben, ob die Dirne Beziehungen zum Zuhälter aus eigenem Anlehnungsbedürfnis oder unter dem Druck des von der Zuhälterei bestimmten Milieus aufnimmt.

Die Zuhälterei ist in allen wichtigen europäischen Ländern – sei es als eigener Tatbestand, sei es als Form der Kuppelei – mit Strafe bedroht. Neuere ausländische Gesetze, in denen das Verhalten des Zuhälters in der einen oder anderen Form für strafbar erklärt wird, sind in England (1956), Frankreich (1958) und Schweden (1962) ergangen. Eine Aufhebung des § 181a StGB würde das Einströmen ausländischer Zuhälter in die Bundesrepublik zur Folge haben; einzelne Vorgänge dieser Art sind bereits beobachtet worden. Mit der Aufhebung des § 181a StGB würde die Gruppenbildung unter Zuhältern erleichtert werden und wahrscheinlich zunehmen. Es muß befürchtet werden, daß solche Gruppen für die Entwicklung der organisierten Kriminalität auch auf anderen Gebieten eine gefährliche Rolle spielen könnten. Neuere statistische Untersuchungen aus dem Polizeibereich, die nicht auf verurteilte Zuhälter beschränkt sind, zeigen, daß bei Personen, gegen die wegen Zuhälterei ermittelt wird, die Belastung mit Vorstrafen weit über dem Durchschnitt liegt und auch in den Bereich der schweren Kriminalität reicht.

Die neue Fassung des § 181a soll den veränderten tatsächlichen Verhältnissen Rechnung tragen. In einer Hinsicht trifft sie sich mit dem Ziel des Alternativ-Entwurfs: Künftig soll nicht mehr bestraft werden, wer sich darauf beschränkt, von der Dirne Beiträge zu seinem Lebensunterhalt entgegenzunehmen, ohne die Dirne auszubeuten und ohne die in Absatz 1 Nr. 2 genannte Tätigkeit zu entfalten. Das ergibt sich aus der Fassung des *Absatzes 1 Nr. 1*. Nach bisherigem Recht kommt es darauf an, daß der Täter unter Ausbeutung des unsittlichen Erwerbs der Dirne ganz oder teilweise den Lebensunterhalt bezieht. Eine Ausbeutung des unsittlichen Erwerbs nimmt die Rechtsprechung regelmäßig an, wenn der Zuhälter die Dirne als Erwerbsquelle „ausnützt" und sich dadurch den Lebensunterhalt ganz oder zum Teil verschafft

(BGHSt. 4, 316 [317]); bei gemeinsamer Lebensführung wird darauf abgehoben, ob die Beiträge des Mannes zur gemeinsamen Kasse hinter dem Wert des von ihm bezogenen Unterhalts zurückbleiben (BGHSt. 15, 6 [8]). Künftig soll der Kreis der Fälle, in denen eine Ausbeutung anzunehmen ist, enger gezogen werden. Der Entwurf stellt auf die Ausbeutung der *Frau* ab. Die Dirne muß die Folgen der Ausbeutung in ihrer eigenen Person spüren. Im Zusammenhang mit anderen Strafvorschriften (§§ 302a, 302e StGB) hat die Rechtsprechung schon früher nur den bewußten Mißbrauch einer Person zu Erwerbszwecken als Ausbeutung verstanden. Es wird Aufgabe der Gerichte sein, dem Merkmal der Ausbeutung in § 181a neue Konturen zu geben, die weniger an der Lebensform des Zuhälters als vielmehr an der Einschränkung der wirtschaftlichen oder persönlichen Bewegungsfreiheit der Dirne orientiert sind. Dadurch, daß nicht mehr auf den Bezug des Lebensunterhalts abgestellt wird, tritt andererseits eine gewisse Erweiterung des Tatbestandes ein: Nach Nummer 1 macht sich auch strafbar, wer das im Wege der Ausbeutung erlangte Geld nicht selbst verwendet, sondern einem anderen, z. B. einer von Zuhältern gegründeten Kapitalgesellschaft, zuführt.

Absatz 1 Nr. 2 bringt die neue Schutzrichtung der Vorschrift besonders deutlich zum Ausdruck. Die Merkmale des Überwachens und der Bestimmung von Ort, Zeit, Ausmaß und anderen Umständen der Prostitution zielen auf den organisierten Einsatz der Dirne durch den Zuhälter ab. Wer die Dirne schützend bewacht, überwacht sie nicht im Sinne der Nummer 2. Auch wenn der Zuhälter darauf achtet, daß keine anderen Prostituierten in das Revier seiner Dirne eindringen, überwacht er seine Dirne nicht; er kann sich dann aber dadurch strafbar machen, daß er gegenüber seiner Dirne das Revier als Ort der Prostitutionsausübung bestimmt. Der Zuhälter, der der Dirne Freier zuführt, ist in die Strafvorschrift einbezogen worden, weil seine Tätigkeit in besonderem Maße die Freiheit der Dirne beeinträchtigt, und zwar auch dann, wenn der Zuhälter nicht ausdrücklich angeordnet hat, daß die Dirne jeden der zugeführten Freier nehmen muß. Überdies sprechen allgemeine Gründe, insbesondere des Jugendschutzes und des Schutzes der Öffentlichkeit vor entwürdigenden Vorgängen dafür, das Auftreten derartiger „Schlepper" zu unterbinden. Mit

Strafe bedroht werden ferner Maßnahmen des Zuhälters, mit denen die Frau davon abgehalten werden soll, die Prostitution aufzugeben. Eine „Maßnahme" ist eine gezielte Einwirkung von einiger Erheblichkeit; die bloße Bitte fällt nicht unter die Vorschrift. Derartige Maßnahmen werden nicht leicht nachzuweisen sein. Das Gesetz sollte sie trotzdem nennen, da die Aufnahme dieses Merkmals den Schutzzweck der Vorschrift besonders anschaulich macht. In allen Fällen der Nummer 2 muß der Täter seines Vermögensvorteils wegen handeln. Insofern ist die Vorschrift enger als das geltende Recht, das für die kupplerische Zuhälterei lediglich Gewohnheitsmäßigkeit oder Eigennutz verlangt.

Die in Nummern 1 und 2 bezeichneten Handlungen sind nur strafbar, wenn der Täter zu der Frau *„zuhälterische Beziehungen"* unterhält. Die Rechtsprechung hat schon den im geltenden Recht enthaltenen Klammerzusatz „Zuhälter" in dem Sinne ausgelegt, daß zu den übrigen Tatbestandsmerkmalen eine auf gewisse Dauer berechnete Beziehung zwischen Dirne und Zuhälter hinzukommen müsse. An diesem Merkmal der Dauer soll festgehalten werden. Die Fassung des Entwurfs macht deutlich, daß es sich nicht um die Beschreibung eines Tätertyps, sondern um die Charakterisierung von Beziehungen handelt und daß das Merkmal „zuhälterische Beziehungen" den Tatbestand einschränkt. Aus den sonstigen Änderungen des Tatbestandes wird sich im Hinblick auf das Merkmal der zuhälterischen Beziehungen eine Akzentverschiebung ergeben: Da es nach Nummer 1 nicht mehr auf den Lebensunterhalt des Zuhälters ankommt und die Nummer 2 in besonderem Maße den organisierten Einsatz von Frauen durch Zuhälter treffen soll, wird künftig bei der Auslegung des Absatzes 1 der *persönliche* Charakter des Verhältnisses zwischen Dirne und Zuhälter nicht mehr entscheidend sein. In diesem Zusammenhang ist auch bedeutsam, daß das Gewähren von Schutz durch den Zuhälter künftig nicht mehr strafbar sein soll. Die charakteristische persönliche Beziehung zwischen Zuhälter und Dirne ist bisher vor allem deswegen vorausgesetzt worden, weil der Tatbestand andernfalls nicht strafwürdige Personen erfaßt hätte. Als nicht strafwürdig sind z. B. der Freund angesehen worden, der zwar einen Teil seines Lebensunterhalts von der Dirne bezieht, sie jedoch von der Prostitution abbringen will, ferner Personen, die beruflich

Leistungen erbringen, welche der Prostitutionsausübung objektiv „förderlich“ sind (Friseure, Kosmetikerinnen usw.). Daß diese Personen künftig nicht unter Absatz 1 fallen, ist schon durch die neue Fassung der Nummern 1 und 2 gesichert.

Die Strafvorschrift beschränkt sich auf Taten, die Männer im Hinblick auf die Prostitution von Frauen begehen. Es gibt zwar Berichte, wonach Frauen sich im Hinblick auf weibliche Prostituierte zuhälterisch betätigen; es ist möglich, daß dabei ein besonders bedenklicher Druck auf die Dirne ausgeübt wird. Der Entwurf sieht gleichwohl keine Strafvorschrift gegen solche weiblichen Zuhälter vor. Es sollte zunächst weiteres Material gesammelt werden, bevor der Tatbestand in diesem Sinne ausgeweitet wird; wahrscheinlich werden sich erhebliche Schwierigkeiten bei der Abgrenzung zwischen weiblicher Zuhälterei und Abhängigkeiten auf Grund persönlicher (lesbischer) Bindung ergeben. Der Entwurf bezieht außerdem nicht diejenigen Formen der Zuhälterei ein, die sich im Hinblick auf die Prostitution von Männern ergeben können. Insoweit liegt bisher kein ausreichendes Tatsachenmaterial vor. Ein Teil solcher zuhälterischen Handlungen wird als Teilnahme am Vergehen nach § 175 Abs. 1 Nr. 3 strafbar sein.

Der *Versuch* der Zuhälterei, der nach geltendem Recht strafbar war, wird künftig nicht mehr mit Strafe bedroht. Die Versuchsstrafbarkeit hatte schon bisher keine große praktische Bedeutung, da die Rechtsprechung den größten Teil der hier in Betracht zu ziehenden Handlungen als straflose Vorbereitungstaten angesehen hat.

Die Zuhälterei ist nach dem Entwurf nur noch ein Vergehen; die *Strafdrohung* beschränkt sich auf den Strafrahmen, der bisher für mildernde Umstände (§ 181a Abs. 2 StGB) vorgesehen war.

Absatz 2 betrifft den Ehemann, der sich im Hinblick auf die Prostitution seiner Ehefrau im Sinne der Nummern 1 oder 2 des Absatzes 1 betätigt. Solche Verhaltensweisen sind in der Praxis nicht selten. Sie werden nach geltendem Recht überwiegend als strafbar angesehen. Es ist jedoch zweifelhaft, ob in solchen Fällen regelmäßig zuhälterische Beziehungen im Sinne des Absatzes 1 angenommen werden können. Absatz 2 stellt diese Zweifelsfrage in dem Sinne klar, daß der Ehemann in jedem Fall strafbar ist, wenn er im Hinblick auf die Prostitutionsausübung seiner Ehefrau die in Absatz 1 Nr. 1, 2 genannten Handlungen vornimmt. Das Vorliegen zuhälterischer Beziehungen zu seiner Ehefrau braucht bei ihm nicht festgestellt zu werden. Auf diese Weise bleiben die besonders gravierenden Fälle der Ehegattenkuppelei strafbar (vgl. die Vorbemerkung zu den §§ 180, 180a, 181).

Zu § 182 (Verführung)

Die Vorschrift dient dem Schutz der Jugendlichen, deren Entwicklung regelmäßig durch eine frühzeitige Aufnahme des Geschlechtsverkehrs beeinträchtigt werden wird. Im Gegensatz zum geltenden Recht hebt der Entwurf nicht mehr auf das Merkmal der Bescholtenheit ab. Er läßt sich vielmehr von der Erwägung leiten, daß die oft eingehenden Erörterungen des Vorlebens der Jugendlichen im Rahmen des Strafverfahrens zu einer Rufschändung des Opfers führen und damit die weitere Entwicklung des Mädchens negativ beeinflussen können. Darüber hinaus erscheint es sachgerecht, auch dasjenige Mädchen unter sechzehn Jahren vor weiteren Verführungen zu schützen, das bereits sexuelle Beziehungen unterhalten hatte.

Absatz 2 will den Gerichten die Möglichkeit eröffnen, bei einem Täter, der zur Zeit der Tat noch nicht achtzehn Jahre alt war, von Strafe abzusehen. Eine derartige Regelung könnte im Hinblick auf die Vorschriften des Jugendgerichtsgesetzes an sich für entbehrlich gehalten werden. Der Entwurf wollte indes an dieser Stelle besonders darauf hinweisen, daß eine Bestrafung des Beischlafs unter Jugendlichen selbst dort, wo eine Verführung in Frage steht, nicht ohne weiteres und immer angezeigt erscheint.

Zu § 183 (Exhibitionistische Handlungen)

Während nach geltendem Recht exhibitionistische Handlungen unter die allgemeine Strafvorschrift des § 183 StGB (Öffentliche Erregung eines Ärgernisses) fallen, sieht der Entwurf in § 183 einen besonderen Tatbestand der exhibitionistischen Handlung vor. Eine exhibitionistische Handlung nimmt ein Mann vor, der sein entblößtes Glied einem anderen vorweist und allein dadurch oder durch gleichzeitiges Beobachten des anderen oder durch gleichzeitige Masturbation seine sexuelle Erregung oder Befriedigung sucht. In diesem Sinne ist der Begriff der exhibitionistischen Handlung in der medizinischen Wissenschaft hinreichend umrissen. Eine exhibitionistische Handlung ist nicht vorhanden, wenn mit der Entblößung andere als sexuelle Zwecke verfolgt werden, beispielsweise provoziert werden soll. Hier kann jedoch der Tatbestand des § 183a erfüllt sein. An einer exhibitionistischen Handlung fehlt es ferner dann, wenn sich die Entblößung nach dem äußeren Geschehensablauf und nach der Absicht des Täters als Vorbereitung sexueller Kontakte mit körperlicher Berührung darstellt. Hier kommt eine Beleidigung, unter Umständen auch der strafbare Versuch einer Sexualstraftat nach den §§ 174 ff. in Betracht. Keine exhibitionistische Handlung liegt schließlich vor, wenn zwischen demjenigen, der sich entblößt, und der Frau derart enge, zumal intime Beziehungen bestehen, daß der für die exhibitionistische Handlung kennzeichnende Bezug auf ein zunächst unbeteiligtes Gegenüber entfällt.

Der Tatbestand des § 183 trägt den besonderen kriminalpolitischen Problemen Rechnung, die sich im Zusammenhang mit dem Exhibitionismus ergeben. Exhibitionistische Taten sind neben der Unzucht mit Kindern die am häufigsten abgeurteilten Sexualdelikte. Über die Persönlichkeit des Exhibitionisten und seine Handlung ergibt sich aus der wissenschaftlichen Forschung (Giese, Leonhard, Wille u. a.) das folgende Bild:

Exhibitionistische Handlungen sind in der Regel keine schweren Taten. Die Personen, denen der Exhibitionist gegenübertritt, werden meist belästigt, aber nicht nachhaltig geschädigt. In der Mehrzahl der Fälle wahrt der Exhibitionist eine charakteristische Distanz zu seinem Gegenüber. Psychische Schockwirkungen bei den betroffenen Frauen könnten vermieden werden, wenn diese Tatsache bekannter werden würde als bisher. Nur bei einer kleinen Zahl meist junger Täter muß befürchtet werden, daß sie zu einem späteren Zeitpunkt zu schwerer Sexualkriminalität oder zu Gewalttaten übergehen. Die meisten Exhibitionisten sind in beruflicher Hinsicht im Vergleich mit anderen Sexualdelinquenten recht gut eingeordnet. Sie handeln überwiegend unter einem dranghaften Antrieb, der zwar nur in der Minderzahl der Fälle die Anwendung des § 51 StGB rechtfertigt, aber regelmäßig nach einer Therapie verlangt. Die Erfolgsaussichten für die Therapie sind vergleichsweise günstig. Neben der Psychotherapie werden neuerdings medikamentöse Behandlungsmethoden erprobt.

Es könnte erwogen werden, den Exhibitionismus ganz aus dem Strafrecht herauszunehmen und gesundheitsrechtlichen Vorschriften zu unterstellen, die nach dem Muster des Gesetzes zur Bekämpfung der Geschlechtskrankheiten und des Bundes-Seuchengesetzes auch Zwangsmaßnahmen zulassen. Es würden jedoch Bedenken gegen eine Gesetzgebungszuständigkeit des Bundes erhoben werden können, da es sich beim Exhibitionismus möglicherweise nicht um eine gemeingefährliche Krankheit (Artikel 74 Nr. 19 GG) handelt. Außerdem ist es zweifelhaft, ob ohne eine Strafdrohung bei dem Täter ein hinreichend starkes Motiv dafür gesetzt werden kann, daß er sich in ärztliche Behandlung begibt. Ein Strafverfahren bietet auch eher die Möglichkeit, Personen zu erkennen, bei denen sich ausnahmsweise hinter dem vordergründigen Bild des Exhibitionismus gefährliche Triebabweichungen verbergen. Der Entwurf schlägt daher eine Strafvorschrift vor. Sie soll eine sachgemäße ärztliche Behandlung erleichtern. Deswegen unterscheidet sie sich beträchtlich vom bisherigen Recht.

Abweichend von § 183 StGB, jedoch im Einklang mit dem Alternativ-Entwurf (1968, § B 9), bezieht der Tatbestand des Absatzes 1 auch Taten ein, die nicht öffentlich begangen werden. Auch Täter, die nicht öffentlich handeln, bedürfen der Warnung und der Therapie. Eine nicht öffentlich begangene Tat kann die betroffene Frau besonders erschrecken. Die vom Alternativ-Entwurf vorgeschlagene Einschränkung des Tatbestandes auf Handlungen, die „in bedrohlich erscheinender Weise“ vorgenommen werden, erschien nicht tunlich, weil dieses Abgrenzungskriterium nicht eindeutig genug ist und wahrscheinlich den typischen Exhibitionisten gerade ausscheiden würde. Der Entwurf stellt stattdessen auf die Belästigung der Frau ab. Dieses Merkmal setzt voraus, daß die Frau die exhibitionistische Handlung wahrnimmt. Zwischen ihr und dem Täter muß eine derartige räumliche Nähe bestehen, daß sie das Verhalten des Täters auf sich beziehen kann.

Der Tatbestand des § 183 kann nur von Männern erfüllt werden. Geschützt werden nur Frauen unter Einschluß der Mädchen. Soweit sich die Tat als sexuelle Handlung vor Mädchen oder Jungen im Alter von weniger als vierzehn Jahren darstellt, ist § 176 Abs. 5 Nr. 1 anzuwenden. Für exhibitionistische Taten gegenüber männlichen Personen im Alter von mindestens vierzehn Jahren ist keine besondere Strafdrohung vorgesehen. Solche Taten sind selten und dürften die Betroffenen weniger erschrecken als exhibitionistische Handlungen vor Frauen.

Wegen eins Vergehens nach § 183 kann auch im Wiederholungsfall nicht auf Freiheitsstrafe von mehr als einem Jahr erkannt werden; sofern nicht eine Behandlungsauflage (§ 24b Abs. 3 StGB) erforderlich ist, wird oft eine Geldstrafe ausreichen. Die Anwendbarkeit des § 17 StGB ist zwar nicht ausgeschlossen, doch wird es dem Exhibitionisten angesichts seiner seelischen Abnormität nur ausnahmsweise zum Vorwurf gemacht werden können, daß er sich frühere Verurteilungen nicht hat zur Warnung dienen lassen. Die Anordnung von Sicherungsverwahrung kann mit der Verurteilung nach § 183 nicht verbunden werden. Im Hinblick auf die Unterbringung in einer Heil- oder Pflegeanstalt ist mit Rücksicht auf § 42a Abs. 2 StGB größte Zurückhaltung geboten, da die niedrige Strafdrohung anzeigt, daß das Gesetz die Tat nicht als schwer einschätzt. Doch kann unter Umständen die Heilungsaussicht zugunsten der Maßregel ins Gewicht fallen.

Anders als nach geltendem Recht wird die Tat nur auf Antrag verfolgt, falls kein besonderes öffentliches Interesse an der Strafverfolgung besteht (Absatz 2). Vermutlich wird durch das Antragserfordernis eine gewisse Abschichtung zwischen harmlosen und schwereren Fällen eintreten. Das öffentliche Interesse wird vor allem dann zu bejahen sein, wenn anzunehmen ist, daß sich der Verurteilte nur unter dem Druck des Strafverfahrens einer Behandlung unterziehen wird.

Absatz 3 beruht auf folgender Überlegung: Bei Exhibitionisten ist die Rückfallneigung extrem groß. Eine Therapie führt unter Umständen erst nach einer gewissen Zeitspanne, während derer weitere einschlägige Taten begangen werden, zum Erfolg. Sieht der Richter voraus, daß der Täter zunächst noch weitere exhibitionistische Handlungen vornehmen wird, so kann er die Freiheitsstrafe nach allgemeinen Grundsätzen nicht aussetzen. Denn die in § 23 Abs. 1 StGB vorausgesetzte günstige Prognose geht dahin, daß der Täter unter dem Eindruck der Verurteilung, gegebenenfalls mit Hilfe der Weisungen nach §§ 24b, 24c StGB, nach dem Urteil keine Straftaten begehen wird. Hier räumt der neue Absatz 3 dem Richter einen größeren Spielraum ein. Das Gericht wird die Vorschrift nur anwenden, wenn es hinreichende Anhaltspunkte dafür hat, daß der Angeklagte sich einer Heilbehandlung unterziehen wird. Die Vorschrift setzt aber nicht zwingend voraus, daß eine entsprechende Weisung erteilt wird; denn der Umstand, daß die Behandlung vom Gericht angeordnet worden ist, kann erfahrungsgemäß die Erfolgsaussicht z. B. einer psychotherapeutischen Behandlung verschlechtern. Daß der Täter bis zum Erfolg der Therapie weitere exhibitionistische Handlungen vornimmt, wird in Kauf genommen; dies ist um so eher zu rechtfertigen, als die Vollstreckung der Freiheitsstrafe in der Mehrzahl der Fälle eine Therapie vereitelt, mithin dazu führt, daß der Verurteilte nach der Verbüßung seine exhibitionistische Tätigkeit im alten Umfang fortsetzt. Der Satz 2 des Absatzes 3 stellt klar, daß die erweiterte Möglichkeit der Strafaussetzung auch dann gegeben ist, wenn die Tat gleichzeitig gegen andere, nicht mit schwererer Strafe bedrohte Vorschriften (z. B. §§ 183a, 185 StGB) verstößt. Aus Absatz 3 darf nicht der Gegenschluß gezogen werden, daß künftig bei anderen Straftaten höhere Anforderungen an die Sicherheit der Prognose straffreien Verhaltens gestellt werden müssen. Grund für die Vorschrift des Absatzes 3 sind die besonderen Verhältnisse beim Exhibitionismus; sie fallen im Hinblick auf die Größe der Rückfallwahrscheinlichkeit, die geringe Schwere der Rechtsgutverletzung und die Möglichkeiten einer Therapie aus dem Rahmen.

Unter dem Gesichtspunkt der Behandlung des Täters hätte es nahegelegen, die Vorschrift des Absatzes 3 auch in den Fällen des § 176 Abs. 5 Nr. 1 für anwendbar zu erklären. Der Entwurf sieht jedoch davon ab. Denn nach dem derzeitigen Stand der Forschung kann nicht ausgeschlossen werden, daß Kinder durch exhibitionistische Handlungen schwerer gefährdet werden als Personen im Alter von mindestens vierzehn Jahren.

Zu § 183a (Erregung öffentlichen Ärgernisses)

Das geltende Recht bedroht in § 183 StGB denjenigen mit Strafe, der durch eine unzüchtige Handlung öffentlich ein Ärgernis gibt. Der Entwurf trifft in § 183 eine Sonderregelung für Exhibitionisten. Die sonst strafwürdigen Fälle sind in der Vorschrift des § 183a zusammengefaßt, die gegenüber dem geltenden Recht eingeschränkt ist. Die Einschränkung betrifft die subjektive Tatseite. Der bedingte Vorsatz soll künftig hinsichtlich der Ärgerniserregung nicht ausreichen. Bestraft werden soll nur noch der Provokateur, also derjenige, der durch eine öffentlich vorgenommene sexuelle Handlung ein Ärgernis erregt und dies absichtlich oder wissentlich tut. Die Vorschrift schützt damit den Anspruch des durch die Tat Betroffenen auf Achtung seiner Anschauungen. Vom Schutzzweck der Vorschrift nicht erfaßt sind sexuelle Handlungen, die vor Personen vorgenommen werden, die in Einzelheiten oder zumindest allgemein auf derartige Vorkommnisse vorbereitet sind und die gerade die Konfrontation mit ihnen suchen.

Der Entwurf stellt ebenso wie das geltende Recht darauf ab, daß bei einem anderen ein Ärgernis eintritt. Diese Fassung hat zwar den Nachteil, daß der Umstand, ob jemand ein Ärgernis genommen hat, oft vom Zufall abhängt und schwer zu beweisen ist. Wegen dieser Bedenken hatte der Entwurf 1962 (§ 219) darauf abgestellt, ob die Handlung „geeignet ist, Ärgernis zu erregen". Der Entwurf sieht jedoch von dieser Erweiterung des Tatbestandes ab, um die Fälle versuchter Provokation – also die Fälle, in denen der gewollte Verletzungserfolg nicht eingetreten ist – auszuscheiden. Um diese restriktive Auslegung sicherzustellen, müssen die genannten Nachteile der Tatbestandsfassung in Kauf genommen werden.

Das Höchstmaß der angedrohten Freiheitsstrafe ist gegenüber dem geltenden Recht, das Freiheitsstrafe bis zu zwei Jahren vorsieht, ermäßigt worden. Freiheitsstrafen bis zu einem Jahr reichen auch für besonders schwerwiegende Fälle aus.

Zu § 184 (Pornographische Schriften)

Die vorgeschlagene Vorschrift engt die im geltenden Recht in § 184 Abs. 1 Nr. 1, 1a und 2 StGB enthaltene umfassende Strafdrohung gegen das Verbreiten unzüchtiger Schriften – abgesehen von den Fällen des vorgeschlagenen § 184a – auf den Schutz zweier eng umgrenzter Rechtsgüter, nämlich den Jugendschutz und den Schutz des ohne seinen Willen pornographischen Erzeugnissen Gegenübergestellten, ein. Sie gibt damit den aus den Vorstellungen des 19. und des beginnenden 20. Jahrhunderts gewachsenen, seinerzeit weltweit vertretenen Gedanken auf, daß pornographische Erzeugnisse schlechthin gemeinschaftsschädlich und daher mit strafrechtlichen Mitteln zu unterdrücken seien. Die Vorschrift macht es erforderlich, die Internationale Übereinkunft vom 12. September 1923 zur Bekämpfung der Verbreitung und des Vertriebs unzüchtiger Veröffentlichungen (Reichsgesetzbl. 1925 II S. 287)[1] seitens der Bundesrepublik Deutschland zu kündigen; wegen des hierdurch bedingten Aufschubs des Inkrafttretens der neuen Vorschrift ist auf die Bemerkungen zu Artikel 9 zu verweisen.

Die Vorschrift beruht auf der Erwägung, daß die in der Vergangenheit vertretene Auffassung von der schlechthin gegebenen Gemeinschaftsschädlichkeit pornographischer Erzeugnisse keine genügende Grundlage eines umfassenden Verbots ist. Es ist nicht empirisch erforscht, welche Folgen es hat, wenn ein Mensch über längere Zeiträume immer wieder pornographischem Material ausgesetzt ist. Soweit auf diesem Gebiete sexualwissenschaftliche Untersuchungen angestellt worden sind, betreffen sie nur die Folgen einer kurzzeitigen Konfrontation mit pornographischem Material. Dieses Fehlen wissenschaftlich gesicherter Erkenntnisse zwingt zu einer Abwägung zwischen der – weder bewiesenen, noch auszuschließenden – Möglichkeit gemeinschaftsschädlicher Auswirkungen der Pornographie einerseits und sonstigen Interessen andrerseits: Soweit die Verletzung besonders hoch zu bewertender Rechtsgüter droht oder die Gefahr einer Verletzung eines Rechtsgutes besonders nahe liegt, muß die Freiheit des einzelnen, sich

1 S. o. S. 63 f. (Anm. des Hrsg.).

derartige Erzeugnisse zu beschaffen, zurücktreten. Dies gilt für die Fälle des Jugendschutzes und den Schutz desjenigen, der ohne seinen Willen derartigen Erzeugnissen gegenübergestellt wird, in gleicher Weise aber auch für die Regelung des § 184a. In den übrigen Fällen verdient jedoch die Freiheit jedes erwachsenen Staatsbürgers, selbst zu bestimmen, was er betrachten und lesen will, gegenüber der Rücksicht auf eine mögliche Gemeinschaftsschädlichkeit dieser Erzeugnisse den Vorzug. Diese Abwägung soll auch für den Umfang des strafrechtlichen Schutzes der weiterhin als schutzbedürftig angesehenen Rechtsgüter gelten: Wenn ein lückenloser Jugendschutz in der Praxis nur durch ein uneingeschränktes strafrechtliches Verbot der Verbreitung pornographischer Erzeugnisse sichergestellt werden könnte, dann wäre gleichwohl ein so weit in das Vorfeld des geschützten Rechtsgutes vorgezogener Strafschutz nach den geschilderten Abwägungsmaßstäben nicht zu rechtfertigen. Im übrigen strebt der Entwurf einen wirksamen Jugendschutz an. Die Strafverfolgungsbehörden, die heute durch das allgemeine Verbreitungsverbot des § 184 StGB überfordert sind, sollen in die Lage versetzt werden, sich auf den Jugendschutz zu konzentrieren. Bei energischer Durchsetzung des neuen § 184 Abs. 2 müssen manche Schriften und Abbildungen, die heute an Kiosken ausgehängt oder in Läden ausgelegt sind, künftig von dort entfernt werden.

Die vorgeschlagene Vorschrift verwendet anstelle des im geltenden Recht benutzten Begriffs „unzüchtige Schrift" den Begriff „pornographische Schrift". Gegen den Begriff „unzüchtige Schrift" i. S. des § 184 StGB sind Bedenken wegen seine Unbestimmtheit erhoben worden. Der Wandel in der Auslegung dieses Begriffs vermag solche Bedenken zu unterstreichen. Ferner sprechen gegen den Begriff „unzüchtige Schrift" dieselben Gründe, die auch bei den anderen Tatbeständen des Sexualstrafrechts Anlaß geben, den Unzuchtsbegriff aufzugeben (vgl. die Vorbemerkung zu Artikel 1 Nr. 12). Das Merkmal „pornographisch" ist stärker auf die neuere Sexual- und Literaturwissenschaft bezogen. Die dort vorgeschlagene Unterscheidung zwischen Pornographie einerseits und literarischer Aussage – auch obszöner Art – andererseits bietet sich als Hinweis für die Auslegung an. Unter Berücksichtigung dieser wissenschaftlichen Arbeiten sowie der Rechtsprechung des Inlandes (BGHSt. 23, 40)[1] wie des Auslandes (zumal des Supreme Court der Vereinigten Staaten von Amerika) wird man eine Darstellung für pornographisch halten können, die

1. keine gedanklichen Inhalte, mögen diese auch anstößig oder schockierend sein, übermitteln, sondern einen sexuellen Reiz auslösen soll und dabei

2. die im Einklang mit allgemeinen gesellschaftlichen Wertvorstellungen gezogenen Grenzen des sexuellen Anstandes eindeutig überschreitet.

Der Entwurf geht davon aus, daß eine solche Begriffsbestimmung nicht wesentlich von der Auslegung abweicht, die der Bundesgerichtshof neuerdings dem Begriff der unzüchtigen Schrift gegeben hat („Fanny-Hill-Urteil", BGHSt. 23, 40)[1].

Die in der vorgeschlagenen Vorschrift enthaltenen, dem Jugendschutz dienenden Bestimmungen überschneiden sich weithin mit entsprechenden Vorschriften des Gesetzes über die Verbreitung jugendgefährdender Schriften in der Fassung der Bekanntmachung vom 29. April 1961 (Bundesgesetzbl. I S. 497). Diese Überschneidung ist bewußt in Kauf genommen worden, da eine Reform des § 184 StGB vordringlich erscheint, die Reform des Gesetzes über die Verbreitung jugendgefährdender Schriften indessen zwar beabsichtigt ist, aber voraussichtlich noch eingehender Vorbereitungen bedarf.

Absatz 1 Nr. 1 erfaßt die Tathandlungen, durch die pornographische Schriften, Tonträger, Abbildungen oder Darstellungen Kindern oder Jugendlichen (vgl. § 1 Abs. 2 JGG) unmittelbar zugänglich gemacht werden. Das „Anbieten" entspricht dem „Feilbieten" in § 3 des Gesetzes über die Verbreitung jugendgefährdender Schriften. Bei der Begehung durch „Überlassen" kommt es dem Schutzgut entsprechend nicht darauf an, ob dies entgeltlich oder unentgeltlich erfolgt. Durch das Merkmal „sonst zugänglich macht" werden z. B. Fälle erfaßt, in denen der Täter die Schrift

1 S. o. S, 77 ff. (Anm. des Hrsg.).

in einem Raum auslegt und dabei weiß oder in Kauf nimmt, daß sie dort von Kindern oder Jugendlichen gelesen wird.

Absatz 1 Nr. 2 bedroht denjenigen mit Strafe, der eine pornographische Schrift usw. einem anderen unverlangt zusendet oder sonst an ihn gelangen läßt, ohne von ihm hierzu aufgefordert worden zu sein. Die Bestimmung wendet sich insbesondere gegen bestimmte Werbemethoden für derartige Erzeugnisse, bei denen Musterexemplare oder Prospekte, die Auszüge aus pornographischen Texten oder einzelne pornographische Abbildungen enthalten, anhand von Adressenlisten mit der Post versandt werden. Der Empfänger einer solchen Sendung kann sich der Gegenüberstellung mit diesen Texten oder Abbildungen nicht entziehen, weil er Nachteile im Rechtsverkehr befürchten muß, wenn er nicht alle an ihn gerichteten Sendungen öffnet und zur Kenntnis nimmt.

Derartige Handlungen, die in aller Regel lediglich dem kommerziellen Interesse des Absenders dienen, sind ein einschneidender Eingriff in die Intimsphäre des Betroffenen. Sie sind nach den in der Vergangenheit von der Rechtsprechung zur Frage der unverlangten Zusendung von Werbeschriften für Sexualhilfsmittel entwickelten Grundsätzen auch ehrverletzend (vgl. BGHSt. 11, 67). Mögen auch diese Grundsätze hinsichtlich bloßer Werbeschriften, auch solcher für den Bezug pornographischer Erzeugnisse, angesichts einer in geschlechtlichen Dingen toleranter gewordenen Öffentlichkeit dem Wandel unterworfen sein, so gilt dies doch nicht für die Zusendung solcher Erzeugnisse, die selbst pornographisch sind. Vor derartigen groben Eingriffen in seine Intimsphäre auch mit strafrechtlichen Mitteln geschützt zu werden, gehört zu den Rechten des Staatsbürgers (vgl. Artikel 1 Abs. 1 Satz 2 GG).

Hinzu kommt, daß derartige Handlungen unter dem Gesichtspunkt des Jugendschutzes gefährlich sind. Werden solche Schriften wahllos an Anschriften anhand einer Adressenliste gesandt, so läßt es sich nicht vermeiden, daß sie auch Kindern und Jugendlichen in die Hände fallen.

Absatz 1 Nr. 3 entspricht den in § 184 Abs. 1 Nr. 1a StGB enthaltenen Bestimmungen. Doch wurde die Beschreibung der Tathandlungen der neueren Gesetzgebungstechnik in entsprechenden Vorschriften angepaßt (vgl. § 86 Abs. 1 StGB sowie die Begründung zu § 184a). Die Bestimmung erfaßt nicht schlechthin die Herstellung usw. pornographischer Erzeugnisse, sondern nur solche Handlungen, die auf eine der in den Nummern 1 und 2 erfaßten Begehungsweisen abzielen, wie z. B. die Herstellung von vornherein für Schüler bestimmten Schriften oder von für Nichtbesteller bestimmten pornographischen Werbematerial. Die Vorschrift ist auch anwendbar, wenn der Täter beabsichtigt, das Werbematerial unmittelbar durch Einfuhr an einen anderen gelangen zu lassen, ohne hierzu aufgefordert zu sein.

Absatz 2 ergänzt die Jugendschutzvorschrift des Absatzes 1 Nr. 1. Sie richtet sich dagegen, daß der Inhalt der Schriften usw. auf andere Weise in den Wahrnehmungsbereich von Kindern oder Jugendlichen gelangt. Strafbar ist bei Schriften das Ausstellen, Anschlagen oder Vorführen gerade der pornographischen Texte, also nicht etwa nur das Ausstellen der Schrift mit einem neutralen Umschlag im Schaufenster einer Buchhandlung (Nummer 1). In gleicher Weise auf die Wiedergabe gerade des pornographischen Inhalts beschränkt ist die Nummer 2 hinsichtlich der Tonträger: Strafbar ist lediglich das Abspielen. In allen Fällen des Absatzes 2 muß die Tat an einem Ort begangen werden, der für Kinder oder Jugendliche zugänglich ist, so daß Handlungen an anderen, nur Erwachsenen zugänglichen und von Jugendlichen auch nicht einsehbaren Örtlichkeiten von der Bestimmung nicht erfaßt werden.

Wenn auch den vorgeschlagenen Bestimmungen zum Schutze der Entwicklung von Kindern und Jugendlichen der Gedanke zugrunde liegt, daß derartige Erzeugnisse geeignet sind, einer verantwortungsbewußten Sexualerziehung entgegenzuwirken und die Folgen einer fehlerhaften Sexualerziehung zu vergröbern, so soll doch die Sexualerziehung selbst nicht behindert werden. Zur Sexualerziehung kann es gehören, daß Jugendliche anhand von Anschauungsmaterial über die Wertlosigkeit der Pornographie aufgeklärt werden. Deshalb sieht der vorgeschlagene Absatz 3 ein im Gegensatz zu § 21 Abs. 3 des Gesetzes über die Verbreitung jugendgefährdender Schriften als Tatbestandsausschluß gestaltetes Erzieherprivileg vor. Es nimmt den zur Personensorge Berechtigten von der Strafdrohung aus. Auf Dritte trifft es nur insoweit zu, als sie mit Einwilligung des Personensorgeberechtigten handeln, da in diesem Bereich der Sexualerziehung die Entscheidung über die Angemessenheit der Mittel dem zur Personensorge Berechtigten vorbehalten bleiben sollte.

Die Strafdrohung entspricht der des geltenden Rechts.

Zu § 184a (Sadistische und pädophile Schriften)

Pornographische Schriften massiver Art sind bisher überwiegend aus dem Ausland eingeführt worden. Wahrscheinlich werden sie nach dem Inkrafttreten des neuen § 184 in erheblichem Umfang von inländischen Produzenten hergestellt werden. Der größere Umsatz sowie der Wegfall des Einziehungsrisikos und der Transportkosten werden vermutlich zu einem Sinken der Preise führen. Es ist danach zu erwarten, daß das pornographische Material einen größeren Personenkreis erreichen wird als bisher. Trotz der Vorschrift des § 184 wird eine vollständige Abschirmung der Kinder und Jugendlichen nicht möglich sein; es muß u. a. damit gerechnet werden, daß das weit gestreute und billiger gewordene Material häufiger weggeworfen und von Kindern und Jugendlichen in der Öffentlichkeit oder im Haushalt der Eltern gefunden wird.

Im Hinblick auf die durchschnittliche Pornographie nimmt der Entwurf solche Folgen in Kauf, weil die Gründe für die Lockerung des bisherigen Verbots insoweit Vorrang haben. Für diejenigen pornographischen Schriften, Tonträger, Abbildungen und Darstellungen, die Gewalttätigkeiten oder den Mißbrauch von Kindern zum Gegenstand haben, gilt dies jedoch nicht. Bei diesem Material, das neuerdings in steigendem Umfang gehandelt wird, ist das mit einer weiten Streuung verbundene Risiko so groß, daß die Verbreitung und die Herstellung zum Zwecke der Verbreitung strafbar bleiben müssen. Hierfür sprechen besonders zwei Erwägungen.

1. Wenn die wissenschaftliche Hypothese zutrifft, daß pornographisches Material nur zu solchen sexuellen Handlungen anregt, die dem sexuellen Verhaltensmuster des Betrachters ohnehin eigentümlich sind, dann spricht das zwar für die Ungefährlichkeit einer Pornographie, die normales Sexualverhalten schildert, und möglicherweise auch dafür, daß gewalttätig-pornographische oder pädophile Darstellungen auf den normalen Betrachter nicht kriminogen wirken. Jene Hypo-

these legt aber andererseits die Befürchtung nahe, daß Personen, die ohnehin zu einer Sexualbetätigung mit gewalttätig-sadistischem oder pädophilem Einschlag neigen, durch das einschlägige pornographische Material gerade zu einer solchen sexuellen Betätigung aktiviert werden. Für diese Befürchtung gibt es zwar bisher keinen eindeutigen wissenschaftlichen Beweis; ebensowenig ist es aber gesichert, daß sie unbegründet ist. Die in Dänemark gesammelten Erfahrungen vermögen einstweilen nichts zu dieser Frage beizutragen: Dort ist die Pornographie, zumal die Bildpornographie, erst eine zu kurze Zeit erlaubt, als daß schon Auswirkungen für die Kriminalitätsentwicklung zuverlässig festgestellt werden könnten. Im übrigen ist nach den bisher eingegangenen amtlichen Mitteilungen über die in Kopenhagen angezeigten Straftaten die Zahl der vollendeten Notzuchtsdelikte zwischen 1967 und 1969 leicht gestiegen; die Zahl der Fälle von Unzucht mit Kindern ist im gleichen Zeitraum konstant geblieben. Nur die Zahl der versuchten Notzuchtstaten ist nach einem Anstieg im Jahre 1968 im folgenden Jahre gesunken. Neuere amtliche Zahlen aus Dänemark liegen nicht vor.

Unter diesen Umständen kann die Möglichkeit, daß die Freigabe des einschlägigen Materials sexuellen Gewalttaten oder dem sexuellen Mißbrauch von Kindern Vorschub leistet, nicht ausgeschlossen werden. Ein solches Risiko darf das Gesetz nicht eingehen. Vorrangige Interessen, die die Hinnahme des Risikos fordern könnten, sind nicht vorhanden.

2. Unabhängig davon, ob das in § 184a bezeichnete Material kriminalitätsfördernd wirken kann oder nicht, ist die Möglichkeit nicht auszuschließen, daß junge Menschen einschließlich der Heranwachsenden und jungen Erwachsenen in ihrer seelischen Entwicklung und in ihrer sozialen Orientierung beeinträchtigt werden, wenn ihnen dieses Material infolge seiner breiten Streuung leichter zugänglich wird. Daß die Darstellung von Gewalttätigkeiten unter bestimmten Voraussetzungen solche Wirkungen hat, wird in der Wissenschaft überwiegend anerkannt. Die wissenschaftlichen Untersuchungen beziehen sich allerdings durchweg nicht auf pornographische Darstellungen von Gewalttätigkeiten. Doch ist zu be-

fürchten, daß der pornographische Rahmen einer solchen Darstellung die Gefahr nicht mindert, sondern eher erhöht. Denn es liegt nahe anzunehmen, daß der junge Mensch durch eine Darstellung von Gewalttätigkeiten besonders angesprochen wird, wenn sie zugleich auf sein sexuelles Interesse abzielt. Mag auch die erwähnte Hypothese zutreffen, daß pornographische Darstellungen nicht zu einem vom gewohnten Muster abweichenden Sexualverhalten anregen: Jedenfalls besteht die Gefahr, daß Schilderungen, die die Gewalttätigkeit durch eine pornographische Einkleidung interessant machen, bei dem Betrachter diejenigen Schranken abbauen, die im sozialen Zusammenleben der Anwendung von Gewalt entgegenstehen (vgl. die amtliche schwedische Denkschrift „Yttrandefrihetens gränser" [Grenzen der Meinungsfreiheit], Stockholm 1969, Statens offentliga utredningar 1969: 38, S. 60). Daß aus mannigfachen Gründen, u. a. wegen der Schwierigkeit der Tatbestandsumschreibung, bisher kein allgemeines strafrechtliches Verbot gewaltverherrlichender Schriften ergangen ist, stellt keinen Grund dar, auch für den hier in Rede stehenden, besser abgrenzbaren Teilbereich auf eine Strafdrohung zu verzichten. Außerdem können pornographische Schilderungen von Notzuchtsakten, Marterungen und dgl. die soziale Orientierung junger Menschen auch deswegen verwirren, weil sie in besonders krasser Weise die Frau als bloßen Gegenstand der Triebbefriedigung darstellen.

Das Verbot des § 184a wird zwar auch in Zukunft die Verbreitung von pornographischem Material mit gewalttätigem oder pädophilem Inhalt nicht ganz unterbinden können. Jedoch wird es einer breiten Streuung des Materials entgegenwirken. Das Verbot der Herstellung pädophiler Darstellungen soll außerdem verhüten, daß Kinder als Modelle für einschlägige fotografische Aufnahmen mißbraucht werden.

§ 184a ist nur anwendbar, wenn die Darstellung der Gewalttätigkeiten oder des sexuellen Mißbrauchs von Kindern pornographischen Charakter hat; das Merkmal „pornographisch" ist hier ebenso auszulegen wie in § 184 (vgl. die Begründung zu § 184). Als Gewalttägigkeiten kommen neben der Vergewaltigung und der sexuellen Nötigung auch Tötungen und Körperverletzungen in Betracht. Die Vorschrift richtet sich in erster Linie gegen Abbildungen (Fotografien, Zeichnungen) mit erkennbar sadistischem Einschlag; das zur Zeit illegal gehandelte Material schließt Folterungen, das Abschneiden von Körperteilen und dgl. ein. Auch geschriebene Darstellungen können unter die Vorschrift fallen.

Die Umschreibung der Tathandlung lehnt sich an § 86 Abs. 1 StGB an (vgl. auch § 184 Abs. 1 Nr. 3). Hersteller im Sinne der Nummer 2 ist auch, wer das Material vervielfältigt. Ebenso wie die bisher in § 184 Abs. 1 Nr. 1a StGB bezeichneten Handlungen sind das Herstellen und Vorrätighalten sowie die Einfuhr und der Ausfuhrversuch nur strafbar, wenn eine Verbreitung durch den Täter oder durch Dritte beabsichtigt ist. Der Entwurf klärt eine bei der Auslegung des § 184 Abs. 1 Nr. 1a StGB entstandene Zweifelsfrage: Nummer 2 ist auch anzuwenden, wenn der Täter gerade durch die Einfuhr verbreiten will. Die in § 184a bezeichneten Erzeugnisse fallen ausnahmslos auch unter den Begriff der pornographischen Schriften, Tonträger, Abbildungen und Darstellungen nach § 184. Der Straftatbestand des § 184 tritt ergänzend neben § 184a; § 184a ist nicht etwa eine den Sachverhalt abschließende Spezialvorschrift.

Der bisherige § 184a StGB entfällt. Im Hinblick auf Schriften, „welche, ohne unzüchtig zu sein, das Schamgefühl gröblich verletzen" (§ 184a StGB), bedarf es keiner besonderen Vorschrift; es kann bei den Vorschriften des Gesetzes über die Verbreitung jugendgefährdender Schriften sein Bewenden haben.

Zu § 184b (Begriffsbestimmung)

Wegen der Begriffsbestimmung wird auf die Vorbemerkung zu Artikel 1 Nr. 12 verwiesen.

Die Vorschrift des bisherigen § 184b StGB (ärgerniserregende Mitteilungen aus nichtöffentlichen Gerichtsverhandlungen) entfällt; sie hat keine praktische Bedeutung erlangt.

Zu Nummer 14 (§ 235 Abs. 2 Satz 2 StGB)

§ 235 Abs. 2 StGB trifft eine Regelung für die besonders schweren Fälle der Kindesentziehung. Nach § 235 Abs. 2 Satz 2 StGB liegt ein besonders schwerer Fall in der Regel vor, wenn der Täter aus Gewinnsucht oder in der Absicht handelt, den Minderjährigen zur Unzucht zu bringen. Der Entwurf sieht die ersatzlose Streichung des Regelbeispiels „zur Unzucht zu bringen“ vor. Die Fälle, in denen der Täter in der Absicht handelt, den Minderjährigen zur Unzucht zu bringen, sind für den Tatbestand des § 235 StGB, der das Sorgerecht der Eltern, des Vormundes oder Pflegers schützt, nicht typisch. Liegt ein solcher Fall ausnahmsweise vor, so ist über § 235 Abs. 2 StGB, dessen Regelbeispiele nicht vollständig sind, die Möglichkeit zur Strafverschärfung gegeben.

Zu Nummer 15 (§§ 236 und 237 StGB)

In den §§ 236 und 237 StGB sind die Worte „zur Unsucht“ durch die Worte „zu außerehelichen sexuellen Handlungen“ zu ersetzen. Eine Erweiterung der Strafbarkeit gegenüber dem bisherigen Recht ist im Hinblick auf die Begriffsbestimmung des Merkmals „sexuelle Handlungen“ (§ 184b) nicht zu befürchten. Durch die Tatbestandsfassung ist klargestellt, daß in § 236 StGB außereheliche sexuelle Handlungen mit dem Täter oder einem Dritten, dagegen in § 237 StGB nur Handlungen mit dem Täter gemeint sind.

Artikel 2

Grob anstößige Anpreisungen

Die vorgeschlagene Vorschrift tritt an die Stelle des § 184 Abs. 1 Nr. 3, 3a und 4 StGB.

Der Vorschrift liegen ähnliche Erwägungen wie den §§ 183a, 184 Abs. 1 Nr. 2 StGB i. d. F. des Artikels 1 Nr. 12 zugrunde. Wer öffentlich fremden oder eigenen sexuellen Verkehr in anstößiger Weise anbietet, belästigt andere. Denn bei der Mehrheit der Bevölkerung werden tiefverwurzelte Empfindungen verletzt, wenn sexuelle Handlungen wie Ware angeboten oder in ähnlich anstößiger Weise angepriesen werden. Dieses Empfinden, das weithin den Wertungen des Grundgesetzes entspricht, verdient Schutz, und zwar unabhängig davon, wie die in Rede stehenden sexuellen Handlungen selbst zu bewerten sind. Da eine Verletzung jenes Empfindens im Einzelfall schwer festgestellt werden kann, ist die Vorschrift als eine durch den Begriff „in grob anstößiger Weise" umrissene Gefährdungsvorschrift aufgebaut. Unter diesen Umständen ist allerdings eine Strafvorschrift nicht angemessen; es wird daher eine Bußgelddrohung vorgeschlagen.

Absatz 1 Nr. 1 erfaßt das grob anstößige Erbieten, außerehelichen sexuellen Verkehr zu vermitteln oder ihm durch Gewähren oder Verschaffen von Gelegenheit Vorschub zu leisten. Hierdurch soll insbesondere einer Werbung für Dirnenwohnheime und ähnliche Einrichtungen entgegengetreten werden, mit der Prostituierte wie Handelsware angepriesen werden. Ferner richtet sich die Vorschrift gegen eine Werbung von Gaststätten, Reiseunternehmen und dgl., mit der in grob anstößiger Art auf kupplerische Dienste hingewiesen wird. Der Begriff „sexueller Verkehr" setzt körperliche Kontakte voraus; gemeint sind sowohl der Beischlaf als auch andere intensive sexuelle Kontakte.

Absatz 1 Nr. 2 wendet sich insbesondere gegen Anzeigen, in denen Angebote zum außerehelichen sexuellen Verkehr in grob anstößiger Form, z. B. unter grob anstößiger Anpreisung der körperlichen Eigenschaften oder Neigungen des Sexualpartners, gemacht werden. Da es lediglich auf die Bekanntgabe solcher Angebote ankommt, trifft die Bestimmung auch denjenigen, der für die Veröffentlichung solcher Angebote im Anzeigenteil einer Zeitung verantwortlich ist. Es kommt nicht darauf an, ob die Angebote ernst gemeint sind oder nur zum Schein veröffentlicht werden.

Absatz 2 richtet sich gegen die grob anstößige Werbung für Mittel oder Gegenstände, die dem sexuellen Gebrauch dienen, also nach ihrer Art und Beschaffenheit dazu bestimmt sind, im Zusammenhang mit oder im Hinblick auf sexuelle Handlungen gebraucht zu werden. Hierzu gehören zunächst Mittel und Gegenstände, die der Verhütung von Geschlechtskrankheiten sowie der Verhütung der Empfängnis dienen. Für sie darf schon jetzt in einer „Sitte oder Anstand" nicht verletzenden Weise geworben werden. Eine Sitte oder Anstand verletztende Werbung ist gemäß § 184 Abs. 1 Nr. 3a StGB mit Strafe bedroht. Die neue Vorschrift sieht lediglich eine Ordnungswidrigkeit vor. Unberührt bleibt das Verbot, für ein nur auf ärztliche Verschreibung verkäufliches Mittel außerhalb der Fachkreise zu werben (Artikel 1 § 8 i. V. m. § 13 Abs. 1 Nr. 5 des Gesetzes über die Werbung auf dem Gebiete des Heilwesens vom 11. Juli 1965 – Bundesgesetzbl. I S. 604 –).

Absatz 2 betrifft ferner Mittel und Gegenstände, die der Erregung oder Steigerung des sexuellen Reizes dienen (Reizpräservative, Gliedstützen, Masturbationsgeräte und dgl.). Diese Gegenstände dürfen zwar schon jetzt hergestellt und verkauft werden; es ist jedoch z. Z. verboten, sie dem Publikum anzukündigen, anzupreisen oder durch Ausstellung zugänglich zu machen (§ 184 Abs. 1 Nr. 3 StGB). Künftig soll auch bei diesen Gegenständen die Werbung und Ausstellung zulässig sein, falls sie nicht in grob anstößiger Weise vorgenommen wird. Es muß dem einzelnen überlassen bleiben, ob er sich solcher Mittel bedienen will oder nicht. Die Rechtsordnung hat keinen Grund, die Werbung für diese Mittel zu unterbinden, sofern sie nicht grob anstößig ist. Ob die Werbung grob anstößig ist, kann sich stets nur aus der Gesamtheit der Umstände des Falles ergeben. Handelt es sich z. B. um bestimmte Masturbationsmittel, so dürfte bereits das unverhüllte Ausstellen an einer für jedermann sichtbaren Stelle grob anstößig sein. Im übrigen wird sich die Anstößigkeit aus der Art der Aufmachung oder des werbenden Hinweises ergeben. Gleiches gilt auch für die Werbung durch Schriften, Tonträger, Abbildungen oder Darstellungen.

10. Stellungnahme des Bundesrates

Anlage 2 zur Bundestagsdrucksache VI/1552

(Auszug)

5. *Zu Artikel 1 Nr. 11* (§ 173)

§ 173 ist wie folgt zu fassen:

„§ 173

(1) Wer mit einem Verwandten absteigender Linie den Beischlaf vollzieht, wird mit Freiheitsstrafe bis zu drei Jahren bestraft.

(2) Wer mit einem Verwandten aufsteigender Linie den Beischlaf vollzieht, wird mit Freiheitsstrafe bis zu zwei Jahren bestraft. Ebenso werden Geschwister bestraft, die miteinander den Beischlaf vollziehen."

Begründung

Es besteht kein Bedürfnis, die Strafdrohung für die Verwandten absteigender Linie und für Geschwister über das im geltenden Recht vorgesehene Höchstmaß hinaus zu erhöhen. Die Streichung des Absatzes 3 ist erforderlich, da es nicht in allen Fällen angebracht ist, Verwandte absteigender Linie und Geschwister, die zur Zeit der Tat noch nicht 18 Jahre alt waren, von einer Bestrafung wegen Blutschande freizustellen. In den Fällen, in denen ein Absehen von Strafe sachgemäß ist, reichen die Möglichkeiten des Jugendgerichtsgesetzes aus.

6. *Zu Artikel 1 Nr. 12* (§ 174)

a) In § 174 Abs. 1 Nr. 2 sind nach den Worten „zur Erziehung" die Worte „. . ., zur Ausbildung" einzufügen.

Begründung

Auch in den Fällen, in denen nicht ein Erziehungs-, sondern ein Ausbildungsverhältnis besteht, ist ein Bedürfnis vorhanden, den sexuellen Mißbrauch der Abhängigkeit unter Strafe zu stellen.

b) In § 174 Abs. 1 Nr. 2 sind die Worte „unter Mißbrauch der Abhängigkeit oder“ durch die Worte „unter Mißbrauch einer durch das Erziehungs-, Ausbildungs- oder Betreuungsverhältnis begründeten Abhängigkeit oder“ zu ersetzen.

Begründung

Der Grund der Abhängigkeit sollte, wie dies auch in § 174b geschieht, zur Klarstellung genannt werden.

c) In § 174 Abs. 1 ist folgende Nummer 4 einzufügen:

„4. an seinem Stiefkind unter einundzwanzig Jahren, es sei denn, daß die Ehe mit dem Elternteil des Kindes nicht mehr besteht,“

als Folge dieser Einfügung sind in § 174 Abs. 2 die Worte „Nr. 1 bis 3“ durch die Worte „Nr. 1 bis 4“ zu ersetzen.

Begründung

Gerade bei Stiefkindern ist erfahrungsgemäß die Gefahr des sexuellen Mißbrauchs besonders groß. Der Begriff „Kind“ in § 174 Abs. 1 Nr. 3 kann nicht dahin ausgelegt werden, daß darunter auch Stiefkinder fallen.

7. *Zu Artikel 1 Nr. 12* (§ 174a)

a) Zu § 174a Abs. 1

Im weiteren Verlauf des Gesetzgebungsverfahrens sollte geprüft werden, ob nicht auch die Fälle, in denen Personen zur Ausbildung oder Erziehung anvertraut sind, in § 174a Abs. 1 ausdrücklich angeführt werden sollten.

b) Zu § 174a Abs. 2 (neu)

In § 174a ist folgender Absatz 2a einzufügen:

„(2a) Wer unter den Voraussetzungen der Absätze 1 und 2 sexuelle Handlungen

1. vor dem Schutzbefohlenen vornimmt oder

2. vor sich von dem Schutzbefohlenen vornehmen läßt,

um sich oder den Schutzbefohlenen sexuell zu erregen, wird mit Freiheitsstrafe bis zu drei Jahren bestraft."

Begründung

Wie in den Fällen des § 174 besteht auch bei § 174a ein Bedürfnis, die Vornahme sexueller Handlungen vor den nach § 174a Abs. 1 und 2 Schutzbefohlenen mit Strafe zu bewehren; das gleiche gilt, wenn der Täter solche Handlungen vor sich von einem dieser Schutzbefohlenen vornehmen läßt.

8. *Zu Artikel 1 Nr. 12* (§ 174b)

§ 174b ist wie folgt zu fassen:

„§ 174b

Wer als Beamter an einem anderen, der im Hinblick auf die künftige Vornahme oder Unterlassung einer hoheitlichen Amtshandlung von ihm abhängig ist, unter Mißbrauch dieser Abhängigkeit sexuelle Handlungen vornimmt oder solche Handlungen an sich von einem anderen vornehmen läßt, wird mit Freiheitsstrafe von drei Monaten bis zu fünf Jahren bestraft."

Begründung

Der Regierungsentwurf geht in seiner Begründung zu § 174b zutreffend davon aus, daß in bestimmten Fällen nach wie vor ein Bedürfnis besteht, den Bürger gegen sexuellen Mißbrauch zu schützen, der unter Ausnutzung einer Amtsstellung erfolgt. In der von der Bundesregierung vorgeschlagenen Fassung werden jedoch aus der Vielzahl möglicher Zwangssituationen nur einige Fälle herausgegriffen, deren Auswahl nicht überzeugend begründet ist. Nicht nur in Straf- oder Unterbringungsverfahren hängt von der Entscheidung des Gerichts oder der Verwaltungsbehörde für den einzelnen sehr viel ab; es gibt vielmehr weitere Fälle, bei denen von einer hoheitlichen Entscheidung die wirtschaftliche Existenz oder das familiäre Glück des einzelnen unmittelbar betroffen wird.

Ein besonderer strafrechtlicher Schutz des Bürgers erübrigt sich auch nicht deshalb, weil – wie es in der Begründung der Regierungsvorlage heißt – dem Bürger gegen rechtswidrige Maßnahmen wirksame Rechtsbehelfe zur Seite stehen. Eine Strafvorschrift, die auch die Fälle erfaßt, die nicht bereits unter dem Gesichtspunkt der Nötigung oder der passiven Bestechung strafbar sind, ist nicht nur im Interesse der Rechtsunterworfenen, sondern auch zum Schutz des Ansehens des Staates geboten, das durch sexuellen Mißbrauch von seiten staatlicher Amtsträger beeinträchtigt wird.

9. *Zu Artikel 1 Nr. 12 (§ 175)*

§ 175 ist wie folgt zu fassen:

„§ 175

Ein Mann über achtzehn Jahre, der sexuelle Handlungen an einem anderen Mann unter achtzehn Jahren vornimmt oder an sich von dem anderen Mann vornehmen läßt, wird mit Freiheitsstrafe bis zu fünf Jahren bestraft."

Begründung

Daß nach der im Regierungsentwurf vorgeschlagenen Fassung des § 175 gleichaltrige Männer, die ein homosexuelles Verhältnis unterhalten, bis zu ihrem 18. Lebensjahr straffrei sind, sich zwischen 18 und 21 Jahren strafbar machen und danach wieder straffrei sind, ist sachlich nicht zu rechtfertigen. Ein Schutzalter von 18 Jahren genügt, da die sexuelle Reifung nach neueren wissenschaftlichen Erkenntnissen heute in diesem Alter abgeschlossen ist.

Eines besonderen Tatbestandes im Sinne des im Regierungsentwurf vorgeschlagenen § 175 Abs. 1 Nr. 2 bedarf es nicht. Eine Parallelvorschrift für die Heterosexualität gibt es weder im geltenden Recht noch ist sie im Regierungsentwurf vorgesehen. Vielmehr wird die Frau nach dem geltenden Recht und nach dem Regierungsentwurf gegenüber sexueller Ausnutzung eines Abhängigkeitsverhältnisses nur im Rahmen des § 174 StGB in der bisherigen Fassung und der §§ 174 bis 174b n. F. geschützt. Dieser Schutz reicht auch für den abhängigen Mann aus.

Die homosexuelle männliche Gewerbsunzucht sollte nicht anders behandelt werden als die heterosexuelle Gewerbsunzucht. Der durch § 361 Nr. 6 bis 6c gewährleistete strafrechtliche Schutz reicht aus.

10. *Zu Artikel 1 Nr. 12* (§ 176)

a) In § 176 Abs. 5 Nr. 3 sind die Worte „pornographischer“ und „pornographischen“ durch die Worte „sexualbezogener“ und „sexualbezogenen“ zu ersetzen.

Begründung

Das Merkmal „Pornographie“ ist für den Schutzzweck des § 176 Abs. 5 zu eng. Die notwendige Begrenzung erhält der Tatbestand durch das Merkmal „um einen der Beteiligten hierdurch sexuell zu erregen“.

b) In § 176 Abs. 5 Nr. 3 sind vor dem Wort „einwirkt“ die Worte „oder durch Vorzeigen von Mitteln und Gegenständen, die dem sexuellen Gebrauch dienen,“ einzufügen.

Begründung

Es besteht aus Gründen des Jugendschutzes ein Bedürfnis, auch das Einwirken auf Kinder durch diese Handlungen in den Schutzbereich des § 176 einzubeziehen.

11. *Zu Artikel 1 Nr. 12* (§ 177)

a) In § 177 Abs. 1 sind die Worte „mit ihm" zu streichen.

Begründung

Die durch die Worte „mit ihm" bezweckte Einschränkung ist nicht sachgemäß. Sie kompliziert zudem in unnötiger Weise die Rechtsanwendung.

b) In § 177 Abs. 1 sind die Worte „nicht unter zwei Jahren" durch die Worte „nicht unter einem Jahr" zu ersetzen.

Begründung

Für eine Verdoppelung der Mindeststrafe des geltenden Rechts besteht kein Bedürfnis.

12. *Zu Artikel 1 Nr. 12* (§ 180 neu)

Vor § 180 ist folgender neuer § 180 einzufügen:

„§ 180

Wer gewerbsmäßig außereheliche sexuelle Beziehungen zwischen anderen vermittelt, wird mit Freiheitsstrafe bis zu drei Jahren oder mit Geldstrafe bestraft."

Die bisherigen §§ 180 und 180a werden §§ 180a und 180b.

Begründung

Nach dem Regierungsentwurf soll die Förderung fremder sexueller Handlungen grundsätzlich straflos sein. Die Förderung sexueller Handlungen Dritter wird dann unter Strafe gestellt, wenn zugleich andere Rechtsgüter verletzt oder gefährdet werden, wie zum Beispiel dann, wenn auf das sexuelle Verhalten Minderjähriger eingewirkt wird. Ein so weitgehender Verzicht auf Bestrafung ist nicht annehmbar. Zumindest erscheint eine Strafvorschrift geboten, die kommerziellen Auswüchsen auf diesem Gebiet eine wirksame Schranke setzt.

Es wird deshalb eine Strafvorschrift mit einem Tatbestand vorgeschlagen, der bereits bei den Vorarbeiten zum Regierungsentwurf zur Diskussion stand: zumindest die gewerbsmäßige Vermittlung außerehelicher sexueller Beziehungen soll unter Strafe gestellt werden. Von dieser Strafdrohung würden z. B. der Betrieb von „Call-Girl-Ringen“, die Anbahnung sexueller Beziehungen durch Reiseunternehmen und die Vermittlung sexueller Kontakte durch Gaststätten erfaßt werden. Die Bundesregierung hat die Aufnahme einer entsprechenden Strafvorschrift abgelehnt, weil ein gesellschaftliches oder ehezerstörendes Ausmaß der genannten Tätigkeiten nicht zu befürchten sei. Dem ist entgegenzuhalten, daß bei aller Freiheit im eigenen Sexualbereich zumindest dem Management mit fremder Sexualität ein strafrechtlicher Riegel vorgeschoben werden sollte.

13. *Zu Artikel 1 Nr. 12* (§ 180 – nun § 180a)

a) In § 180 (nun § 180a) Abs. 1 ist Satz 2 zu streichen.

Begründung

Es liegt stets eine gröbliche Verletzung der Erziehungspflicht vor, wenn der Personensorgeberechtigte sexuellen Handlungen seines Schutzbefohlenen unter 16 Jahren durch Gewähren oder Verschaffen von Gelegenheit Vorschub leistet.

b) In § 180 (nun § 180a) Abs. 3 sind nach dem Wort „Erziehung“ die Worte „. . . , zur Ausbildung“ einzufügen.

Begründung

Vgl. die Begründung zur Änderung des § 174 Abs. 1 Nr. 2.

14. *Zu Artikel 1 Nr. 12* (§ 181a)

§ 181a Abs. 2 ist wie folgt zu fassen:

„(2) Ebenso wird bestraft, wer die in Absatz 1 Nr. 1, 2 genannten Handlungen gegenüber seiner Ehefrau vornimmt, die der Prostitution nachgeht."

Begründung

Sprachliche Verbesserung.

15. *Zu Artikel 1 Nr. 12* (§ 182)

§ 182 Abs. 2 ist zu streichen.

Begründung

Die Möglichkeiten des Jugendgerichtsgesetzes reichen aus, um Jugendliche, die zur Zeit der Tat noch nicht 18 Jahre alt waren, von Strafe freizustellen.

16. *Zu Artikel 1 Nr. 12* (§ 183)

§ 183 Abs. 1 ist eingangs wie folgt zu fassen: „Wer einen anderen durch ..."

Begründung

Auch männliche Personen, insbesondere männliche Jugendliche über 14 Jahre, müssen vor exhibitionistischen Handlungen geschützt werden.

17. *Zu Artikel 1 Nr. 12* (§ 183a)

Im Verlauf des weiteren Gesetzgebungsverfahrens sollte geprüft werden, ob nicht eine Ausweitung des § 183a in der Weise notwendig erscheint, daß auch Handlungen unter Strafe gestellt werden, die vor oder in Gegenwart von Kindern vorgenommen werden, ohne daß die nach § 176 Abs. 5 notwendige Absicht, sexuelle Erregung herbeizuführen, vorliegt.

18. *Zu Artikel 1 Nr.* 12 (§§ 184, 184a)

a) § 184 ist wie folgt zu fassen:

„§ 184

(1) Wer pornographische Schriften, Abbildungen oder Darstellungen oder entsprechende Tonträger

1. verbreitet oder allgemein zugänglich macht,
2. herstellt, vervielfältigt, bezieht, vorrätig hält, an einen anderen gelangen läßt, in den räumlichen Geltungsbereich dieses Gesetzes einführt oder daraus auszuführen unternimmt, damit sie oder aus ihnen gewonnene Stücke verbreitet oder sonst allgemein zugänglich gemacht werden, oder
3. einem Kind oder einem Jugendlichen anbietet oder überläßt,

wird mit Freiheitsstrafe bis zu einem Jahr oder mit Geldstrafe bestraft.

(2) Ebenso wird bestraft, wer Gegenstände oder Mittel, die dem sexuellen Gebrauch dienen, einem Kind oder einem Jugendlichen anbietet, überläßt oder auf andere Weise zugänglich macht. Ausgenommen sind Gegenstände oder Mittel, die zur Verhütung von Geschlechtskrankheiten oder zur Verhütung der Empfängnis dienen."

b) § 184a ist zu streichen.

Begründung

Die Toleranzgrenze hat sich hinsichtlich geschlechtsbezogener Darstellungen in den letzten Jahren so erschoben, daß heute nur noch grob anstößige Darstellungen als Pornographie eingestuft werden. Man wird, wie auch die Bundesregierung in der Begründung zum Regierungsentwurf ausführt, darunter nur mehr Darstellungen verstehen können, die das alleinige Ziel sexueller Erregung verfolgen und die die von den allgemeinen gesellschaftlichen Wertvorstellungen gezogenen Grenzen des sexuellen Anstands eindeutig überschreiten. Von der Entscheidung, ob Verbot oder Freigabe, werden demnach nur Erzeugnisse massivsten Inhalts betroffen. Dabei ist zu berücksichtigen, daß mit der völligen Freigabe nicht nur eine erhebliche Zunahme im Umfang, sondern nach den Beobachtungen bei ausländischen Erzeugnissen auch eine laufende Eskalation im Inhalt zu befürchten ist.

Die Bundesregierung räumt in der Begründung zum Regierungsentwurf selbst ein, daß trotz der Vorschrift des neuen § 184 eine völlige Abschirmung der Kinder und Jugendlichen vor pornographischen Erzeugnissen nicht möglich sein wird. Wer die Jugend wirksam schützen will, muß sich demnach für ein uneingeschränktes Verbot entscheiden.

Ein Verbot der Pornographie ist darüber hinaus aus Gründen des Gemeinschaftsschutzes geboten. Nach Auffassung des Regierungsentwurfs sind gemeinschaftsschädliche Auswirkungen pornographischer Erzeugnisse weder bewiesen noch auszuschließen. Demnach muß zumindest mit der Möglichkeit sozialschädlicher Einflüsse gerechnet werden. Die verzerrte einseitige Darstellung der menschlichen Geschlechtlichkeit und erst recht die obszöne Darstellung abscheulicher Abartigkeiten widersprechen nicht nur dem Menschenbild und der Menschenwürde, die zu schützen Aufgabe jeder Rechtsordnung ist. Die Konfrontation mit solchen Erzeugnissen birgt darüber hinaus zumindest die Möglichkeit in sich, daß das sexuelle Verständnis und das sexuelle Verhalten der Allgemeinheit negativ beeinflußt werden. Einer solchen möglichen Gefahr will der Regierungsentwurf durch die Einfügung eines neuen § 184a hinsichtlich gewalttätiger oder pädophiler Darstellungen begegnen. Eine solche Gefahr ist aber auch hinsichtlich anderer massiver pornographischer Erzeugnisse nach dem gegenwärtigen Stand der Erfahrungen nicht auszuschließen. Der Gesetzgeber kann deshalb zumindest im gegenwärtigen Zeitpunkt das Risiko einer völligen Freigabe nicht auf sich nehmen. Durch ein Verbot werden andere schutzwürdige Interessen nicht in solcher Weise berührt, daß eine Güterabwägung notwendig wäre. Das Recht des mündigen Bürgers, seinen Lese- und Unterhaltungsstoff eigenverantwortlich zu wählen, wird in einem so kleinen und so unwichtigen Teilbereich eingeschränkt, daß von einem eigentlichen Interessenwiderstreit zwischen Informationsfreiheit und dem Recht auf freie Entfaltung der Persönlichkeit einerseits und dem Schutz von Jugend und Gesellschaft auf der anderen Seite nicht die Rede sein kann. Ein wirksamer Jugend- und Gesellschaftsschutz muß absoluten Vorrang beanspruchen vor dem Interesse einzelner Bürger an pornographischem Material.

Absatz 1 des vorgeschlagenen § 184 enthält daher ein grundsätzliches Verbot der Herstellung und Verbreitung pornographischer Erzeugnisse. Der vorgeschlagene Abs. 2 soll Kinder und Jugendliche vor der Konfrontation mit Sexualhilfsmitteln, ausgenommen Verhütungsmittel, schützen.

Die vorgeschlagene Fassung trägt auch der – durch eine Umfrage bestätigten – Tatsache Rechnung, daß die weit überwiegende Mehrheit der Bevölkerung gegen die Freigabe der Pornographie ist.

19. *Zu Artikel 1 Nr. 12* (§ 184b)

Der Bundesrat empfiehlt, im weiteren Verlauf des Gesetzgebungsverfahrens zu prüfen, ob zur gesetzestechnischen Vereinfachung die Wendung

„sexuelle Handlungen an einem anderen vornehmen oder an sich von dem anderen vornehmen lassen“

in den 15 Tatbeständen, in denen sie vorkommt, durch die Wendung

„sexuelle Handlungen mit einem anderen vornehmen“

ersetzt und folgende Klarstellung als § 184 b Abs. 2 eingefügt werden kann:

„(2) Im Sinne dieses Gesetzes nimmt sexuelle Handlungen mit einem anderen vor, wer solche Handlungen an einem anderen vornimmt oder an sich von dem anderen vornehmen läßt.“

Artikel 5

Änderung weiterer Bundesgesetze

20. *Zu Artikel 5 Nr. 1* (§ 18 Abs. 1 Satz 1 des Gesetzes über die Verbreitung jugendgefährdender Schriften)

Art. 5 Nr. 1 ist wie folgt zu fassen:

‚1. Das Gesetz über die Verbreitung jugendgefährdender Schriften in der Fassung der Bekanntmachung vom 29. April 1961 (Bundesgesetzbl. I S. 497), geändert durch das Einführungsgesetz zum Gesetz über Ordnungswidrigkeiten vom 24. Mai 1968 (Bundesgesetzbl. I S. 503), wird wie folgt geändert:

a) In § 1 Abs. 1 Satz 2 wird das Wort „unsittliche“ durch das Wort „pornographische“ ersetzt;

b) § 6 Abs. 2 wird gestrichen;

c) in § 18 Abs. 1 Satz 1 werden die Worte „unzüchtig im Sinne des § 184 des Strafgesetzbuches oder für schamlos im Sinne des § 184a des Strafgesetzbuches“ durch die Worte „pornographisch im Sinne des § 184 des Strafgesetzbuches“ ersetzt.‘

Begründung

Die Neufassung des § 184 StGB bewirkt im Verhältnis zum Gesetz über die Verbreitung jugendgefährdender

Schriften zahlreiche Überschneidungen, welche die praktische Rechtsanwendung erschweren. Dieses Gesetz sollte deshalb gleichzeitig reformiert werden. Die zu Artikel 5 Nr. 1 unter Buchstaben a) und b) vorgeschlagenen Änderungen verfolgen dieses Ziel, erfüllen jedoch nur Mindestanforderungen der vorzunehmenden Reform des GJS.

Die in Artikel 5 Nr. 1 unter Buchstabe c) vorgenommene Ersetzung der Worte „der §§ 184 und 184a" durch die Worte „des § 184" ist eine Folge der Streichung des § 184a in Artikel 1.

11. Gegenäußerung der Bundesregierung zu der Stellungnahme des Bundesrates

Anlage 3 zur Bundestagsdrucksache VI/1552

(Auszug)

Die Bundesregierung hält auch aufgrund der Stellungnahme des Bundesrates die weitere öffentliche Erörterung des Entwurfs für sachdienlich. In diesem Sinne betrachtet sie die in dem Entwurf enthaltenen Vorschläge als eine Diskussionsgrundlage. Sie wird sich dem Ergebnis dieser Erörterung nicht verschließen und ist auch bereit, die vorgelegte Diskussionsgrundlage zu überprüfen. Dies gilt insbesondere für die umstrittenen Punkte der Vorlage.

Zu 5. § 173 (Beischlaf zwischen Verwandten)

Gegen die vorgeschlagenen Strafrahmen bestehen keine Bedenken.

Es bedarf noch weiterer Prüfung, ob und ggf. in welchem Umfang auf die im Entwurf vorgesehene Vorschrift, nach der Verwandte absteigender Linie und Geschwister unter 18 Jahren straffrei sind, verzichtet werden kann.

Zu 6. § 174 (Sexueller Mißbrauch von Schutzbefohlenen)

Änderungsvorschlag zu a) (Einbeziehung der Ausbildungsverhältnisse in Absatz 1 Nr. 2)

Der Änderungsvorschlag gibt Anlaß zu einer nochmaligen Prüfung der Frage, ob die Abhängigkeitsverhältnisse, denen das Strafrecht Rechnung tragen muß, in Absatz 1 Nr. 1, 2 des Entwurfs richtig umschrieben sind. Hierbei ist insbesondere sicherzustellen, daß die Berufsausbildung im Sinne des § 6 des Berufsbildungsgesetzes unter die Strafvorschriften des Absatzes 1 Nr. 1, 2 fällt. Demgegenüber sollten Personen über 16 Jahren aus dem Strafschutz ausscheiden, wenn es sich um eine auf die bloße Vermittlung von fachlichen Fertigkeiten beschränkte Beziehung zu dem Unterrichtenden handelt.

Änderungsvorschlag zu b) (Redaktionelle Änderung)

Keine Bedenken.

Änderungsvorschlag zu c) (Einbeziehung der Stiefkinder unter 21 Jahren in Absatz 1 Nr. 3)

Gegen den Änderungsvorschlag bestehen Bedenken. Der Vorschlag geht über das geltende Recht hinaus. Bisher fiel das Stiefkind unter den § 174 StGB nur, wenn es den Stiefeltern zur Erziehung, Aufsicht, Ausbildung oder Betreuung anvertraut war. In entsprechender Weise soll das Stiefkind nach dem Entwurf nur unter den Voraussetzungen des Absatzes 1 Nr. 1, 2 geschützt werden. Nach dem Änderungsvorschlag würden sexuelle Handlungen mit dem Stiefkind auch dann strafbar sein, wenn vor der Tat niemals persönliche Beziehungen zwischen dem Täter und dem Stiefkind bestanden haben oder das Stiefkind ebenso alt ist wie der Täter.

Zu 7. § 174a (Sexueller Mißbrauch von Gefangenen, Anstalts- und Heiminsassen)

Änderungsvorschlag zu a) (Prüfungsempfehlung)

Die vom Bundesrat aufgeworfene Frage bedarf weiterer Prüfung.

Ergänzungsvorschlag zu b) (Sexuelle Handlungen vor Gefangenen und Anstaltsinsassen)

Gegen die vom Bundesrat vorgeschlagene Vorschrift des Absatzes 2a bestehen Bedenken.

Der Entwurf geht davon aus, daß sexuelle Handlungen, die der Täter ohne körperliche Berührung vor einem anderen vornimmt oder vor sich von dem anderen vornehmen läßt, nur im zentralen Bereich des Jugendschutzes strafbedürftig sind (§ 174 Abs. 2, § 176 Abs. 5). Für die in § 174a des Entwurfs bezeichneten Fälle hatte sich auch der Entwurf 1962 auf die Strafbarkeit von Handlungen mit körperlicher Berührung beschränkt. Im weiteren Verlauf des Gesetzgebungsverfahrens wird geprüft werden, ob es darüber hinaus einzelne Fälle gibt, in denen diese Beschränkung mit Rücksicht auf das Schutzbedürfnis des Betroffenen nicht sachgemäß ist.

Zu 8. § 174b (Sexueller Mißbrauch unter Ausnutzung einer Amtsstellung)

Gegen den Änderungsvorschlag bestehen Bedenken.

Es trifft zwar zu, daß der Betroffene unter Umständen auch in anderen als den in § 174b des Entwurfs genannten Fällen eine gewisse Abhängigkeit von den Entschlüssen eines Beamten empfindet. Der psychische Druck ist dort aber regelmäßig geringer. Denn abgesehen von zahlenmäßig nicht ins Gewicht fallenden Ausnahmen kann nur das Straf- oder Unterbringungsverfahren zu einer Freiheitsentziehung führen. Die Tatsache, daß in verhältnismäßig seltenen Fällen auch in anderen Verfahren – vor allem im Ausweisungs- und Abschiebungsverfahren – ein ähnlich starkes Gefühl persönlicher Bedrängnis eintreten kann, rechtfertigt es nicht, den gesamten Bereich hoheitlichen Handelns in den Straftatbestand einzubeziehen. Im übrigen ist das Merkmal „hoheitlich" schwer abzugrenzen.

Zu 9. § 175 (Homosexuelle Handlungen)

Die Bundesregierung hat schon in der Begründung des Entwurfs zum Ausdruck gebracht, daß sie weiteren Erörterungen über die Ausgestaltung des § 175 StGB aufgeschlossen gegenübersteht. Sie betrachtet den Änderungsvorschlag des Bundesrates als eine wertvolle Grundlage für solche Erörterungen.

Zu 10. § 176 (Sexueller Mißbrauch von Kindern)

Änderungsvorschlag zu a) (Vorzeigen sexualbezogener Abbildungen und Darstellungen)

Die Bundesregierung wird im weiteren Verlauf des Gesetzgebungsverfahrens prüfen, in welcher Weise der dem Änderungsvorschlag zugrunde liegende Gedanke verwirklicht werden kann.

Änderungsvorschlag zu b) (Vorzeigen von Mitteln und Gegenständen des sexuellen Gebrauchs)

Die Frage, ob ein Bedürfnis für die Einbeziehung der Mittel und Gegenstände des sexuellen Gebrauchs besteht, wird von der Bundesregierung geprüft werden.

Zu 11. § 177 (Vergewaltigung)

Änderungsvorschlag zu a) (Streichung der Worte „mit ihm“)

Keine Bedenken.

Änderungsvorschlag zu b) („Strafdrohung)

Gegen den Änderungsvorschlag bestehen Bedenken. Der Entwurf hebt die untere Grenze des Regelstrafrahmens aus generalpräventiven Gründen an. Er will deutlich machen, daß die Vergewaltigung zu den schwersten Straftaten gehört. Es beruht gleichermaßen auf einer hohen Einschätzung der geschlechtlichen Freiheit, daß der Entwurf einerseits die Entscheidung des einzelnen in seiner Intimsphäre respektiert und andererseits Angriffe auf die geschlechtliche Selbstbestimmung nachdrücklich abzuwehren sucht. Für leichtere Fälle bietet der Strafrahmen des Absatzes 2 genügenden Spielraum.

Zu 12. Gewerbsmäßige Vermittlung sexueller Beziehungen

Gegen den Ergänzungsvorschlag bestehen Bedenken.

Eine allgemeine Strafdrohung gegen die gewerbsmäßige Vermittlung außerehelicher Beziehungen würde auch Handlungen treffen, die nicht strafbedürftig sind. Das gilt z. B. für Taxifahrer oder Hotelportiers, soweit sie für ein Trinkgeld Kontakte zwischen Freier und Dirne vermitteln. Sicher gibt es Formen der gewerbsmäßigen Kontaktvermittlung, die sozial bedenklicher sind; zu denken ist hierbei an den Betrieb von Call-Girl-Ringen und andere Formen kommerzieller Kontaktvermittlung. Soweit das „Management mit fremder Sexualität“ geeignet ist, andere in die Prostitution hineinzuziehen, die Öffentlichkeit zu belästigen oder die Jugend zu gefährden, sind in anderen Vorschriften Verbote vorhanden. Hinzuweisen ist auf die Jugendschutzvorschriften des Entwurfs (§ 80 Abs. 1, § 180a Abs. 4) und auf die Verordnung über das Verbot der Beschäftigung von Personen unter einundzwanzig Jahren mit sichtlich gefährdenden Tätigkeiten vom 3. April 1964 (Bundesgesetzbl. I S. 465). In § 180a Abs. 3 des Entwurfs ist das gewerbsmäßige Anwerben zur Prostitution mit Strafe bedroht; hierunter fällt z. B. das Anwerben von Mitgliedern eines Call-Girl-Ringes. Dem Inhaber oder Leiter eines Dirnenwohnheims ist das Vermitteln sexueller Beziehungen durch § 180a Abs. 1 Nr. 2 untersagt; strafbar ist auch das Zuführen von Freiern durch den Zuhälter oder den Ehemann der Dirne (§ 181a Abs. 1 Nr. 2, Abs. 2 des Entwurfs). Von besonderer praktischer Bedeutung ist die Befugnis der Verwaltungsbehörden, die Erlaubnis zum Betrieb des Gaststättengewerbes zu widerrufen, wenn der Inhaber einer Gaststätte der Unsittlichkeit Vorschub leistet (§ 15 Abs. 2 des Gaststättengesetzes vom 5. Mai 1970 – Bundesgesetzbl. I S. 465 –).

Ob die hiernach verbleibende Möglichkeit gewerbsmäßiger Kontaktvermittlung eine große praktische Bedeutung hat, ist zweifelhaft. Jedenfalls kann Auswüchsen der Werbung nach Artikel 2 Abs. 1 Nr. 1 des Entwurfs entgegengetreten werden. Gleichwohl wird die Bundesregierung die vom Bundesrat vorgetragenen Bedenken zum Anlaß für eine erneute sorgfältige Prüfung nehmen. Im übrigen ist auch darauf hinzuweisen, daß in verschiedenen ausländischen Rechtsordnungen – zumal in England und mehreren Ländern des romanischen Rechtskreises – ein entsprechendes Verbot der gewerbsmäßigen Vermittlung sexueller Beziehungen nicht vorhanden ist.

Zu 13. § 180 des Entwurfs (Förderung sexueller Handlungen Minderjähriger)

Streichungsvorschlag zu a) (Ausnahmebestimmung für Eltern und Erzieher)

Gegen den Streichungsvorschlag bestehen folgende Bedenken:

Es liegt nicht immer eine gröbliche Verletzung der Erziehungspflicht vor, wenn der Personensorgeberechtigte oder mit seiner Einwilligung ein Dritter sexuellen Handlungen einer Person unter 16 Jahren durch Gewähren oder Verschaffen von Gelegenheit Vorschub leistet. Zumal in den Fällen, in denen er lediglich davon absieht, gegen sexuelle Handlungen des Schutzbefohlenen einzuschreiten, kann dem Unterlassen eine diskutable pädagogische Überlegung zugrunde liegen. Unentbehrlich ist die Vorschrift des Absatzes 1 Satz 2 insbesondere dann, wenn die Eltern fürchten müssen, ihr Kind mit einem Verbot oder mit Zwangsmaßnahmen aus dem Hause zu treiben. Der bei unechten

Unterlassungsdelikten anerkannte Schuldausschließungsgrund der Unzumutbarkeit reicht in solchen Fällen nicht immer aus, um eine unangemessene Bestrafung auszuschließen; überdies beschränkt sich ein pädagogisch diskutables Verhalten nicht notwendig auf reines Unterlassen.

Änderungsvorschlag zu b)

Auf die Bemerkungen zum Änderungsvorschlag zu 6. a) wird verwiesen.

Zu 14. § 181a (Zuhälterei)

Keine Bedenken.

Zu 15. § 182 (Verführung)

Keine Bedenken.

Zu 16. § 183 (Exhibitionistische Handlungen)

Im weiteren Verlauf des Gesetzgebungsverfahrens wird geprüft werden, ob und in welchem Umfang männliche Personen über 14 Jahre vor einer Belästigung durch Exhibitionisten geschützt werden müssen.

Zu 17. § 183a (Erregung öffentlichen Ärgernisses)

Die vom Bundesrat bezeichnete Frage wird im weiteren Verlauf des Gesetzgebungsverfahrens geprüft werden.

Zu 18. §§ 184, 184a (Pornographische Schriften)

Die Bundesregierung verkennt nicht, daß die Pornographie ein verzerrtes Bild menschlicher Sexualität bietet und vor allem die Frau herabwürdigt. Trotzdem bestehen gegen den Änderungsvorschlag Bedenken:

Der erwachsene Staatsbürger sollte bei der Auswahl seiner Lektüre grundsätzlich nicht behindert werden. Von diesem Grundsatz macht der Entwurf nur dort eine Ausnahme, wo dies im Interesse eines umfassenden Schutzes der Jugend und wichtiger Rechtsgüter der Allgemeinheit geboten ist. Es handelt sich dabei um die Fälle des § 184a (Fassung des Entwurfs). Bei pornographischem Material anderer Art dürfte ein umfassendes Verbreitungsverbot nicht notwendig sein, um die Jugend und die Allgemeinheit zu schützen. Das Verbreitungsverbot des geltenden Rechts hat sich als ungeeignet erwiesen. Ziel der mit dem Entwurf vorgeschlagenen Fassung ist es, die zuständigen Behörden in die Lage zu versetzen, die Gefährdung Jugendlicher und Eingriffe in die Intimsphäre unbeteiligter Erwachsener durch pornographisches Material künftig wirksamer zu bekämpfen als bisher. Diesem Ziel sollen neben den Vorschriften der §§ 184, 184a StGB auch die Bestimmungen des Gesetzes über die Verbreitung jugendgefährdender Schriften dienen.

Ob die neuen Vorschriften im Hinblick auf ihren Schutzzweck noch wirksamer ausgestaltet werden können, ohne gegen den eingangs bezeichneten Grundsatz zu verstoßen, wird im Verlaufe des weiteren Gesetzgebungsverfahrens geprüft werden. Hierbei wird auch untersucht werden, ob es aus Gründen des Jugendschutzes notwendig ist, die in dem Vorschlag des Bundesrates bezeichneten Mittel und Gegenstände des sexuellen Gebrauchs in die Vorschrift einzubeziehen.

Zu 19. § 184b (Begriffsbestimmung)

Die Bundesregierung begrüßt den Vorschlag. Er trägt wesentlich zur Verbesserung der Gesetzestechnik bei.

Zu 20. Artikel 5 Nr. 1 (Gesetz über die Verbreitung jugendgefährdender Schriften)

Änderungsvorschlag zu a) (§ 1 Abs. 1 Satz 2 GjS)

Gegen den Änderungsvorschlag bestehen folgende Bedenken:

Der Begriff „unsittliche Schriften" schließt auch sozialethisch verwirrende Schriften ein, die nicht im Sinne des bisherigen Rechts „unzüchtig" und im Sinne des 4. StrRG „pornographisch" sind. Bei diesem Unterschied strafrechtlicher und jugendrechtlicher Begriffe sollte es zunächst bleiben. Allerdings wird der

Fragenkreis bei einer künftigen Reform des Gesetzes über die Verbreitung jugendgefährdender Schriften insgesamt neu zu prüfen sein.

Änderungsvorschlag zu b) (§ 6 Abs. 2 GjS)

Keine Bedenken.

12. Fragenkatalog für die Anhörung von Sachverständigen zum Vierten Gesetz zur Reform des Strafrechts

(Allgemeine Anhörung zu Beginn der Beratung)

I.

Fragen an Soziologen und Sexualwissenschaftler

1. Welche Wandlungen sind in den letzten 20 Jahren im Hinblick auf
   a) die soziale Funktion von Ehe und Familie,
   b) die gesellschaftliche Einschätzung sexueller Beziehungen außerhalb der Ehe (voreheliche oder außereheliche), insbesondere
      aa) unter Erwachsenen,
      bb) unter Jugendlichen und
      cc) zwischen Erwachsenen und Jugendlichen

   beobachtet worden?
2. Welche Erkenntnisse sind über den Personenkreis vorhanden, bei dem in den letzten 20 Jahren ein solcher Wandel eingetreten ist, und wie groß ist dieser Personenkreis?
3. Welche Bedeutung haben strafrechtliche Vorschriften für
   a) das sexuelle Verhalten des einzelnen,
   b) das Bewußtsein der Allgemeinheit von Normen im Bereich der Sexualität,
   c) die soziale Orientierung der Jugendlichen,
   d) die Funktion von Ehe und Familie?
4. Gibt es Erkenntnisse aus der Geschichte über den Zusammenhang zwischen der Sexualität und dem kulturellen und wirtschaftlichen Standard jeweiliger Gesellschaften?

II.

Fragen an Kriminologen und Kriminalpolizeibeamte

Wie hat sich die Sexualkriminalität in den letzten Jahren entwickelt, und welche Folgerungen sind aus dieser Entwicklung für die Reform des Sexualstrafrechts zu ziehen?

III.

Fragen an Psychiater, Psychologen, Pädagogen, Gerichtsmediziner, Sexualwissenschaftler, Kriminologen und Kriminalpolizeibeamte

1. Sind Erkenntnisse über Ursachen der Sexualkriminalität vorhanden und, wenn ja, über welchen Zeitraum?

2. Welche Aussagen kann die neuere Wissenschaft über das sexuelle Verhalten und die sexuelle Reifung junger Menschen machen?

3. Welche Wirkungen sind bei einem Kind (bis zu 14 Jahren) von
   a) sexuellen Handlungen eines anderen an dem Kind oder vor dem Kind,
   b) dem Strafverfahren wegen eines solchen Vorgangs

   zu erwarten? Wie hoch ist die Wahrscheinlichkeit eines dauernden Schadens?

4. In welchem Umfang müssen Jugendliche und Heranwachsende im Alter von 14 bis 21 Jahren im Hinblick auf ihre Entwicklung vor sexuellen Handlungen strafrechtlich geschützt werden? In welchem Umfang ist es insbesondere notwendig, die sexuelle Ausnutzung eines Erziehungs- oder Betreuungsverhältnisses strafrechtlich zu unterbinden?

5. Welche Wirkungen haben

   pornographische Schriften, Abbildungen, Tonträger und Darstellungen sowie

   andere Erscheinungsformen kommerzialisierter Sexualität

   für

a) die Entwicklung der Kinder und Jugendlichen,

b) das menschliche Zusammenleben, zumal in Ehe und Familie?

IV.

Fragen an Theologen und Philosophen

Welche Forderungen sind aus sozialethischer Sicht an die Vorschriften über die Straftaten gegen Ehe und Familie sowie an das Sexualstrafrecht zu stellen (vgl. auch die Fragen VII, 1, 2, 4)?

V.

Frage an Verfassungsrechtler

Welche verfassungsrechtlichen Gesichtspunkte sind für das Vierte Strafrechtsreformgesetz besonders zu beachten (vgl. u. a. die Frage VII 2)?

VI.

Frage an Sachverständige für Rechtsvergleichung

Welche hauptsächlichen Entwicklungstendenzen sind im Sexualstrafrecht außerhalb der Bundesrepublik zu beobachten?

VII.

Fragen an Strafrechtler

(Professoren, Richter, Staatsanwälte, Rechtsanwälte)

1. Welche Aufgaben soll das Sexualstrafrecht haben? Insbesondere:

   a) Soll sich das Sexualstrafrecht auf den Schutz von Kindern und Jugendlichen sowie auf die Abwehr von Verletzungen und Gefährdungen der geschlechtlichen Selbstbestimmung beschränken?

   b) Rechtfertigt der Schutz von Ehe und Familie (Artikel 6 GG) Strafvorschriften, die über den zu a) bezeichneten Rahmen hinausgehen?

c) Soll das Sexualstrafrecht auch der Herstellung oder Aufrechterhaltung (Sichtbarmachung) einer Ordnung sexuellen Verhaltens dienen?

d) Soll das Strafrecht den einzelnen und die Allgemeinheit auch davor schützen, daß sexuelle Vorgänge, die nicht in die Öffentlichkeit gehören, dort stattfinden oder angepriesen werden?

e) Soll das Strafrecht bestimmte Lebensverhältnisse (vgl. insbesondere die §§ 174a, 174b des Entwurfs) von sexuellen Beziehungen freihalten?

2. Darf eine Tat neu oder weiterhin mit Strafe bedroht werden, wenn ihre Gefährlichkeit bisher weder bewiesen noch ausgeschlossen werden kann (Beispiel: leichtere sexuelle Handlungen an Kindern ohne Gewaltanwendung)?

3. Empfiehlt es sich, den Begriff der Unzucht durch ein anderes Merkmal (z. B. „sexuelle Handlung“ im Sinne des § 184b des Entwurfs) zu ersetzen?

4. Welche anderen Gesichtspunkte sind bei der Entscheidung über Strafdrohungen auf dem Gebiet des Sexual- und Familienstrafrechts zu beachten (Entbehrlichkeit einer Strafdrohung mit Rücksicht auf außerrechtliche gesellschaftliche Sanktionen; Subsidiarität des Strafrechts gegenüber anderen rechtlichen Zwangsmitteln; schädliche Nebenwirkungen der Strafdrohungen usw.)?

Anlage 1 zum Protokoll der 28., 29. und 30. Sitzung des Sonderausschusses für die Strafrechtsreform in der 6. Wahlperiode.

13. Verzeichnis der vor dem Bundestags-Sonderausschuß für die Strafrechtsreform angehörten Sachverständigen

Zu I:

Prof. Dr. Hans Wilhelm Jürgens (Universität Kiel)
Frau Prof. Dr. Helge Pross (Universität Gießen)
Dr. Volkmar Sigusch (Universität Hamburg)
Prof. Dr. Erwin K. Scheuch (Universität Köln)
Dr. Jürgen Friedrichs (Universität Hamburg)

Zu II:

Prof. Dr. Friedrich Geerds (Universität Frankfurt)
Kriminaldirektor Waldemar Burghard (Landeskriminalpolizeiamt Niedersachsen)

Zu III:

Frau Prof. Dr. Thea Schönfelder (Universität Hamburg)
Oberarzt Dr. Peter Strunk (Universität Marburg)
Prof. Dr. Reinhart Lempp (Universität Tübingen)
Prof. Dr. Wolfgang Metzger (Universität Münster)
Dr. Rudolf Affemann (Stuttgart)
Prof. Dr. Alexander Mitscherlich (Universität Frankfurt)
Prof. Dr. Karl-Josef Groffmann (Universität Mannheim)
Dr. Eberhard Schorsch (Universität Hamburg)
Oberarzt Dr. Reinhard Wille (Universität Kiel)
Prof. Dr. Wilhelm Hallermann (Universität Kiel)
Frau Prof. Dr. Elisabeth Nau (Universität Berlin)
Frau Kriminaldirektorin Dr. Ilse Matthes (Landeskriminalamt Düsseldorf)
Dipl.-Psychologe Helmut Kentler (Pädagogisches Zentrum Berlin)
Dozent Dr. Hans Böttcher (Höhere Fachschule für Sozialpädagogik Düsseldorf)

Zu IV:

Prof. Dr. Gustav Ermecke (Universität Bochum)
Prof. Dr. Wolfgang Trillhaas (Universität Göttingen)
Prof. Dr. Fritz Leist (Universität München)

Zu V:

Prof. Dr. Peter Badura (Universität München)

Zu VI:

Prof. Dr. Hans-Heinrich Jescheck (Universität Freiburg)

Zu VII:

Prof. Dr. Ernst-Walter Hanack
(Universität Mainz)
Prof. Dr. Karl Peters
(Universität Tübingen)
Frau Rechtsanwältin
Dr. Ursula Lantzke
(Bonn)

Landgerichtspräsident
Dr. Hans Burhorn
(Bremen)
Generalstaatsanwalt
Dr. Bernhard Bader
(Bayerisches Oberstes
Landesgericht)

Die Ausführungen der Sachverständigen sind abgedruckt in „Deutscher Bundestag. 6. Wahlperiode. Stenographischer Dienst. Beratungen des Sonderausschusses für die Strafrechtsreform“, S. 843–1162.

14. Verlautbarung der Deutschen Bischofskonferenz zur Strafrechtsreform

vom 25. 9. 1970

(Auszug)

Ein beim Kommissariat der deutschen Bischöfe in Bonn bestehender Arbeitskreis für die Strafrechtsreform hat seit mehr als einem Jahrzehnt zu vielen Fragen der Gesamtreform sachkundige und im einzelnen begründete Vorschläge gemacht, die bei den Vorbereitungen der Reform weitgehend verwertet worden sind. Wir danken dem Arbeitskreis für seine Gutachten und Stellungnahmen.

Zwei Tendenzen der gegenwärtigen Diskussion über die Strafrechtsreform sind für unser Volk und für jeden Christen von solchem Gewicht, daß wir Bischöfe uns verpflichtet sehen, zu ihnen öffentlich Stellung zu nehmen. Gewisse politische Gruppen versuchen, die Strafbestimmungen zum Schutze des werdenden Lebens für die ersten drei Monate der Schwangerschaft und die Vorschriften gegen die Verbreitung der Pornographie abzuschaffen oder einzuschränken.

Hier handelt es sich um zwei entscheidende Fragen des Schutzes menschlichen Lebens und menschlicher Würde in unserem Volk.

Wir Bischöfe erhalten in den letzten Wochen und Monaten eine steigende Zahl von Zuschriften, in denen wir – oft in geradezu beschwörender Weise – darum gebeten werden, den bezeichneten Tendenzen eine klare Haltung und ein deutliches Wort der Kirche entgegenzusetzen.

...

Die Verbreitung pornographischer Erzeugnisse

Weite Kreise unseres Volkes sehen sich gegen ihren Willen einer erheblichen Belästigung durch pornographische Erzeugnisse ausgesetzt. In steigendem Maße wird die Bundesrepublik in den letzten Jahren auch aus dem Ausland von einer Welle grob unzüchtigen Materials in Schrift, Bild, Film und Schallplatten überschwemmt. Zahlreiche deutsche Filmgesellschaften, Buch- und Zeitschriftenverlage sowie Schallplattenhersteller beteiligen sich an dem offensichtlich einträglichen Geschäft mit der Pornographie. Während bei den meisten, die pornographisches Material herstellen und verbreiten, reine Profitgier das ausschlaggebende Motiv ist, muß bei manchen angenommen werden, daß sie mit dieser Pornographiewelle die gesellschaftliche Ordnung bewußt zerstören wollen.

In dieser Lage muß es befremdlich erscheinen, daß die bestehenden Strafvorschriften gegen die Verbreitung unzüchtiger Gegenstände in einem weiten Umfange abgeschafft oder eingeschränkt werden sollen. Wir wissen, daß der strafrechtliche Schutz allein nicht ausreicht und daß zuständige Behörden selbst bei beachtlichen Anstrengungen der Flut unzüchtigen Materials nicht Herr werden können. Aber niemand, der etwa für die Bekämpfung der Rauschgiftsucht verantwortlich ist, wird eine Erleichterung seiner Aufgabe darin sehen, die strafrechtlichen Bestimmungen gegen die Verbreitung von Rauschgift einzuschränken oder aufzuheben.

Der Öffentlichkeit wird vielfach die Meinung aufgedrängt, daß Pornographie ein legitimer Ausdruck menschlicher Sexualität sei. Wer sich ihrer ungehinderten Verbreitung widersetzt, gerät in den Verdacht, prüde zu sein und die Freiheit des Bürgers einschränken zu wollen. Das Gegenteil ist der Fall. Pornographie ist nicht nur eine Verletzung der echten Werte menschlicher Geschlechtlichkeit. Sie stört die Einordnung der Geschlechtlichkeit in die Ganzheit der menschlichen Person. Sie hindert die Entwicklung zu menschlicher Partnerschaft in Liebe und Ehe. Sie widerspricht dem Dienst am Leben des einzelnen und der Gesellschaft. Dabei wissen wir wohl, daß die Pornographie nicht nur ein strafrechtliches Problem ist, sondern vor allem auch Rückfragen an die Gesamtsituation der heutigen Gesellschaft erfordert. Pornographie ist nicht die Krankheit selbst, sondern Symptom einer tiefen Unordnung im Verhältnis des Menschen zu sich selbst, zum Mitmenschen und zu Gott.

Die Aufdringlichkeit, mit der die Pornographie in Filmen, Büchern, Zeitschriften, in manchen Wochen- und Tageszeitungen, in der Kinoreklame und auf andere Weise in die Öffentlichkeit getragen wird, ist ein unverantwortlicher Angriff auf die Freiheit und Würde des Menschen. Der Staat ist gerade um der Freiheit und Würde seiner Bürger willen verpflichtet, dem Einhalt zu gebieten.

Ein wirksamer Schutz der Jugend vor der Pornographie, den viele anerkennen, wird noch weniger als bisher gewährleistet, wenn die Strafvorschriften fallen oder auf den Jugendschutz beschränkt werden. Der Jugendschutz darf nicht unter dem Verdacht einer doppelten Moral stehen.

Wir appellieren mit allem Nachdruck an die Bundesregierung, an den Bundestag und an die gesamte Öffentlichkeit, den Tendenzen, den Schutz des werdenden Lebens zu vermindern und die Bestimmungen gegen die Verbreitung pornographischen Materials einzuschränken oder abzuschaffen, um der Würde des Menschen willen entschieden entgegenzutreten.

Wir bekräftigen aber auch unsere eigene Verpflichtung und die Verantwortung aller Christen: Menschenleben und Menschenwürde, diese Grundwerte jeder freien sittlichen Ordnung eines Volkes bleiben nur unangetastet, wenn sich die Staatsbürger als einzelne und in ihren vielfältigen Gruppierungen zu ihrem Anwalt machen. Es ist Auftrag der Christen, dieser Aufgabe mit Mut und in Verantwortung vor Gott gerecht zu werden.

Fulda, den 25. September 1970

Für die Deutsche Bischofskonferenz
Julius Kardinal Döpfner
Erzbischof von München und Freising

15. Resolution des Arbeitskreises „Juristen der CSU" zum Thema „Die Reform des Sittenstrafrechts"

vom 3. 10. 1970

Der Arbeitskreis „Juristen der CSU" hat sich in einer Arbeitstagung am 3. Oktober 1970 mit der Reform des Sexualstrafrechts befaßt. Nach Referaten von Staatssekretär MdL Josef Bauer und Professor Dr. Friedrich-Christian Schroeder, die aus der Sicht des Politikers und des Wissenschaftlers Stellung nahmen, und nach eingehender Diskussion kam der Arbeitskreis zu dem Ergebnis, daß eine Bereinigung des geltenden Sexualstrafrechts zur Angleichung an die gesellschaftlichen Entwicklungen erforderlich ist. Der Staat kann nicht alles, was unter ethischen, religiösen oder weltanschaulichen Maßstäben unsittlich oder unmoralisch ist, unter Strafschutz stellen. Er soll in die Intimsphäre des mündigen Staatsbürgers nicht unnötig eindringen. Der Staat muß jedoch die moralischen Grundwerte mit den Mitteln des Strafrechts schützen. Die Unterscheidung zwischen moralischen und strafrechtlichen Forderungen bedeutet aber nicht, daß dem Gesetzgeber jede Berechtigung abzusprechen ist, bestimmte sittliche Verhaltensweisen selbst als schutzwürdige Rechtsgüter zu betrachten und deshalb mit Strafschutz zu garantieren. Es ist nicht Aufgabe des Gesetzgebers, auf dem Gebiet der sittlichen Ordnung Vorreiter oder Wegbereiter einer sexuellen Revolution zu sein. Unter diesen Aspekten wurden folgende Reformvorschläge in dem von der Bundesregierung vorgelegten Entwurf eines Vierten Gesetzes zur Reform des Strafrechts abgelehnt:

1. Freistellung auch der gewerbsmäßigen Kuppelei künftig von Strafe. Der Gefahr des Managements im Bereich der Vermittlung geschlechtlicher Beziehungen muß aber eine geeignete gesetzliche Schranke gesetzt werden, wie auch der Regierungsentwurf – freilich dann in sich widersprüchlich – an

der Strafbarkeit der gewerbsmäßigen Homosexualität festhält. Die Ahndung als Ordnungswidrigkeit reicht nicht aus.

2. Straffreiheit vor allem für die Ehegattenkuppelei. Eine Rechtsordnung, die sich nach Art. 6 des Grundgesetzes den Schutz von Ehe und Familie zur besonderen Aufgabe gemacht hat, kann einen beliebigen Partnertausch nicht zulassen. Mit Strafe bedroht sollte zumindest der Ehegatte werden, der den anderen Ehegatten sexuellen Handlungen mit dritten Personen zuführt oder dazu bestimmt.

3. Freigabe der Überlassung pornographischer Erzeugnisse, ausgenommen an Kinder und Jugendliche. Ein wirksamer Jugendschutz verlangt aber ein *generelles* Verbot der Herstellung und Verbreitung entsprechenden Materials. Das Ziel, Kinder und Jugendliche vor pornographischem Unrat zu schützen, ist gegenüber anderen – häufig kommerziellen – Belangen vorrangig.

16. Resolution des Bundesvorstandes der Arbeitsgemeinschaft Sozialdemokratischer Juristen vom 4./5. 12. 1970

Reform des Sexualstrafrechts

Der Bundesvorstand der ASJ begrüßt die Reform des Sexualstrafrechts und fordert die baldige Verabschiedung des Regierungsentwurfs in seiner jetzigen Fassung. Der strafrechtliche Schutz des Bürgers und der Öffentlichkeit muß darauf beschränkt werden, die Freiheit und die Entwicklung des einzelnen in seiner Intimsphäre zu sichern, insbesondere jeder sexuellen Gewalthandlung oder Ausnutzung eines Abhängigkeitsverhältnisses entgegenzuwirken. Mit Nachdruck wendet sich die ASJ gegen die in letzter Zeit geradezu grotesk anmutende Überbewertung des Problems der Pornographie und deren verzerrte Darstellung in Teilen der Öffentlichkeit. Der Bundesvorstand der ASJ stellt hierzu klar, daß die Pornographie nicht „freigegeben", sondern nur nicht mehr im bisherigen Umfang strafrechtlich verfolgt wird. § 184 StGB des Regierungsentwurfes, der vor pornographischen Belästigungen schützt, ist so zu erweitern, daß auch die Verherrlichung von Krieg und Gewalttätigkeit unterbunden wird.

17. Stellungnahme evangelischer und katholischer Autoren

(„Das Gesetz des Staates und die sittliche Ordnung." Zur öffentlichen Diskussion über die Reform des Eherechts und des Strafrechts, mit einem Vorwort herausgegeben von Julius Kardinal Döpfner und Landesbischof D. Hermann Dietzfelbinger, 1970 – Auszug)*

Vorwort

Die Frage nach dem Verhältnis von sittlicher Ordnung und staatlichem Gesetz ist durch einige Gesetzesvorhaben zur Reform des staatlichen Eherechtes und des Strafrechtes mit großer Dringlichkeit gestellt. Fachkommissionen der evangelischen und der katholischen Kirche befassen sich mit Einzelheiten der Gesetzesvorlagen und Diskussionsentwürfe und teilen ihre Stellungnahmen sowohl den gesetzgebenden Organen wie der breiten Öffentlichkeit mit. Der Rat der Evangelischen Kirche in Deutschland und die Deutsche Bischofskonferenz haben sich bereits zu einigen Problemen geäußert und behalten sich vor, auch im weiteren Fortgang der Diskussion ihre Verantwortung durch öffentliche Erklärungen wahrzunehmen. Da aber nicht nur einzelne Gesetzestexte zur Diskussion stehen, sondern das Grundverhältnis von sittlicher Ordnung und staatlichem Gesetz mit in Frage gestellt ist, scheint es notwendig, auch eine Äußerung dazu in die Diskussion einzubringen. Es besteht sonst die Gefahr, daß die größeren Zusammenhänge, die für das Leben der Gesellschaft und des einzelnen höchst bedeutsam sind, zu sehr in Vergessenheit geraten. Ein kleiner Kreis von verantwortlichen und sachkundigen Autoren aus beiden Kirchen hat es unternommen, zur grundsätzlichen Frage nach dem Gesetz des Staates und der sittlichen Ordnung eine gemeinsame christliche Aussage zu formulieren und von ihr her zu einigen Schwerpunkten der öffentlichen Diskussion über die Reform des Eherechtes und des Strafrechtes Stellung zu nehmen. Dem Autorenkreis gehören an: auf evangelischer Seite: Bischof

---

* Abgedruckt mit freundlicher Genehmigung des Gütersloher Verlagshauses Gerd Mohn, Gütersloh, und des Paulinus-Verlages, Trier.

D. Hermann Kunst, Bonn; Oberkirchenrat Erwin Wilkens, Hannover; Dr. med. Karl Horst Wrage, Hannover — auf katholischer Seite: Prälat Dr. Karl Forster, München; Professor Dr. Paul Mikat, Düsseldorf; Prälat Wilhelm Wöste, Bonn.

In diesem Autorenkreis ist neben der Sachkompetenz auch ein breiter Bereich kirchlichen Auftrages für Fragen der Gesellschaft und der Öffentlichkeit vertreten.

Wenn wir hiermit die Stellungnahme des genannten Autorenkreises den gesetzgebenden Organen und der Öffentlichkeit vorlegen, so geschieht dies mit der ausdrücklichen Bitte, die in der Stellungnahme enthaltenen Gesichtspunkte bei den weiteren Beratungen und Diskussionen gebührend zu berücksichtigen. Daß die Stellungnahme zeigt, wie weitgehend gerade im Grundsätzlichen die Übereinstimmung im Urteil und in der Sorge unter den Christen ist, sollte als bedeutsame Hilfe dazu gewertet werden, auch in der Gesellschaft im ganzen jene Übereinstimmung zu finden, die für eine wirksame, der Verantwortung des Staates angemessene Gesetzgebung unerläßlich ist. Wie die Stellungnahme selbst sagt, kann es nicht darum gehen, in der staatlichen Gesetzgebung spezifische Moralvorstellungen von Religionen oder Weltanschauungen rechtlich zu fixieren. Es geht vielmehr darum, den sittlichen Wertvorstellungen von allgemeiner Gültigkeit Gehör zu verschaffen und damit einer Selbstzerstörung von Staat und Gesellschaft zu wehren, die unvermeidlich aus dem Verzicht auf einen Grundbestand an sittlichen Überzeugungen als verbindlicher Norm für die Gesellschaft und für die Gesetzgebung des Staates folgen würde.

München, 10. Dezember 1970

D. Dietzfelbinger
Vorsitzender des Rates
der Evangelischen Kirche in Deutschland

Julius Kardinal Döpfner
Vorsitzender der
Deutschen Bischofskonferenz

Einleitung

Die gesetzgebenden Organe und die Öffentlichkeit der Bundesrepublik erörtern gegenwärtig einige Gesetzesvorhaben, die den einzelnen Bürger besonders stark angehen, weil sie sich auf den personalen und privaten Lebensbereich beziehen. Dazu gehören die Reform des Rechts der Ehescheidung und diejenigen Teile der Strafrechtsreform, die als „Sittenstrafrecht" bezeichnet werden. Im weiteren Verlauf der Strafrechtsreform wird im Zusammenhang der Straftaten gegen die Person der strafrechtliche Schutz des werdenden Lebens noch hinzukommen. Diese Rechtsvorhaben werden in Fachkreisen seit langem diskutiert, eine Beteiligung der breiteren Öffentlichkeit an dieser Diskussion läßt aber noch manches zu wünschen übrig. Es ist zu begrüßen, daß Bundesregierung und Bundestag die Absicht haben, die allgemeine Diskussion zu fördern und deren Ergebnisse im Fortgang des parlamentarischen Verfahrens zu berücksichtigen.

Die von der Bundesregierung für die Gesetzgebung vorgesehenen Fristen sind jedoch für eine allgemeine, auch vom Nichtfachmann mit getragene Meinungsbildung bei weitem zu kurz. Die angestrebten Reformen greifen tief in die Grundvorstellungen über das Verhältnis von Recht, Moral und Ethik ein; sie betreffen die Beziehungen zwischen persönlicher Freiheit des einzelnen und der allgemeinen Ordnungsaufgabe des Staates; sie sind geeignet, die sittlichen Verhaltensnormen jedes Bürgers entscheidend zu beeinflussen. Mit dieser sich als umfassende Reform verstehenden Gesetzgebung werden Weichenstellungen vorgenommen, deren volle Bedeutung u. U. erst nach Jahren und Jahrzehnten sichtbar wird. Diese den einzelnen betreffenden möglichen Folgen sind aber schon jetzt mit zu bedenken.

Allen Beteiligten muß daran liegen, daß diese kommenden Gesetze nicht nur in einem formalen Sinne Geltung erlangen, sie müssen vielmehr von einer breiten Mehrheit der Bevölkerung innerlich bejaht und mit getragen werden. Deshalb muß der Gesetzgeber der Öffentlichkeit und möglichst vielen Gliedern der Gesellschaft mehr Zeit und Gelegenheit geben, an der allgemeinen Meinungsbildung teilzunehmen. Der hier erforderliche geistige Prozeß der Klärung und der Entscheidung darf sich nicht auf einen Kreis von Fachleuten und Fachgremien oder gar auf zufällig zusammengesetzte Expertenkongresse beschränken, deren veröffentlichte Ansichten allzu leicht fälschlich als repräsentativ für die Mehrheit ausgegeben oder angesehen werden.

Ausreichende Gelegenheit zu einer allgemeinen Erörterung ohne Zeitdruck ist auch deshalb geboten, weil die bisherige Diskussion z. T. von weltanschaulicher Enge und Einseitigkeit nicht frei gewesen ist. Eine Reihe von Gesichtspunkten, die bei diesen weit in die Zukunft reichenden Vorhaben der allgemeinen Überlegung bedürfen, ist bisher nicht hinreichend berücksichtigt worden. Dies wird besonders daran deutlich, daß neben politischen und publizistischen Stellen auch die Kirchen eine wachsende Zahl von Zuschriften aus allen Kreisen der Bevölkerung erhalten, in denen große Besorgnis gegenüber einseitiger und übereilter Gesetzgebung zum Ausdruck kommt und energisch gegen bestimmte Vorhaben protestiert wird. Man kann ohne Übertreibung von einer zunehmenden Unruhe sprechen, die der Öffentlichkeit und den verantwortlichen Organen der Gesetzgebung bisher offenbar nicht hinreichend bewußt geworden ist. Dabei geht es besonders um die Zukunft der Ehe, um Grundlagen des sittlichen Bewußtseins unseres Volkes und um die der Jugend zu vermittelnden Wertvorstellungen.

Aus diesen Gründen wird im folgenden zu einigen Reformvorhaben Stellung genommen.

I. Das Verhältnis von Recht, Moral und Ethik

Die Pläne zur Reform des Eherechts und bestimmter Teile des Strafrechts haben erneut die Frage nach dem Verhältnis von Recht, Moral und Ethik aufgeworfen. Allgemein wird heute anerkannt, daß weder die spezifischen christlichen Wertvorstellungen noch die Wertvorstellungen anderer Weltanschauungsgruppen durch die staatlich gesetzte Rechtsordnung verwirklicht werden können. Wo man dies dennoch versucht, kann es zu einer den Raum der freien Gewissensentscheidung des einzelnen einschränkenden Rechts- und Gesellschaftsordnung kommen. Religionen oder Weltanschauungen dürfen nicht der Versuchung erliegen, sich mit den Mitteln der staatlichen Rechtsordnung als alleinberechtigt durchzusetzen. Der moderne Weltanschauungs- und Gesinnungspluralismus läßt die rechtliche Fixierung spezifischer Moralvorstellungen immer problematischer werden. Soweit die Rechtsordnung dem einzelnen Verhaltensnormen auferlegt, muß sie diesen Pluralismus berücksichtigen. Auch wenn die Gemeinschaft nicht jedes beliebige System sittlicher Grundsätze anerkennen kann, so muß sie doch für eine ausreichende Spannweite in den Entscheidungsnormen Raum schaffen.

Aus diesen Einsichten wird heute vielfach die weitreichende Schlußfolgerung gezogen, daß Recht und Moral so weit wie möglich auseinanderzuhalten sind. Der private Bereich sittlicher Entscheidungen solle von gesetzlichen Reglementierungen so gut wie ganz freigehalten werden, die Rechtsordnung habe sich auf weitgehend wertfreie äußere Ordnungsfunktionen zu beschränken. Bürgerliches Recht und Strafrecht dürften nicht der Verwirklichung eines bestimmten Sittengesetzes und nicht der Ahndung von Verstößen gegen ein solches dienen. Die Strafgewalt der Gemeinschaft gelte nur noch einem Verhalten, dessen unmittelbare Sozialschädlichkeit auf der Hand liege.

Man kann diese Schlußfolgerungen nicht rundheraus verwerfen. Die Unterscheidung zwischen der sittlichen Beurteilung eines Tatbestandes auf der einen Seite und seiner zivilrechtlichen oder strafrechtlichen Regelung auf der anderen Seite ist sicherlich notwendig. Nicht jedes auch im Interesse der Gesellschaft wünschenswerte sittliche Verhalten kann und darf erzwungen werden. Andererseits bedeutet die Einschränkung gesetzlicher und strafrechtlicher Regelungen nicht, daß die Gemeinschaft für die sittliche Wertordnung im Volke nicht mit verantwortlich wäre. Recht, Moral und Ethik gehören zum Freiheitsraum des Menschen; nur in diesem Freiheitsraum werden geschichtliche Entwicklung, verantwortliche Entscheidung des einzelnen und Vielfalt in Staat und Gesellschaft ermöglicht.

Die zwischen Recht, Moral und Ethik bestehende Spannung darf nicht so weit aufgelöst werden, daß jede sittliche Wertung in den rein privaten Bereich des persönlichen Lebens verwiesen wird. Hebt man diese zwar spannungsreiche, aber doch für das Leben in der Gemeinschaft unentbehrliche Zusammengehörigkeit von Recht, Moral und Ethik auf, so kann weder das Recht noch die Kraft zu sittlicher Entscheidung in einem Volke lebendig bleiben. Das Grundgesetz der Bundesrepublik Deutschland verpflichtet mit seinen vielfältigen sittlichen Gehalten die Gemeinschaft dazu, ihre Verantwortung für die sittliche Ordnung immer neu zu bedenken und nicht um moderner Zeitströmungen willen voreilig preiszugeben. So bekräftigt das Grundgesetz diesen fundamentalen Grundsatz in Art. 2 Abs. 1 ausdrücklich mit den Worten:

„Jeder hat das Recht auf die freie Entfaltung seiner Persönlichkeit, soweit er nicht die Rechte anderer verletzt und nicht gegen die verfassungsmäßige Ordnung oder das Sittengesetz verstößt."

Für die Ordnung von Recht und Gesellschaft gibt es sittliche Wertvorstellungen, die von allgemeiner Gültigkeit sind. An sie ist auch der Gesetzgeber gebunden. Wird dieser Grundsatz aufgegeben, dann verliert die Gesellschaft ihre Gemeinschaftsfähigkeit und die Möglichkeit, sich über eine allgemeingültige Gesetzgebung zu verständigen. Staat und Gesellschaft zerstören sich letzten Endes selbst, wenn sie einen bestimmten Grundbestand an sittlichen Überzeugungen nicht mehr als für die Gesellschaft verbindlich anerkennen.

Jede Rechtsordnung stellt eine geschichtlich geprägte Ordnung dar. Für unsere Ordnung ist anzuerkennen, daß sie von christlichen Überzeugungen geprägt wurde und geprägt wird, auch wenn dies vielen nicht mehr bewußt zu sein scheint. Natürlich gibt es eine fortschreitende Entfaltung und Veränderung der Überlieferung. Aber nur wo die geschichtliche Kontinuität und die notwendigen Veränderungen in ihrer gegenseitigen Bedingtheit anerkannt werden, entgeht der Gesetzgeber geschichtsfremden Abstraktionen, die für eine Gemeinschaft keine bindende Kraft mehr haben.

Es ist ein Irrtum zu meinen, der Staat könne sich auf eine wertfreie Ordnungsfunktion beschränken und nur auf diese Weise sei eine der Würde des Menschen entsprechende Freiheit zu verwirklichen. Wo den Grundlagen einer überlieferten Rechts- und Gemeinschaftsordnung radikal der Abschied gegeben wird, besetzen ideologische Systeme den Raum bisheriger Wertvorstellungen. Anstelle einer erwarteten Befreiung erfahren Mensch und Gesellschaft die totale Unfreiheit ideologischer Verstrickungen.

Diese Überlegungen sind für jedes Rechtsgebiet und für jeden zivil- oder strafrechtlich zu ordnenden Tatbestand eigens zu berücksichtigen. Das soll an einigen aktuellen Beispielen im folgenden erläutert werden.

III. Pornographie und Jugendschutz

An dieser Stelle wird das Gebiet der Pornographie nur als Beispiel des Sittenstrafrechtes herausgegriffen. Man darf dabei nicht nur, wie es für gewöhnlich geschieht, an die Verbreitung schriftlicher und bildlicher Darstellungen unzüchtigen Inhalts aus dem Sexualbereich denken, vielmehr gehören in diesen Zusammenhang auch die akustische Wiedergabe sexueller Vorgänge sowie Schaustellungen sexueller Betätigungen aller Art in Amüsierbetrieben. Dabei ist zu bedenken, daß Angebot und Konsum der Pornographie sich nicht nur in privaten Bereichen hinter verschlossenen Türen vollziehen, sondern durch Film und Filmreklame, durch das massenhafte Angebot von Kleinschriften und illustrierten Publikumszeitschriften, durch Schaustellungen und Porno-Messen in aufdringlicher Weise die gesamte Öffentlichkeit überfluten. Nur mit Mühe ist es bisher gelungen, die Fernsehprogramme von pornographischen Produkten einigermaßen freizuhalten. Erste Beispiele für eine Überschreitung der hier bisher gezogenen Grenzen lassen bereits jetzt erkennen, was für die in allen Wohnungen stehenden Bildschirme zu erwarten ist, wenn die z. Z. noch geltenden strafrechtlichen Sicherungen fallen. Für Film und Filmreklame würde die schon jetzt nicht sehr wirksame Freiwillige Selbstkontrolle der Filmwirtschaft ihre Wirkungsmöglichkeit vollends verlieren.

Pornographie und Vergehen sexueller Art gefährden Bezirke personalen Lebens, die leicht verletzlich und deshalb besonders schutzbedürftig sind. Ihre rechtliche Neuordnung stellt daher an die sittliche Verantwortung der Gemeinschaft besonders hohe Ansprüche. Es besteht die Gefahr, das Rechtsgut, um dessen Schutz es hier geht, zu eng und geradezu individualistisch zu verstehen, indem nach dem Nachweis einer tatsächlichen und unmittelbaren Gefährdung und Schädigung des einzelnen gefragt wird. Die Gesellschaft ist der Würde des Menschen auch eine Pflege der allgemeinen gesellschaftlichen und kulturellen Atmosphäre schuldig. Dabei ist auch zu bedenken, daß eine gelegentlich vorhandene künstlerische und gesellschaftskritische Tendenz obszöner und pornographischer Darstellungen den meisten nicht erkennbar ist, sondern nur von „Eingeweihten" verstanden wird. Umgekehrt ist gar nicht zu leugnen, daß eine künstlerische und pädagogische Tendenz in der Darbietung von Pornographie oft nur einen Vorwand darstellt, hinter dem sich die eigentliche Absicht verbirgt.

Die Diskussion um das Sittenstrafrecht gehört in den größeren Zusammenhang der Bemühungen um eine neue rechtliche, sittliche, menschliche und pädagogische Wertung der Sexualität überhaupt. Es ist begrüßenswert, daß sich weithin eine natürliche Unbefangenheit im öffentlichen und privaten Umgang mit sexuellen Fragen durchgesetzt hat. Das gilt vornehmlich für das Verhältnis von Eltern und Lehrern zu jungen Menschen, wodurch eine moderne Sexualerziehung überhaupt erst möglich wird. Die Sexualität ist so sehr eine den ganzen Menschen bestimmende Realität, daß ihre Leugnung oder Verdrängung zu Schäden führen kann. Daß unter diesem Vorzeichen in Verbindung mit einem neuen Verständnis von Strafe und Strafandrohung das Sittenstrafrecht überprüft und das jeweils zu schützende Rechtsgut neu durchdacht wird, erscheint unausweichlich.

Die an sich begrüßenswerte Forderung nach einem positiven Verhältnis zur Sexualität ist aber längst zu einem Instrument sehr viel weitergehender menschlicher und gesellschaftlicher Ziele geworden. Die Sexualbewegung hat z. T. sogar einen politischen Aspekt und sieht in der sexuellen Revolution die Vorbereitung und den Ausdruck einer gesellschaftsrevolutionären Entwicklung. Die vermeintliche Zwangsmoral von überkommenen sexuellen Verhaltensnormen soll überwunden werden, weil sie als Ausdruck einer Mentalität von Untertanen, als Herrschaftsmittel einer im übrigen heuchlerischen Oberschicht und als Ursache eines Aggressionsstaues gilt. Eine von den Fesseln der Moral befreite Sexualpädagogik gehört daher zu den Instrumenten einer repressionsfreien, antiautoritären Erziehung. Mit Pathos vertreten Wortführer einer sexuellen Revolution die Ansicht, die Nöte der Gesellschaft könnten dadurch behoben werden, daß man durch sexuelle Freizügigkeit und ein ungehemmtes Ausleben sexueller Triebe mit der geschlechtlichen Verdrängung zugleich die wahren Ursachen von Aggression und Unfreiheit aus der Welt schaffe. So wird der Sexualrevolutionär zum Sozialrevolutionär, zum Propheten einer neuen freien Gesellschaft ohne die Fesseln von Sittlichkeit und Moral.

Es ist schwer begreifbar, daß viele Träger öffentlicher Verantwortung diese Zusammenhänge nicht sehen und so durch die Freigabe der Pornographie einer sexuellen Revolution Vorschub leisten, die auf eine gesellschaftliche Revolution umfassender Art zielt. Tatsächlich ist festzustellen, daß schon heute unter den geltenden Schutzbestimmungen des Strafrechtes, des Jugendschutzes und des Ordnungsrechtes Pornographie das Bild der Öffentlichkeit stark bestimmt. Anstatt den bestehenden Schutz abzubauen, sollten Staat und Gesellschaft dem geltenden Recht wieder größere Wirksamkeit verschaffen und es für die tatsächliche gesellschaftliche Situation anwendbar gestalten.

Neben diesen allgemeinen Zusammenhängen sei noch, keineswegs erschöpfend, auf einige Einzelaspekte verwiesen, die gegen eine substantielle Veränderung der gegenwärtigen strafrechtlichen Schutzbestimmungen hinsichtlich der Pornographie sprechen.

a) Die strafrechtliche Freigabe pornographischer Darstellungen wird mit dem Argument vertreten, der Staat müsse als Sittenwächter aus Wohn- und Schlafzimmern des Bürgers verbannt werden. Dem liegt die Vorstellung zugrunde, man habe es bei der Pornographie überwiegend mit dem Konsum von Büchern, Schriften und Abbildungen im privaten Bereich zu tun. In Wirklichkeit geht es um eine umfassende pornographische Industrie, die über die Kanäle der modernen Massenmedien und über eine an Aufdringlichkeit kaum mehr zu überbietende Reklame in der Öffentlichkeit ihre Produkte in die privaten Bezirke des Lebens hineindrängt. Wie in anderen Lebensbereichen der modernen Gesellschaft geht es auch hier nicht mehr oder nicht mehr ausschließlich um einen Schutz des Privaten vor dem Zugriff des

Staates, sondern um Handhaben für die freie und offene Gesellschaft von heute, dem Mißbrauch ihrer Freiheit zu wehren. Es ist notwendig, den privaten Lebensbereich und die Würde des einzelnen mit Hilfe staatlicher Vorschriften vor dem Angriff durch eine pornographische Industrie, die die Öffentlichkeit immer mehr einem sexuellen Konsumzwang unterwirft, zu schützen.

b) Nach den bisherigen Vorstellungen soll auch in Zukunft weiter bestraft werden, wer pornographische Darstellungen an einen anderen gelangen läßt, ohne von diesem hierzu aufgefordert zu sein. Dieser Rest des bisher allgemeinen Verbotes einer öffentlichen Verbreitung unzüchtiger Erzeugnisse zeigt eine Lebensfremdheit in den bisherigen Vorarbeiten für eine Reform. Sie läßt außer acht, daß sich die eigentliche Belästigung jedes einzelnen durch die pornographische Überflutung seitens der Publikumszeitschriften, der Vergnügungsstätten, des Films und der öffentlichen Werbung in Tageszeitungen und an Häuserfassaden vollzieht. An dieser Stelle verfährt sogar die sicherlich sehr problematische dänische Gesetzgebung zur Pornographie genauer. Diese gibt zwar die Verbreitung von Pornographie für Erwachsene frei, enthält daneben aber eine Reihe von Einschränkungen, die eine Verletzung des Schamgefühls verhindern sollen. So dürfen niemandem gegen seinen Willen unzüchtige Bilder oder Schriften aufgezwungen werden, unzüchtige Filme sind als solche zu kennzeichnen, gesetzliche und polizeiliche Vorschriften schränken öffentliche Auslagen pornographischer Erzeugnisse ein.

c) Ein weiteres Argument für die Freigabe einer Verbreitung von Pornographie verweist auf die Selbständigkeit und Mündigkeit des Bürgers. Dabei ist zu bedenken, daß es auch andere Bereiche gibt, in denen dem Bürger sehr wirksame strafrechtliche Schutzbestimmungen begegnen. Man denke an etliche Staatsschutzbestimmungen, aber auch an Bestimmungen zur Verhütung von Suchtgefahren. Man sollte Strafbestimmungen dieser und ähnlicher Art nicht immer gleich unter dem Gesichtspunkt der Bevormundung beurteilen, sie haben oft überwiegend die Funktion des Schutzes für den einzelnen und die Gesellschaft und damit eine sozialpädagogische Aufgabe.

d) Vielfach wird auf den negativen Anreiz verwiesen, den eingrenzende Strafbestimmungen gerade auf dem Gebiete der

Pornographie ausüben. Eine Aufhebung der bestehenden Verbote wird gefordert, um durch den Wegfall des Anreizes die Massenproduktion zu mindern, Konkurrenzverhältnisse zu schaffen und auf diese Weise das Niveau zu heben. Es ist aber zu fragen, ob dem Gesetzgeber eine derartige Spekulation erlaubt ist. Zudem geht die Erfahrung dahin, daß eine Konkurrenzsituation auf diesem Gebiet sich wegen der tatsächlichen oder vermeintlichen größeren Publikumswirkung in Richtung auf eine Senkung des Niveaus auswirkt. Man muß auch darauf hinweisen, daß der Pornographie eine Tendenz zu Sadismus und Brutalität innewohnt, deren Steigerung durch eine Freigabe unabwendbar erscheint.

In diesem Zusammenhang ist ein Wort über die angeblich guten Erfahrungen mit der dänischen Gesetzgebung zur Pornographie erforderlich, die in verschiedenen Schritten 1967 und 1969 zu einer generellen Freigabe der Verbreitung von Pornographie für Erwachsene geführt hat. Trotz vieler Richtigstellungen wird nach wie vor hartnäckig behauptet, diese Freigabe habe sowohl eine rückläufige Tendenz der Sexualverbrechen wie auch einen schlagartigen Rückgang der Produktion und Verbreitung pornographischer Erzeugnisse zur Folge gehabt. Eine Nachprüfung zeigt, daß die Zahl der Sexualverbrechen in Dänemark bei leichter Zunahme der Notzuchtsdelikte zwar insgesamt rückläufig ist, was aber mit der Pornographie-Gesetzgebung nichts zu tun hat, da der Rückgang schon früher einsetzte und offenbar auch auf eine geringere Verfolgungsintensität zurückzuführen ist. Hinsichtlich des Rückgangs pornographischer Erzeugnisse läßt sich über die Auswirkung der erst im Jahre 1969 abgeschlossenen dänischen Pornographie-Gesetzgebung überhaupt keine zuverlässige Feststellung treffen. Zudem sind gerade hier statistische Erhebungen außerordentlich schwierig, weil die dänische Produktion pornographischer Darstellungen zum guten Teil dem Export dient oder von Touristen in Dänemark erworben wird. Es ist durchaus vorstellbar, daß auf dem innerdänischen Markt eine Sättigung mit pornographischen Erzeugnissen eingetreten ist, es dürfte aber schwerlich möglich sein, einen Rückgang der Produktionskurve ursächlich auf die Freigabe von Pornographie zurückzuführen. Schließlich rechtfertigt ein Rückgang einer übersteigerten Produktion pornographischer Erzeugnisse keineswegs den Verzicht auf jegliche gesetzliche Sicherung. Die Schutzaufgabe des Staates für die Gesellschaft, die einzelnen und besonders die Jugendlichen läßt sich durch den Hinweis auf Produktionsziffern nicht erledigen. Die Argumentation mit dänischen Erfahrungen sollte daher aus einer seriösen Diskussion ausscheiden.

e) Die Wirkung der Pornographie sowohl auf Jugendliche wie auf Erwachsene ist immer noch nicht hinreichend geklärt, obwohl seit Jahren nach entsprechenden wissenschaftlichen Untersuchungen gefragt wird. Offenbar sind die Schwierigkeiten für derartige Untersuchungen sehr groß und ihre Ergebnisse umstritten. Jedenfalls sollte man sich auch auf diesem Gebiet vor einer unkritischen Wissenschaftsgläubigkeit hüten. Eine wirksame und verantwortliche Geschlechtererziehung wäre eine elementare Voraussetzung für die Lockerung bestehender gesetzlicher Vorschriften. Diese Geschlechtererziehung befindet sich in den ersten Anfängen und ist gegenwärtig noch durch eine Kette von Unzulänglichkeiten und Mißgriffen gekennzeichnet. Um so weniger sollten in der Gesetzgebung Fakten geschaffen werden, die sich später bei besserer Einsicht kaum wieder rückgängig machen lassen. Die von vielen namhaften Jugendsachverständigen und Sexualforschern vertretene Auffassung, daß zu frühe sexuelle Eindrücke und Beziehungen die Reifung des jungen Menschen gefährden, ist nicht widerlegt. Jedenfalls treibt die Pornographie die Sexualität in eine Isolierung, die den Bemühungen der heutigen Sexualwissenschaft widerspricht, Bedeutung und Aufgabe der Sexualität im Rahmen eines personalen Ganzheitsverständnisses des Menschen zu bestimmen. Ein sittlich wertfreies Verständnis von Sexualität liefert diese einer biologischen Eigengesetzlichkeit aus. Die Gefahr liegt darin, daß eine solche Isolierung die Bereitschaft zu einer sittlich verantworteten ganzheitlichen Lebensgestaltung des Menschen lähmt und die gegenseitigen Erwartungen von Mann und Frau korrumpiert.

f) Immer wieder wird in diesem Zusammenhang auf gewandelte Moralvorstellungen hingewiesen, denen auch der Gesetzgeber Rechnung tragen müsse. Dies ist auf dem Gebiete der Sexualität sicherlich in mancher Hinsicht der Fall. Es ist aber sehr sorgfältig zu überlegen, in welchem Umfange die Ordnung der Rechtsgemeinschaft einem solchen Wandel der Moral jeweils nachzueilen oder ihm gar vorauszueilen hat. Das Recht hat seinem Wesen nach eine ordnende und bewahrende Funktion. Diese Funktion verliert es aber, wenn es den Zeitströmungen kritiklos anheimgegeben wird. Keineswegs darf geschehen, daß unter mißbräuchlicher Ausnutzung der freiheitlichen Grundstruktur und unter schwächlicher Duldung von Staat und Gesellschaft Verhältnisse und Bedürfnisse geschaffen werden, die dann im nachhinein zum Rang eines gültigen Maßstabes erhoben werden. Wenn schon auf vorhandene gesellschaftliche Verhältnisse und die in ihnen herrschenden Moralvorstellungen abgestellt wird, dann darf nicht übersehen werden, wie unterschiedlich auch heute noch im Raum der Bundesrepublik Deutschland die Bereitschaft ist, Erscheinungen der Pornographie hinzunehmen oder ihnen zu wehren. In nicht geringem Umfange ist es bisher in manchen Gebieten der Bundesrepublik gelungen, mit dem gesetzlichen Instrumentarium den gröbsten Auswüchsen auf diesem Gebiet wirksam zu begegnen. Es kann nicht eingesehen werden, daß die Möglichkeiten dafür beseitigt werden müssen.

g) Bei allem Wandel gesetzlicher Moralvorstellungen muß der Gesetzgeber bleibende Kriterien für die Rechtsordnung respektieren. Hierzu gehört in diesem Zusammenhang der Schutz der Menschenwürde. Er bedingt vor allem das Eintreten für die Würde der Frau, die durch die angebliche sexuelle Befreiung zu einem Objekt erniedrigt wird. Hierzu gehört ferner eine angemessene Berücksichtigung der Entwicklung des Kindes und des Jugendlichen seitens der Erwachsenen auch um den Preis der Einschränkung kommerzieller Interessen. Ein Staat, der in seiner Rechtsordnung die Verletzung der Menschenwürde in einem bestimmten Bereich hinnimmt oder sie gar durch den Abbau bestehender Rechtsnormen erleichtert, verliert Legitimation und Möglichkeit, die Menschenwürde überhaupt zu wahren. Der immer wieder gegebene Hinweis auf die Unwirksamkeit der bisher geltenden gesetzlichen Bestimmungen über die Verbreitung unzüchtiger Darstellungen kann nicht überzeugen. Die gröbsten Auswüchse und Schamlosigkeiten lassen sich auch heute noch eindämmen, wenn der Wille bei den verantwortlichen Stellen in Rechtsprechung und Verwaltung vorhanden ist. Die nachlässige Handhabung der geltenden Bestimmung, die das Anwachsen einer Porno-Welle begünstigt, kann nicht mit dem Hinweis auf das Vorhandensein dieser Porno-Welle gerechtfertigt werden.

h) Es ist verwunderlich, daß in die Diskussion über die strafrechtliche Neugestaltung des Gebietes der Pornographie Erfahrungen und Gesichtspunkte des Jugendschutzes nicht viel stärker einbezogen werden. Es liegt in der Logik der Sache, daß auf die Freigabe der Verbreitung der Pornographie ein erheblicher Abbau des bisher geltenden Jugendschutzes folgen muß. Darum ist zu fordern, daß die strafrechtlichen Bestimmungen über die Pornographie und alle gesetzlichen Vorschriften des Jugendschutzes als ein zusammenhängender Komplex behandelt werden. Der vielfach geäußerte Verdacht, daß auf eine Freigabe der Pornographie für Erwachsene ein Abbau des Jugendschutzes erfolgen soll, darf keine weitere Nahrung erhalten. Jedenfalls muß deutlich sein, daß es einen isolierten Jugendschutz nicht geben kann; er wäre pädagogisch, politisch und gesellschaftlich unmöglich, zudem in keiner Weise praktisch durchführbar.

Ein überzeugender Nachweis dafür, daß eine Freigabe der Pornographie erforderlich ist, konnte bisher nicht erbracht werden. Es kann nicht anerkannt werden, daß durch die bisherige Gesetzgebung über die öffentliche Verbreitung unzüchtiger Darstellungen auch nur ein Bürger unseres Staates in seiner Freiheit und in der Entfaltung seiner Persönlichkeit unzumutbar beschränkt worden ist. Unsere Gesellschaft leidet auf diesem Gebiet nicht an einem Zuwenig, sondern eher an einem Mißbrauch an Freiheit. Ein uneingeschränktes Ausleben sexueller Triebe ist für den einzelnen und für die Gesellschaft ebenso schädlich wie eine verkrampfte, totale Tabuisierung. Freiheit und sittliche Verantwortung für ihre Gestaltung stehen immer zueinander in einer gewissen Spannung. Diese Spannung darf auch für das Gebiet der Sexualität nicht aufgelöst werden. Die Gesetzgebung über die Pornographie kann darin einen wichtigen Dienst tun.

18. Stellungnahme des Katholischen Arbeitskreises für Strafrecht beim Kommissariat der Deutschen Bischöfe zum Entwurf eines Vierten Gesetzes zur Reform des Strafrechts (4. StrRG) vom 23. 11. 1970

(Auszug)

Schwerpunkte des Entwurfs eines Vierten Gesetzes zur Reform des Strafrechts sind das Sexualstrafrecht und die Delikte gegen Ehe und Familie. In der Begründung des Entwurfs wird mit Recht darauf hingewiesen, daß tiefgreifende Änderungen vor allem bei den Vorschriften über die Kuppelei und bei den Vorschriften gegen die Verbreitung pornographischen Materials vorgesehen sind, insbesondere die Strafbarkeit gegenüber dem geltenden Recht wesentlich eingeschränkt wird.

Der Katholische Arbeitskreis für Strafrecht ist in Übereinstimmung mit der Begründung des Entwurfs der Auffassung, daß eine Strafdrohung grundsätzlich nur dort vorzusehen ist, wo Rechtsgüter des Einzelnen oder der Allgemeinheit angegriffen oder gefährdet werden und ohne eine Strafdrohung nicht hinreichend geschützt werden können. In solchen Fällen, in denen sich eine Tat gegen schutzwürdige Rechtsgüter richtet, ist der Staat aber auch verpflichtet, durch Strafdrohung den Schutz des Einzelnen oder der Allgemeinheit sicherzustellen.

Diesem Grundsatz wird der Entwurf des 4. StRGesetzes weitgehend *nicht* gerecht.

...

5. Es ist zu begrüßen, daß der Entwurf in § 173 die Blutschande in der Form des Beischlafs zwischen Verwandten weiter pönalisieren will. Es besteht Veranlassung darauf hinzuweisen, daß auch der Geschwisterinzest strafwürdig ist. Den Bestrebungen, den Beischlaf zwischen Geschwistern straffrei zu lassen, muß entschieden entgegengetreten werden. Strafgrund ist auch hier der in Artikel 6 GG statuierte Schutz von Ehe und Familie. Inzestuöse

Beziehungen bedeuten stets eine schwere Belastung für die Familie. Sie wirken, worauf die Begründung des Entwurfs mit Recht hinweist, fast immer ehe- und familienzerstörend und führen sehr häufig zu schweren seelischen Schäden, namentlich bei den Minderjährigen.

Der Fassung des § 173 des Entwurfs wird mit der Maßgabe zugestimmt, daß die obligatorische Straffreiheit in § 173 Abs. 3 in eine fakultative umgewandelt wird, da auch bei Tätern unter 18 Jahren durchaus strafwürdige Fälle denkbar sind. § 173 Abs. 3 sollte danach wie folgt lauten:

> „Bei Verwandten absteigender Linie und Geschwistern, die zur Zeit der Tat noch nicht achtzehn Jahre alt waren, kann von Strafe abgesehen werden."

6. Der Entwurf des 4. StrRGes. will den bisherigen Rechtsbegriff der *„unzüchtigen Handlung"* grundsätzlich durch die gesetzliche Umschreibung *„sexuelle Handlung, die im Hinblick auf das geschützte Rechtsgut von einiger Erheblichkeit sind"*, ersetzen.

Soweit damit eine Einengung gesetzlicher Tatbestände beabsichtigt ist, muß dem entschieden widersprochen werden, weil dadurch die Schutzgrenze im Sexualstrafrecht wesentlich zurückverlegt wird.

An die Stelle der heute in Rechtsprechung und Literatur weithin ausgetragenen Auslegungsschwierigkeiten hinsichtlich des Begriffs „unzüchtige Handlung" würden neue treten, zumal die vage Formulierung „von einiger Erheblichkeit" ein unbestimmter Rechtsbegriff von solcher Breite ist, daß hier erhebliche Auslegungsschwierigkeiten und eine sehr unterschiedliche Rechtsprechung zu erwarten sind, was der Gesetzgeber durch klare Begriffe vermeiden sollte.

Offensichtlich sind ideologisch gesteuerte Emotionen die treibende Kraft, die Begriffe „Unzucht" und „unzüchtige Handlung" zu beseitigen. Eine Entethisierung wird durch die vom Entwurf vorgeschlagene neue Formulierung mit Sicherheit nicht erreicht.

7. Schwerwiegende Bedenken erhebt die Katholische Strafrechtskommission gegen die aus Jugendschutzgründen nicht zu verant-

wortende Einschränkung der Strafbarkeit des sexuellen Mißbrauchs von Schutzbefohlenen in § 174 des Entwurfs. Wenn die Begründung des Entwurfs mit Recht betont, daß jugendliche Schutzbefohlene davor zu bewahren seien, unter dem Druck einer Abhängigkeit in ihrem sexuellen Verhalten bestimmt zu werden und daß es im Interesse des Schutzbefohlenen, dessen Persönlichkeitsentfaltung regelmäßig noch nicht abgeschlossen ist, liegt, die Abhängigkeitsverhältnisse schlechthin von sexuellen Beziehungen freizuhalten, ist es schlechterdings unverständlich, daß der Entwurf den Jugendschutz wesentlich einschränkt.

a) Nicht akzeptiert werden kann die Herabsetzung der Schutzaltersgrenze auf 16 Jahre in § 174 Abs. 1 Ziff. 1 des Entwurfs; vielmehr müssen die zur Erziehung, zur Ausbildung oder zur Betreuung in der Lebensführung anvertrauten Personen bis zur Vollendung des 21. Lebensjahres in den Strafrechtsschutz dieser Bestimmung einbezogen werden. (Vgl. hierzu die Ausführungen Horstkottes zu § 180a StGB in der 145. Sitzung des Sonderausschusses für die Strafrechtsreform im Deutschen Bundestag vom 27. 3. 1969, Seite 3229 ff. mit der Darlegung der Stellungnahmen der Fachverbände für Jugendpflege und Jugendfürsorge).

b) In § 174 Abs. 1 Ziffer 3 des Entwurfs muß das Stiefkind und das Pflegekind in den Strafrechtsschutz einbezogen und insoweit dem leiblichen Kind und dem Adoptivkind gleichgestellt werden.

Es wird unterstellt, daß das nichteheliche Kind von der Formulierung des Entwurfs erfaßt wird.

c) Abzulehnen ist die Einschränkung der Strafbarkeit in § 174 Abs. 2 des Entwurfs auf die Fälle, in denen der Täter handelt, *um sich oder den Schutzbefohlenen durch die Tat sexuell zu erregen.* Dieser innere Tatbestand des Zweckes sexueller Erregung ist sachlich völlig unangebracht und wird in aller Regel nicht nachweisbar sein. Der Täter wird sehr schnell die entsprechende unwiderlegbare Einlassung zur Hand haben. Damit erfüllt diese Vorschrift ihren Sinn nicht und ist praktisch wirkungslos. Wenn die Strafvorschrift den Schutzbefohlenen vor sexuellem Mißbrauch wirksam schützen will, muß der Satz

> „um sich oder den Schutzbefohlenen hierdurch sexuell zu erregen“

ersatzlos gestrichen werden.

8. In § 174b des Entwurfs (Sexueller Mißbrauch einer Beamtenstellung) ist die Beschränkung der Strafbarkeit auf die Beamten, die zur Mitwirkung an einem Strafverfahren oder an einem Verfahren zur Anordnung einer freiheitsentziehenden Maßregel der Sicherung und Besserung berufen sind, zu eng. So kann z. B. ein Amtsträger im Bereich von Zwangsvollstreckung, Vergleichs- und Konkursverfahren in Ausübung seines Amtes und bei der Ausübung seines Ermessens über die wirtschaftliche Existenz eines anderen entscheiden. Sexueller Mißbrauch einer solchen Amtsstellung ist nicht weniger strafwürdig als bei Beamten in der Strafrechtspflege.

9. In § 176 Abs. 5 des Entwurfs (Sexueller Mißbrauch von Kindern) muß ebenfalls der Satz

> „um einen der Beteiligten hierdurch sexuell zu erregen“

ersatzlos gestrichen werden.

Zur Begründung wird auf die Ausführungen zu Ziffer 7c verwiesen.

10. Erheblichen Bedenken begegnet die Neufassung und Einschränkung der Strafvorschriften gegen die Kuppelei (§§ 180, 180a, 181 des Entwurfs).

Der Begründung des Entwurfs, daß bei einer weitgehenden Freigabe der Kuppelei keine gesellschaftlichen Schäden, insbesondere keine Gefahren für Ehe und Familie zu befürchten sind, kann *nicht* zugestimmt werden.

Zunächst einmal sollte nicht verkannt werden, daß das Strafrecht – worauf der Regierungsentwurf 1962 mit Recht hingewiesen hat – durchaus eine sittenbildende und vor allem eine sittenprägende und sittenerhaltende Bedeutung – auch in der Auffassung der Bevölkerung – hat. Dieser Intention des Strafrechts würde bei der vom Entwurf beabsichtigten weitgehenden Einschränkung der Strafvorschriften gegen die Kuppelei ein schwerer

Schlag versetzt. Auch kann die Befürchtung nicht von der Hand gewiesen werden, daß ein zu erwartendes erhebliches Vordringen der Kuppelei, vor allem der gewerbsmäßigen Kuppelei, in der Öffentlichkeit die tragenden Wertvorstellungen, auf denen Ehe und Familie beruhen, im Bewußtsein der Allgemeinheit erschüttern.

Die hiergegen in der Begründung des Entwurfs vorgebrachten Einwendungen sind wenig überzeugend.

Schließlich würde auch der Jugendschutz erheblich beeinträchtigt. Die bei wesentlicher Straffreistellung der Kuppelei zu befürchtende und zum Teil jetzt schon zu beobachtende schrankenlose Werbung für außerehelichen Geschlechtsverkehr, vor der auch der Deutsche Richterbund nachhaltig gewarnt hat, würde sich gerade auf Jugendliche verheerend auswirken.

Es mag allenfalls vertretbar sein, „das Gewähren oder Verschaffen von Gelegenheiten" aus dem Grundtatbestand der Kuppelei herauszunehmen. Auf die Strafbarkeit der *„Vermittlung"* außerehelicher Geschlechtsbeziehungen kann jedoch aus den vorbezeichneten Gründen nicht verzichtet werden.

Geradezu unverständlich ist, daß der Entwurf des 4. Strafrechtsreformgesetzes sogar die *gewerbsmäßige* Kuppelei straffrei stellen will, obwohl gerade diese Verhaltensweisen (Call-Girl-Ringe) besonders bedenklich und verwerflich und in hohem Maße gemeinschaftsschädlich sind.

Auch die im Entwurf vorgesehene Straffreistellung der Ehegattenkuppelei (z. B. Partnertausch) ist ein eklatanter Verstoß gegen den in Art. 6 GG verankerten Schutz von Ehe und Familie und kann nicht hingenommen werden. Zumindest muß die durch aktives Tun vermittelte oder geförderte geschlechtliche Beziehung eines Ehegatten zu einem anderen pönalisiert bleiben. Schließlich ist auch die Herabsetzung der Schutzaltersgrenzen auf 16 bzw. 18 Jahre in § 180 des Entwurfs eine unverantwortliche Verletzung der Verpflichtung des Staates, die Jugend zu schützen und ihre gedeihliche Entwicklung zu garantieren.

Die Schutzaltersgrenze muß in § 180 Abs. 1 des Entwurfs auf mindestens 18 Jahre und in § 180 Abs. 2 auf 21 Jahre heraufgesetzt werden.

Auch das in § 180 Abs. 1 des Entwurfs vorgesehene sog. Erziehungsprivileg, das nach der Entwurfsfassung sogar zu einer Straffreiheit für das Verkuppeln *minderjähriger sorgeberechtigter Personen unter 16 Jahren* führt, ist aus Gründen des Jugendschutzes entschieden abzulehnen.

Auf den Aufsatz des Mitgliedes der Katholischen Strafrechtskommission Prof. Dr. Dietrich Lang-Hinrichsen „Erwägungen zur künftigen Ausgestaltung der Kuppeleivorschriften" in Goltdammers Archiv, Jahrgang 1970, Heft 8, Seite 225–239, wird ergänzend verwiesen.

11. Die schwerwiegendsten Bedenken bestehen gegen die vom Entwurf des 4. Strafrechtsreformgesetzes vorgesehene wesentliche Einschränkung bzw. völlige Beseitigung des strafrechtlichen Schutzes gegen die Herstellung und Verbreitung pornographischer Schriften, Tonträger, Abbildungen oder Darstellungen (§§ 184, 184a und Art. 5 Nr. 1).

Angeblich soll mit der Freigabe der Herstellung und des Vertriebes pornographischen Materials dem erwachsenen Staatsbürger die Freiheit eingeräumt werden, selbst über das zu bestimmen, was er lesen, hören oder betrachten wolle. Weiterhin argumentiert die amtliche Begründung des Entwurfs, daß die bisher vertretene Auffassung von der schlechthin gegebenen Gemeinschaftsschädlichkeit pornographischer Erzeugnisse keine genügende Grundlage eines umfassenden Verbotes sei. Es sei nicht empirisch erforscht, welche Folgen es habe, wenn ein Mensch über längere Zeiträume immer wieder pornographischem Material ausgesetzt sei. Dieses Fehlen wissenschaftlich gesicherter Erkenntnisse zwinge zu einer Abwägung zwischen der weder bewiesenen noch auszuschließenden Möglichkeit gemeinschaftsschädlicher Auswirkungen der Pornographie einerseits und sonstiger Interessen andererseits. Die Freiheit des Staatsbürgers, auch Pornographie uneingeschränkt zu betrachten und zu lesen, habe Vorzug gegenüber einer möglichen Gemeinschaftsschädlichkeit solcher Erzeugnisse.

Schließlich wird von den Verfechtern der Freigabe der Herstellung und Verbreitung pornographischen Materials damit argumentiert, daß angesichts des zum größten Teil ekelhaften und abstoßenden Inhalts pornographischer Schriften das Interesse an pornographischem Material sehr schnell nachlassen und damit die zunächst zu erwartende Pornographieflut von alleine zurückgehen werde.

In Übereinstimmung mit der Auffassung der Deutschen Bischofskonferenz in ihrer Verlautbarung zur Strafrechtsreform vom 25. September 1970 ist auch die Katholische Strafrechtskommission der Überzeugung, daß diejenigen, die pornographisches Material herstellen und verbreiten, dies aus reiner Profitgier tun und daß bei manchen angenommen werden muß, daß sie mit der Verbreitung übelster pornographischer Machwerke die gesellschaftliche und staatliche Ordnung bewußt zerstören wollen.

Die deutschen Bischöfe haben mit Recht darauf hingewiesen, daß es in dieser Situation besonders befremdlich ist, daß die bestehenden Strafvorschriften gegen die Herstellung und Verbreitung unzüchtigen Materials in weitem Umfange abgeschafft oder eingeschränkt werden sollen.

Die in der amtlichen Begründung des Entwurfs enthaltenen Argumente und die von interessierter Seite immer wieder aufgestellten Behauptungen überzeugen in keiner Weise, sind zum großen Teil falsch und im übrigen auch nicht geeignet, eine weitgehende Freigabe der Pornographie zu rechtfertigen.

Soweit behauptet wird, daß das Interesse an Pornographie durch Abstumpfung bzw. Überdruß sehr schnell nachlassen und die Pornographieflut eindämmen werde, handelt es sich um ein ausgesprochen heuchlerisches Argument, zu dem nicht ernsthaft Stellung genommen zu werden braucht.

Der Argumentation, Pornographie sei völlig unschädlich, zumindest für den Erwachsenen, muß entschieden widersprochen werden. Es häufen sich die Stellungnahmen namhafter Mediziner, Pädagogen, Psychologen, Psychotherapeuten und anderer Wissenschaftler, die eine Sozialschädlichkeit und Sozialgefährlichkeit der Pornographie mit überzeugenden Argumenten nachweisen. (Vgl. Mettner und Mainusch „Pornotopia“, Athenäum-Verlag Frankfurt und Bonn 1970 mit weiteren Literaturhinweisen). Dr. med. Aich aus Stuttgart-Bad Cannstatt (u. a. auch als medizinischer

Gutachter in Sexualstrafverfahren tätig) hat in einem eindrucksvollen Schreiben an den Bundespräsidenten vom 1. März 1970 (abgedruckt in „Concepte", Sonderheft Oktober 1970, Robor-Verlag Hückeswagen) ausgeführt, daß die Pornographie eine besonders destruktive Wirkung entfaltet und Menschen jeder Altersstufe negativ prägt. Falsche Triebfixierungen sind nicht selten. Staatsanwälte und Strafrichter, die Erfahrung in Jugend- und Jugendschutzsachen haben, werden bestätigen, wie häufig Jugendliche und Heranwachsende nach dem Besuch eines Sexfilmes oder nach der Lektüre pornographischer Literatur in Wort und Bild zu sexuellem Fehlverhalten und zu Straftaten gegen die Sittlichkeit kommen. Noch folgenschwerer sind die Auswirkungen der Pornographie auf alleinstehende Männer mit geistigen und körperlichen Defekten, die wegen ihrer geistigen oder körperlichen Gebrechen nicht den Weg zum anderen Geschlecht finden und durch Pornographie nicht selten zu unzüchtigen Handlungen (mit und ohne Gewaltanwendung) mit Kindern oder zu exhibitionistischen Handlungen getrieben werden.

Es kann also gar keine Rede davon sein, daß Pornographie völlig unschädlich ist; vielmehr gehen von der Pornographie schwerwiegende Gefahren für den Einzelnen wie für die Allgemeinheit aus. Die Entwurfsbegründung will dies auch offensichtlich gar nicht bestreiten, sondern sich lediglich hinter dem fadenscheinigen Argument verstecken, daß zuverlässige wissenschaftliche Erfahrungen in dieser Frage noch nicht vorliegen.

Wenn man einmal mit der Begründung des Entwurfs davon ausgehen wollte, daß zuverlässige wissenschaftliche Erfahrungen und Ergebnisse noch nicht vorliegen, dann ist es unverantwortlich vom Staat, durch eine weitgehende Freigabe der Pornographie Experimente mit dem Einzelnen und mit der Allgemeinheit machen zu wollen. Vielmehr ist es eine Pflicht des Staates, nicht nur Kinder und Jugendliche, sondern die Menschen aller Altersgruppen vor auch nur möglichen gemeinschaftsschädlichen Auswirkungen zu schützen, indem er wie bisher die Einfuhr, die Herstellung und die Verbreitung unzüchtiger Schriften und Sachen pönalisiert.

Der Staat kann und darf die Herstellung und die Verbreitung pornographischer Sachen nur zulassen, wenn er *beweist*, daß die

Pornographie nicht gemeinschaftsschädlich oder gemeinschaftsgefährlich ist und zugleich Kinder und Jugendliche wirksam vor der Pornographie geschützt werden. Diesen Beweis hat die Regierung (nach eigenem Eingeständnis in der Begründung des Gesetzentwurfs) *nicht* erbracht und dieser Beweis wird auch nie zu erbringen sein. Im übrigen ist bei der Formulierung des vorliegenden Gesetzentwurfs in § 184 ein wirksamer Jugendschutz in gar keiner Weise gewährleistet. Dies muß auch die Entwurfsbegründung weitgehend einräumen. Es ist völlig klar, daß – wenn Herstellung und Verbreitung freigegeben werden – die pornographischen Erzeugnisse nicht vor Kindern und Jugendlichen versteckt werden können, von der zu erwartenden Werbung ganz zu schweigen. Jeder, der die Zustände an Kiosken, Zeitungsständen sowie offenen und nichtoffenen Ladengeschäften (z. B. Pornoshops) kennt, weiß genau, daß in der Praxis kein Verkäufer den jugendlichen Pornointeressenten nach seinem Alter fragen wird, geschweige denn sich einen Ausweis vorlegen läßt. Noch schlimmer wird die Situation im Versandhandel, wo eine zuverlässige Kontrolle überhaupt nicht möglich ist. Der Entwurf räumt darüber hinaus selbst ein, daß bei einer zu erwartenden Verbilligung des Pornomaterials dieses in großem Umfange weggeworfen oder liegengelassen wird und auch auf diese Weise Kindern und Jugendlichen zugänglich gemacht wird. Kinder und Jugendliche werden also trotz der im Entwurf § 184 Nr. 1 vorgesehenen Bestimmung sehr leicht in den Besitz pornographischen Materials gelangen. Damit aber ist diese Bestimmung praktisch wirkungslos.

Die Behauptung des Entwurfs, einen wirksamen Jugendschutz anzustreben, ist im übrigen eine glatte Irreführung und soll offensichtlich als Feigenblatt zur Beruhigung einer empörten Öffentlichkeit und des Nichtfachmannes dienen. Im Gesetz über die Verbreitung jugendgefährdender Schriften in der Fassung der Bekanntmachung vom 29. April 1961 ist nämlich ein wesentlich weitergehender Jugendschutz enthalten. Wenn nunmehr in der Neufassung des Strafgesetzbuches der literarische Jugendschutz übernommen und in der Entwurfsfassung ein gegenüber dem Gesetz über die Verbreitung jugendgefährdender Schriften (GjS) wesentlich eingeschränkter Jugendschutz vorgesehen werden soll, kann das nur zur Folge haben, daß das jüngere Gesetz (Neufassung des

StGB) dem älteren Gesetz (GjS) vorgeht und damit die entsprechenden Bestimmungen des GjS nicht mehr anzuwenden sind oder aber, was von der Bundesregierung bereits mehrfach erklärt worden ist und worauf auch die Begründung des Entwurfs hinweist, daß – sobald die Neufassung des § 184 StGB verabschiedet ist – wegen der Überschneidung bzw. Widersprüchlichkeit der Bestimmungen das Gesetz über die Verbreitung jugendgefährdender Schriften geändert oder möglicherweise ganz aufgehoben wird. Damit würde der bisherige gesetzliche Jugendschutz nicht nur wesentlich durchlöchert, sondern fast völlig beseitigt, da die Fassung des § 184 des Entwurfs, wie ausgeführt, einen wirksamen Jugendschutz nicht gewährleisten kann.

Dies nimmt die Begründung des Entwurfs auch offensichtlich in Kauf, wenn dort ausgeführt wird, daß trotz der Vorschrift des § 184 eine vollständige Abschirmung der Kinder und Jugendlichen nicht möglich sein wird. Diese von der Bundesregierung beschlossene amtliche Begründung des Entwurfs und die damit vom Gesetzentwurf bewußt in Kauf genommene und gebilligte sittliche und seelische Gefährdung von Kindern und Jugendlichen und die ebenfalls in Kauf genommene sozialschädliche Auswirkung der Pornographie auf den erwachsenen Menschen muß geradezu als politischer Skandal bezeichnet werden.

Die Berufung der Verfechter der Pornographiefreigabe auf das Recht auf freie Entfaltung der Persönlichkeit und auf das Recht auf Informationsfreiheit geht völlig fehl. Das in Art. 2 GG verankerte Recht auf die freie Entfaltung der Persönlichkeit besteht nur, soweit nicht Rechte anderer verletzt werden und soweit nicht gegen die verfassungsmäßige Ordnung oder gegen das Sittengesetz verstoßen wird. Alle vorbezeichneten Einschränkungen des Grundrechts aus Art. 2 GG sind bei einer Freigabe der Herstellung und Verbreitung pornographischen Materials gegeben, da die Pornographieverbreitung – wie bereits ausgeführt – die Rechte anderer verletzt, gegen die verfassungsmäßige Ordnung und eindeutig auch gegen das Sittengesetz verstößt. Auch wenn die Pornographieideologen gegen den Begriff „Sittengesetz“ Sturm laufen, ist nicht daran zu rütteln, daß unsere verfassungsmäßige Ordnung und unser Grundgesetz auf dem Boden des Sittengesetzes stehen und es nach dem ausdrücklichen Wortlaut der Verfassung zu schützen haben. Auch kann eine Freigabe der Herstellung und Verbreitung der Pornographie nicht auf Art. 5 GG gestützt werden, da es keine totale Informationsfreiheit gibt, sondern auch die Rechte aus Art. 5 GG ihre Schranken in den Vorschriften der allgemeinen Gesetze, den gesetzlichen Bestimmungen zum Schutze der Jugend und in dem Recht der persönlichen Ehre finden.

Umgekehrt gebietet vielmehr die Wertordnung unseres Grundgesetzes die Beibehaltung des strafrechtlichen Verbotes der Einfuhr, Herstellung und Verbreitung unzüchtigen Materials. Gemäß Art. 1 GG ist die Würde des Menschen unantastbar. Sie zu achten und zu schützen ist Verpflichtung aller staatlichen Gewalt. Daß durch die Verbreitung übelster Pornographie, in der die Frau zum prostituierenden Geschlechtsobjekt herabgewürdigt wird, die Würde des Menschen, insbesondere die Würde jener Frau, in grober Weise verletzt wird, ist wohl offenkundig. Insofern liegt in der Freigabe der Pornographie im Rahmen des vorliegenden Entwurfs eindeutig eine Verletzung des Art. 1 GG.

Auch würde die weitgehende Freigabe der Pornographie gegen den in Art. 6 GG statuierten Schutz von Ehe und Familie verstoßen.

Bedenklich ist auch die Ersetzung des Begriffs „unzüchtige Schrift“ durch „pornografische Schrift“. Die Behauptung in der Begründung des Entwurfs, daß diese Änderung vorgenommen werden soll, weil gegen den Begriff „unzüchtige Schrift“ Bedenken wegen seiner Unbestimmtheit erhoben worden sind, kann einfach nicht ernst genommen werden, zumal der neue und noch problematischere Begriff wesentlich größere Auslegungsschwierigkeiten bringt. Es ist unzweifelhaft, daß mit der Ersetzung des Begriffs „unzüchtig“ durch „pornographisch“ eine Zurückverlegung der Schutzgrenze beabsichtigt ist. Wie weit der Abbau des Strafrechtsschutzes durch die Ersetzung des Begriffs „unzüchtig“ durch den Begriff „pornographisch“ geht, ist im Augenblick noch gar nicht abzusehen. Jetzt schon wird ernsthaft die These vertreten, daß die bildliche Darstellung von Koitusszenen zwischen Menschen in allen möglichen Stellungen und Variationen keine Pornographie, sondern legitimer Ausdruck menschlicher Sexualität sei. Von Pornographie — so argumentiert man — könne nur geredet werden, wenn besondere Perversitäten (z. B. Brutalität, Grausamkeit, Koitusszenen zwischen Mensch und Tier u. a.) hinzutreten. Würde eine solche Auslegung des Begriffs „pornographisch" Schule machen, wäre praktisch keinerlei Strafrechtsschutz mehr gegeben.

Zusammenfassend ist zu bemerken, daß der Katholische Arbeitskreis für Strafrecht aus Gründen des Jugendschutzes, aus Gründen des Schutzes der Menschenwürde, insbesondere der Würde der Frau, aus Gründen des Schutzes von Ehe und Familie nachdrücklich an dem geltenden Strafrechtsschutz inhaltlich festhält, womit nicht ausgeschlossen ist, daß im Gesetzestext Verbesserungen vorgenommen werden.

Den Schwierigkeiten des geltenden Rechts, insbesondere im Hinblick auf die unterschiedliche Rechtsprechung, kann durch Schaffung einer zentralen Gutachterstelle und durch Änderung der strafprozessualen Zuständigkeitsregelungen weitgehend Rechnung getragen werden.

12. Der Arbeitskreis wiederholt seine schon früher erhobene und begründete Forderung, *unzüchtige Schaustellungen* entsprechend E 1962 § 220a unter Strafe zu stellen, zumindest die öffentlichen Schaustellungen nach dessen Absatz 1, wie sie heute schon von seriösen Theatern und im Fernsehen geboten werden. Inzwischen handelt es sich nämlich nicht mehr um sog. Striptease-Vorführungen, sondern es besteht ein Trend dahingehend, alles von lebenden Menschen (auch mit Tieren) darstellen zu lassen, was an Obszönität und Perversität auf dem Markte ist.

Den Beteiligten muß auch Berufsverbot drohen. Die geltenden und auch künftigen Bestimmungen gegen Erregung öffentlichen Ärgernisses genügen erfahrungsgemäß nicht.

13. In E Art. 2 Nr. 1 und 2 sind *anstößige Anpreisungen* zu Ordnungswidrigkeiten herabgestuft und nur noch auf die „grob anstößige Weise" beschränkt. Auch hier ist mit erheblichen Auslegungsschwierigkeiten zu rechnen und es ist zu befürchten, daß durch die Einengung die Vorschrift praktisch wirkungslos wird.

Nr. 1 der vorbezeichneten Vorschrift betrifft die Werbung für „außerehelichen sexuellen Verkehr" und für kupplerische Dienste dafür. Die Fassung des Entwurfs kann dahin gedeutet werden, daß gleichgeschlechtliche Sexualbeziehungen nicht gemeint seien. Die Regierungsvorlage eines österreichischen Strafrechtsänderungsgesetzes 1970 will ausdrücklich *jede* „Werbung für gleichgeschlechtliche Unzucht" unter Strafe stellen. Sie wird u. a. damit begründet, daß dafür gesorgt werden müsse, daß aus der Beseitigung der Strafandrohung gegen nicht qualifizierte gleichgeschlechtliche Unzucht kein Schaden entsteht. Die gleiche Notwendigkeit besteht für die deutsche Gesetzgebung.

19. Denkschrift zu Fragen der Sexualethik

Erarbeitet von einer Kommission der Evangelischen Kirche in Deutschland, 1971

(Auszug)*

Vorwort

Diese Denkschrift will einen Beitrag zur Klärung sexualethischer Probleme leisten. Sie wurde von einer für sexualethische Fragen berufenen Kommission der Evangelischen Kirche in Deutschland erarbeitet. Der Kommission gehörten Juristen, Mediziner, Pädagogen, Psychologen, Psychotherapeuten, Soziologen und Theologen an. Es wurde Wert darauf gelegt, daß Vertreter unterschiedlicher Auffassungen über sexualethische Fragen beteiligt waren. Bei den Bemühungen um eine weitgehende Übereinstimmung mußten Kompromisse geschlossen werden. Eine uneingeschränkte Zustimmung konnte die Denkschrift gleichwohl in der Kommission nicht finden. Andererseits besteht in der Öffentlichkeit ein starkes Bedürfnis nach einer evangelischen Äußerung zur Sexualität. Der Rat der Evangelischen Kirche in Deutschland, der sich in mehreren Sitzungen eingehend mit dem Text befaßte, hat die Veröffentlichung der Denkschrift daher freigegeben.

Die Denkschrift gibt nur eine knappe Information. Mit ihr wird die Hoffnung verbunden, daß die in der Kommission begonnenen Gespräche auch die allgemeine Diskussion anregen und weiterführen. Die Denkschrift erscheint deshalb für eine Verwendung in Gesprächskreisen geeignet.

...

Hannover, den 14. Januar 1971

Dr. med. Karl Horst Wrage

Vorsitzender der Komission
für sexualethische Fragen

---

* Abdruck mit freundlicher Genehmigung des Gütersloher Verlagshauses Gerd Mohn, Gütersloh, und des Paulinus-Verlages, Trier.

I. Theologische Erwägungen zur Sexualität

10. Die Kirche hat auf ihrem Weg durch die Geschichte in ihrer Sexualethik nicht immer den Leben und Freude ermöglichenden Charakter des Evangeliums betont. Sie ist nicht allenthalben der Gefahr entgangen, im Kampf mit heidnischem Verständnis der Sexualität das Ethos des Glaubens und der Treue mehr gesetzlich als unter dem Liebesangebot auszudrücken. Unter dem Einfluß eines dualistischen Menschenverständnisses hat man vielfach das geschlechtliche Leben dämonisiert und das eheliche Leben gesetzlich geordnet. Der Geschlechtsverkehr wurde nur dadurch legitimiert, daß er der Erzeugung von Nachkommenschaft diente.

11. Das neuzeitliche, nicht ohne die Wirkung der biblischen Verkündigung entstandene Verständnis des Menschen als leib-seelischer Ganzheit hat den Blick für das biblische Zeugnis über Mann und Frau neu geschärft und die Einsicht in die geschöpfliche Eigenart des geschlechtlichen Lebens zurückgegeben. So zeigen heute theologisches Menschenverständnis und anthropologische Erkenntnisse von Medizin, Psychologie und anderen Wissenschaften, daß der Geschlechtsverkehr nur dort Erfüllung menschlichen Seins eröffnet, wo er in das personale Leben eingegliedert ist und zur persönlichen Hingabe wird.

12. Der unheilvolle Gegensatz zwischen einer gesetzlichen Sexualmoral im Sinne bestimmter kirchlicher Überlieferungen einerseits und einer von der persönlichen Beziehung losgelösten Sexualität mit allen ihren zerstörerischen Konsequenzen andererseits kann nicht überwunden werden, wenn die Kirche lediglich ihre traditionelle Ordnung mit Hilfe der öffentlichen Gesetzgebung zu stabilisieren versuchen würde. Er kann nur überwunden werden, wenn die Kirche die Botschaft von der freien Gnade Gottes, die dem Menschen zur Gestaltung seines Lebens hilft, in der Verkündigung und im Leben ihrer Glieder bezeugt. Die Kirche hat dabei sowohl die gesellschaftlichen Bedingungen heutigen menschlichen Lebens als auch die medizinischen und psychologischen Einsichten in die Bedingungen geschlechtlichen Lebens und deren Rückwirkungen auf die Menschen zu beachten. Diese Berücksichtigung hilft dazu, die

Grundeinsicht in die dem Menschen von Gott zugedachte Gestaltung der Beziehung von Mann und Frau auch für die Gegenwart wirksam zu machen.

II. Mann und Frau

14. Der Mensch lebt nur als Mann oder als Frau; er ist also durch seine Sexualität bestimmt. Das geschlechtliche Gegenüber und die Begegnung von Männern und Frauen haben ihren Sinn in sich selbst. Deshalb dient die Sexualität nicht in erster Linie der Fortpflanzung. Mann und Frau sind aneinander gewiesen, um ihre Beziehung zu gestalten. In der Begegnung mit der Andersartigkeit des Partners erfährt der einzelne Mensch nicht nur eine Ergänzung, sondern er erkennt sich selbst und den anderen.

15. Sexuelles Verhalten ist von Traditionen abhängig und unterliegt sozialem Wandel. Das Verhältnis von Mann und Frau wird nicht durch den Instinkt geregelt. Sexuelle Bedürfnisse sind beim Menschen ständig – bewußt oder unbewußt – vorhanden und können jederzeit geweckt werden. Die Möglichkeit zu sexuellen Handlungen ist beim Menschen zu jeder Zeit gegeben. Die Triebziele sind wandelbar.

Das Zusammenleben der Menschen erfordert deshalb eine ständige Gestaltung des sexuellen Lebens, wie wir sie bisher verbindlich in Institutionen, Sitte und Überlieferung fanden; denn das nur ich-bezogene Ausleben der Antriebe, das den Partner zum bloßen Objekt der eigenen Bedürfnisse macht, bedroht sowohl das Leben des einzelnen als auch das Zusammenleben in der Gemeinschaft.

19. Das Verhältnis der Geschlechter wird in der Gesellschaft wie in der privaten Sphäre zunehmend durch dargestellte Sexualität beeinflußt. Die Darstellung des Nackten in Wort und Bild kann informationsfördernd sein und zur Bereicherung der Beziehungen von Mann und Frau beitragen, wenn sie die Zusammenhänge und die Bedeutung menschlicher Sexualität nicht verfälscht.

In solchen auch erotisierenden Darstellungen kann der Versuch gesehen werden, zu einem befreiten Umgang mit der

Sexualität zu gelangen, der allerdings auch Gefahren des Mißbrauchs enthält (siehe in diesem Zusammenhang Ziffer 77).

III. Ehe

20. Zur Ehe gehören der Wille zu lebenslanger Dauer und Ausschließlichkeit der Geschlechtsgemeinschaft, das Bemühen um gemeinsame Ziele und Werte sowie um wechselseitige Rücksicht und Hilfe. Auf diese Weise kommt der verpflichtende Charakter der Ehe zum Ausdruck, den die christliche Überlieferung als Gottes Stiftung bezeugt. In der Ehe verwirklicht sich die leiblich-seelische Einheit von Mann und Frau, die zu einem Stück unverlierbarer Lebensgeschichte der beiden Ehepartner wird.

21. Mann und Frau benötigen den Schutz des Rechts, um ihre eheliche Gemeinschaft zu verwirklichen. Die Gesellschaft kann diesen Schutz nur gewähren, wenn die Ehe in der rechtlich gültigen Form geschlossen wird. Früher leitete die öffentliche Eheschließung häufig erst die Entwicklung zur personalen Gemeinschaft der Partner ein. Heute ist diese meist die Voraussetzung für eine Eheschließung. Der rechtliche, institutionelle Charakter der Ehe reicht allein nicht aus, um die Beziehung der Partner zu stabilisieren. Deshalb ist eine sinnerfüllte Ehe heute stärker als früher abhängig von der gelebten Gemeinschaft, in der die Ehegatten einander annehmen, sich gelten lassen und gemeinsam für stabile Beziehungen sorgen.

31. Vom christlichen Verständnis der Ehe her sind Partnertausch und Gruppensexualität abzulehnen. Partnertausch zwischen einzelnen Paaren, auch zwischen Verheirateten und Unverheirateten oder auch Gruppensexualität zeigen, wie wenig es den Beteiligten gelungen ist, ihre Genitalität in ihre gesamt-menschliche Sexualität und damit in eine personale Partnerschaft zu integrieren.

V. Sexualverhalten in der Jugend

37. Für den Aufbau einer Ehe ist es notwendig, daß der junge Mensch eine in der frühen Phase der körperlichen Sexualreife

geübte Selbstbefriedigung überwindet. Geschlechtsverkehr als bloßer Ersatz für Selbstbefriedigung ist kein Schritt auf dem Wege zur Reife. Es kommt für die jungen Menschen darauf an, durch Information, eigenes Überlegen und Gespräche zu erfahren, daß sie weder durch Selbstbefriedigung noch durch das Ausprobieren des Geschlechtsverkehrs ihr eigentliches Ziel, zum anderen Geschlecht in eine tragfähige Beziehung zu treten, erreichen. Ebenso geht wechselnder Geschlechtsverkehr mit verschiedenen Personen an der Erfahrung einer vertieften Partnerschaft vorbei. Er mißachtet fast stets die Person des anderen und dient, auch wenn gegenseitige Übereinstimmung vorliegt, lediglich der Befriedigung eigener Wünsche, die den anderen Menschen zum Objekt machen.

38. Aufgabe der Kirche in der Sexualerziehung ist es, alle jungen Menschen in ihren unterschiedlichen Situationen zu verstehen und ihnen Hilfen zur sinnvollen Gestaltung ihres sexuellen Lebens zu geben.

Gegenwärtig werden geschlechtliche Beziehungen vor der Ehe – wenn auch unter bestimmten Vorbehalten – in der Gesellschaft gebilligt. Die Kirche steht vor der Frage, wie sie sich zu dieser Tatsache stellen soll. In der christlichen Ethik herrscht die einhellige Überzeugung, daß volle geschlechtliche Partnerschaft ihren Ort in der Ehe hat. Doch wird auch die Notwendigkeit anerkannt, sexuelle Entwicklungsprozesse differenziert zu sehen. Daher wird Geschlechtsverkehr verlobter oder fest befreundeter Paare in einer ganzheitlich-personalen Beziehung, die mit der Absicht auf Dauer verbunden ist, grundsätzlich anders gesehen als das „Ausprobieren" mit wechselnden Partnern.

40. Um die Spannung zwischen Kontaktverlangen und sexuellen Wünschen einerseits und der fehlenden Möglichkeit, eine Ehe einzugehen, andererseits zu verringern, wird immer häufiger der wechselseitige Austausch intimer Zärtlichkeiten (Petting) zwischen den Geschlechtspartnern gesucht. Wenn es nicht bei der gegenseitigen Selbstbefriedigung bleibt, ist Petting die Vorstufe des Geschlechtsverkehrs. Wird es zu dem alleinigen Zweck der Bemühungen um den Partner über einen längeren

Zeitraum als einzige Form sexuellen Lebens angewandt, kann ein Gebundenbleiben an diese Form des Umganges entstehen, das eine Vertiefung der Partnerschaft mit vollem Geschlechtsverkehr behindert.

41. Wenn es zu Geschlechtsverkehr Unverheirateter kommt, besteht ebenso wie in der Ehe die Verantwortung für eine mögliche Elternschaft. Wenn die Bereitschaft zur Übernahme der Verantwortung für ein Kind fehlt, ist die Anwendung empfängnisverhütender Mittel unvermeidlich.

Keinesfalls aber sollte im Vertrauen auf die Sicherheit empfängnisverhütender Mittel der Geschlechtsverkehr von der partnerschaftlichen Verantwortung isoliert und mit der dadurch ausgeschalteten Furcht vor Schwangerschaft jeder Geschlechtsverkehr gerechtfertigt werden.

XI. Sexuelle Perversionen

62. Die menschliche Sexualität hat keine naturhaft vorgegebene einheitliche Zielrichtung. Sie fächert sich in eine außerordentlich große Fülle von Spielarten und Variationsmöglichkeiten auf. Die Verselbständigung von Teilaspekten der Sexualität kann zu Perversionen führen.

63. Die sexuellen Perversionen sind Fehlentwicklungen der Sexualität, entstanden durch angeborene (konstitutionelle) oder erworbene körperliche Schäden (wie z. B. hirnorganische Störungen) oder durch psychosoziale Entwicklungsstörungen bestimmt. Sie können u. a. darin bestehen, daß Teiltriebe der Sexualität, wie z. B. die Schau- und Zeigelust oder gewisse aggressive Elemente, sich verselbständigen oder erhebliche Störungen der Partnerbezogenheit eintreten. Die sexuellen Perversionen zeichnen sich dadurch aus, daß durch krankhafte Festlegung eine sexuelle bzw. genitale Befriedigung nur unter ganz bestimmten Bedingungen erfolgt. Diese Bedingungen sucht der Perverse meist unter Mißachtung der Person des Partners dranghaft und häufig gewaltsam herzustellen, ohne diese Triebausrichtung willentlich kontrollieren zu können.

Sexuelle Perversionen, die auf einer erworbenen psychosozialen Entwicklungsstörung beruhen, können u. U. psychotherapeutisch geheilt werden, jedoch nur, wenn Bereitschaft zur Mitarbeit besteht.

Die zahlreichen Möglichkeiten und Variationen des Liebesspiels und des sexuell-genitalen Umgangs eines liebenden Paares, die in gegenseitiger Übereinstimmung geschehen, gehören nicht zu den Perversionen.

Zu den sexuellen Perversionen im engeren Sinne zählen:

Der Fetischismus: Sexualbefriedigung nur, wenn Kleidungsstücke des anderen Geschlechts getragen werden oder im Besitz sind, die meist dranghaft entwendet werden.

Der Exhibitionismus: Sexualbefriedigung nur, wenn die entblößten eigenen Geschlechtsorgane von einem Partner anderen Geschlechts gesehen werden; dabei wird der oft kindliche Partner bedroht (nur bei Männern bekannt).

Der Voyeurismus: Sexualbefriedigung nur, wenn die Genitalorgane des anderen Geschlechts gesehen werden. Dabei wird der Zugang zum Beschauen meist auf illegale Weise erreicht (vorwiegend bei Männern).

Der Sadismus: Sexualbefriedigung nur, wenn der Partner unter zugefügten Qualen leidet. Von leichten Formen in dauerhaften Partnerschaften bis zu schweren Störungen, die kaum noch als Sexualbefriedigung zu erkennen sind und als bloße Quälereien erscheinen, sind viele Übergänge möglich.

Der Masochismus: Sexualbefriedigung nur, wenn Schmerzen und Qualen selbst erlebt werden. Menschen mit dieser krankhaften Festlegung ihres Sexualempfindens suchen häufig Situationen oder Partner aus dem Bereich des Sadismus, um zu einer Ergänzung und u. U. zu einer dauerhaften Beziehung zu kommen. Schwere Störungen sind kaum noch als Sexualbefriedigungen zu erkennen.

Der Transvestitismus: Sexualbefriedigung nur, wenn in Kleidung des Gegengeschlechts aufgetreten werden kann mit dem Ziel, in der gegengeschlechtlichen Rolle geliebt zu werden (bei schweren Formen [Transsexualismus] Wunsch nach Umwandlung in eine Person des anderen Geschlechts).

Bei totalem Verlust der zwischenmenschlichen Partnerbeziehung und rein funktionellen sexuellen Triebentladungen kann ein Ausweichen auf Tiere *(Zoophilie)* oder Leichen *(Nekrophilie)* erfolgen.

Beziehungsstörungen liegen auch vor, wenn Sexualbefriedigung nur durch Vergewaltigung oder Lustmord oder die Verführung von Kindern unter Anwendung von Gewalt möglich ist. Bei solchen Störungen liegen häufig Schwachsinn und andere hirn-organische Krankheiten zugrunde.

64. In Verkündigung und Seelsorge sollte die Kirche wirksamer vertreten, daß es sich bei den Perversionen meistens um Krankheiten handelt und nicht um willentlichen Mißbrauch der Sexualität, selbst wenn die Betroffenen einsehen, daß ihre Handlungen den Partner als Objekt mißbrauchen und ihn schädigen. Anstatt sich über derartige Handlungen zu entrüsten, sollten Kirche und Gesellschaft Institute einrichten und fördern, in denen fachlich betreut und ärztlich behandelt werden kann.

Kinder und Jugendliche müssen vor Verführung, Werbung und Propaganda für Perversionen geschützt werden.

XII. Homosexualität

65. Homosexualität unterscheidet sich von heterosexueller Partnerschaft grundsätzlich dadurch, daß sie auf einen gleichgeschlechtlichen Partner zielt. Individuell gestört ist entweder das Verhältnis zur eigenen Geschlechtsrolle oder das zum anderen Geschlecht. Sie tritt bei Männern und bei Frauen auf.

Die Fähigkeit, sich liebend auf einen Partner zu beziehen, kann voll entwickelt sein. In vielen Formen der Homosexualität wird daher eine personale Beziehung beabsichtigt, bisher aber auf die Dauer kaum erreicht.

66. Es lassen sich verschiedene Gruppen, die zu einer Sexualbetätigung mit dem gleichen Geschlecht neigen, unterscheiden:

a) Einige Menschen empfinden annähernd gleich starke Zuneigung zu Partnern des gleichen und des anderen Geschlechts. Sie sind von ihren Empfindungen her als bisexuell zu bezeichnen. Sie können nebeneinander hetero-sexuelle (gegengeschlechtliche) und homosexuelle (gleichgeschlechtliche) Beziehungen haben.

b) Eine Anzahl Jugendlicher wird in einer bestimmten Phase der Entwicklung vorübergehend zu homosexuellen Praktiken verführt oder gelangt zu solchem Verhalten aus entwicklungsbedingter Unsicherheit vor dem anderen Geschlecht. Dadurch wird die Grundrichtung ihres sexuellen Verhaltens und Erlebens nicht endgültig festgelegt. In sehr vielen Fällen wird dieses Stadium von selbst überwunden, in anderen können Beratung und Therapie helfen, die Scheu vor der hetero-sexuellen Bindung zu überwinden.

c) Häufig ist eine Fehlentwicklung der Sexualität im frühen Kindesalter Ursache für Homosexualität. Diese Homosexuellen können durch psychotherapeutische Behandlung zu Empfindungen für das andere Geschlecht gelangen, wenn es gelingt, die erworbenen seelischen Störungen zu beheben.

d) Bei anderen Homosexuellen ist die Hinwendung zum anderen Geschlecht gehemmt durch angeborene oder erworbene hirnorganische Schäden. In diesen Fällen ist eine betreuende Führung, u. U. eine medikamentöse oder operative Behandlung mit dem Ziel möglich, die drängende homosexuelle Triebhaftigkeit zu mildern.

e) Bei einer anderen, wissenschaftlich noch nicht klar abzugrenzenden Gruppe scheint ein bisher unbekannter, möglicherweise konstitutioneller Faktor eine entscheidende Rolle zu spielen. Die Aussicht, einem solchen sogenannten „Neigungshomosexuellen" durch Behandlung zu einer hetero-sexuellen Beziehungsfähigkeit zu verhelfen, ist gering.

f) Eine Minderheit unter den homosexuellen jungen Männern betreibt homosexuelle Prostitution zum Gelderwerb. Diese sind in ihrem Erleben entweder auf das weibliche Geschlecht ausgerichtet oder haben eine indifferente Gefühlseinstellung und sind in der Mehrzahl bindungsunfähig. Einige von ihnen führen auch ein auf Partner des anderen Geschlechts ausgerichtetes Sexualleben.

67. Die weitverbreitete unreflektierte Verurteilung der Homosexualität als widernatürliches schuldhaftes Verhalten darf nicht beibehalten werden. Die christliche Verkündigung sieht den Sinn der menschlichen Sexualität in der dauerhaften Beziehung eines Mannes und einer Frau. Diese Personalisierung wird bei vielen Formen der Homosexualität verfehlt, so daß keine dauerhafte Partnerbeziehung, sondern häufiger Partnerwechsel entsteht.

68. Die evangelische Kirche versteht die Homosexualität als sexuelle Fehlform und lehnt ihre Idealisierung ab. Das ist aber eine andere Beurteilung als die frühere moralisch verurtei-

lende, die die Bestrafung als einzige Reaktionsmöglichkeit kannte. Das Wissen um die Personalisierung der Sexualität eröffnet heute neue Möglichkeiten der seelsorgerlichen und therapeutischen Hilfe für diese Menschen.

Kinder und Jugendliche müssen vor Verführung, Werbung und Propaganda für Homosexualität geschützt werden.

XIII. Allgemeine Beziehungen von Mann und Frau in der Gesellschaft

74. In unserer Gesellschaft sind eine Kindheit ohne Geborgenheit, schwere Enttäuschungen in ersten sexuellen Kontakten oder finanzielle Erwägung häufig Gründe für die Ausübung von Prostitution und Promiskuität. Die Prostituierten weichen oft der ausschließlichen Lebensgemeinschaft mit einem Partner ebenso aus wie der Möglichkeit, allein zu leben.

Allerdings muß auch der jeweilige Zusammenhang von Prostitution und Gesellschaft beachtet werden. Es gibt Ursachen wirtschaftlicher und politischer Art, welche die Prostitution begünstigen, und zwar sowohl hinsichtlich ihres Ausmaßes als auch bezüglich des Verhaltens, das zu ihr führt.

75. Die Beziehung der Partner in einem Prostitutionsverhältnis bedeutet meistens eine Reduktion auf isolierte Geschlechtsakte. Sie schließt viele Komponenten aus, die in einer umfassend gelebten Sexualität enthalten sind. Die Befreiung von momentanem Triebdruck wird nie die gesuchte volle Befriedigung gewähren. Die Prostitution kann darum nicht als des Menschen würdige Gestaltung der Sexualität betrachtet werden.

Was für die weibliche Prostitution gilt, gilt weithin auch für die männliche.

76. Die Kenntnis dieser Zusammenhänge läßt es nicht zu, die Prostitution unreflektiert zu verurteilen, sondern verlangt, die resignierende Einstellung gegenüber Haltungen und Verhältnissen zu überwinden, die verändert werden können. Die evangelische Kirche hat die Aufgabe, diese Zusammenhänge

bewußt zu machen und an ihrer Bewältigung mitzuarbeiten. Ebenso muß sie die Menschenwürde der einzelnen Prostituierten schützen, ihr helfen und sie beraten.

77. Pornographie ist ein Ausdruck nicht bewältigter Sexualität. Der größte Teil der gegenwärtigen direkten wie der bildlichen, filmischen und beschreibenden Darstellung sexuellgenitaler Handlungen hat nämlich mit sexueller Befreiung nichts zu tun. Die Einbettung der Sexualität in die Humanität kommt in derartigen Darstellungen kaum zum Ausdruck. Hier werden Sexualität und Genitalität vielmehr zu Objekten des Konsums und der Profitgier. Sie werden aus der personalen Gemeinschaft des Paares ausgeschlossen. Die fast ausschließliche Ausrichtung auf genitale Praktiken, genitale Leistung, häufig in Verbindung mit Brutalität, ist Ausdruck der Isolierung und Festlegung der Sexualität auf einer infantilen Stufe der Schau- und Zeigelust sowie der rein aggressiven Bewältigung von Gestaltungsaufgaben. Außerdem ist die Darstellung der Frau als Objekt des Mannes ein Rückfall in überholte patriarchalische Vorstellungen. Die Verführung zu homosexuellen und perversen Praktiken ist zudem Ausdruck einer fehlgeleiteten Entwicklung.

Pornographie ist als sozialschädlich und jugendgefährdend abzulehnen.

20. Sog. „Präzisierung des Bundesministeriums der Justiz" zum Pornographieproblem

(Presseerklärung vom 25. Februar 1971)

Bundesjustizminister Gerhard Jahn hat Vorschläge zur Neufassung des § 184 des Strafgesetzbuchs (Strafbarkeit von Pornographie) ausgearbeitet, mit denen in der öffentlichen Diskussion aufgeworfene Zweifelsfragen geklärt und die bisherigen Regelungen im Regierungsentwurf für ein neues Sexualstrafrecht präzisiert werden sollen. Gleichzeitig wird vorgeschlagen, in einem völlig neuen Paragraphen (§ 131 StGB) Darstellungen unter Strafe zu stellen, die Gewalttätigkeiten von Menschen in grausamer oder sonst unmenschlicher Weise schildern oder zum Rassenhaß aufstacheln. Diese Vorschläge werden dem Strafrechtsausschuß des Bundestages zu seinen Beratungen zur Verfügung stehen.

Jahn betonte, daß mit diesen Vorschlägen die ursprüngliche Absicht des Regierungsentwurfs verdeutlicht werde, die in der öffentlichen Diskussion über die angebliche Freigabe der Pornographie häufig übersehen worden sei. Der Regierungsentwurf habe Pornographie von Anfang an dort unter Strafandrohung gestellt, wo sie sozialschädlichen Einfluß haben könne. Dies gelte insbesondere für den Jugendschutz. Die Vorschläge sollen diesen Gesichtspunkt des Jugendschutzes nun besonders unterstreichen, ohne daß damit ein neuer Akzent im Regierungsentwurf gesetzt würde. Bei der Verabschiedung des Gesetzentwurfs im Kabinett sei auch – wie er schon vor der Bundespressekonferenz am 17. September 1970 ausgeführt habe – die Frage erörtert worden, welche Auswirkungen strafrechtlicher Art sich aus der Möglichkeit ergeben könnten, daß Pornographie oder Gewaltdarstellungen durch die Massenmedien, insbesondere durch das Fernsehen, vermittelt werden könnten. Die Bundesregierung habe damals schon ausdrücklich erklärt, daß diese Frage bei den Beratungen des Parlaments eine Rolle spielen sollte. Die Formulierungsvorschläge trügen dieser Forderung Rechnung.

Die Regelungen des Regierungsentwurfs – generelle Strafandrohung für sadistische und pädophile Pornographie, Schutz von Jugendlichen und Kindern vor jeglicher Pornographie, Schutz der Erwachsenen vor unverlangt zugesandter Pornographie – sind in den Vorschlägen durch folgende Punkte präzisiert worden: Außer sadistischer und pädophiler wird auch die sodomitische Pornographie unter Strafe gestellt, ebenso pornographische Rundfunk- und Fernsehsendungen und die Darstellungen von Pornographie in der Öffentlichkeit (an Kiosken, in Schaufenstern, auf Kinoplakaten). So ist ein wirksamer Jugendschutz zu gewährleisten. Der Regierungsentwurf droht Strafe bereits für die Ausstellung von Pornographie an Orten, die Jugendlichen zugänglich sind, an. Insoweit stellen die Formulierungsvorschläge auch keinen „Rückzug von der Reformfront“ dar, sondern dienen lediglich der besseren Klarstellung der mit dem Regierungsentwurf verfolgten Absichten.

Neu ist allerdings der Vorschlag, auch Darstellungen von Gewalttätigkeiten unter Strafe zu stellen. Dies ist ein Ergebnis des dreitägigen Hearings zum Sexualstrafrecht im Bundestag, bei dem von verschiedenen Seiten auf die Gefährlichkeit dieser Darstellungen hingewiesen wurde. Bundesjustizminister Jahn betonte in diesem Zusammenhang, daß er sich bei der öffentlichen Diskussion um die Frage der Pornographie manchmal gefragt habe, warum die gleichen Kreise, die lautstark jede Darstellung sexuellen Verhaltens verdammten, sich nicht ebenso zu Wort gemeldet hätten, wenn es um die öffentliche Darstellung von Mord und Totschlag ginge. Grausamkeiten und Brutalitäten seien geeignet, Hemmungen gegen Gewalt abzubauen, die Darstellung mithin sozialschädlich. Die Grenzen in diesem Bereich müßten allerdings während der Beratungen im Bundestag noch sorgfältig abgesteckt werden.

Die Formulierungsvorschläge haben folgenden Wortlaut:

Vorschläge zum Verhältnis von StGB und GjS

I.

§ 131 des Strafgesetzbuches wird durch folgende Vorschrift ersetzt:

§ 131

(1) Wer Schriften, Ton- oder Bildträger, Abbildungen oder Darstellungen, die Gewalttätigkeiten gegen Menschen in grausamer oder sonst unmenschlicher Weise schildern oder die zum Rassenhaß aufstacheln,

1. verbreitet,
2. an einem allgemein zugänglichen Ort ausstellt, anschlägt, vorführt oder sonst zugänglich macht,
3. herstellt, bezieht, liefert, vorrätig hält oder in den räumlichen Geltungsbereich dieses Gesetzes einzuführen oder daraus auszuführen unternimmt, um sie oder aus ihnen gewonnene Stücke zu verbreiten oder einem anderen die Verbreitung zu ermöglichen, oder
4. einem Kind oder Jugendlichen anbietet, überläßt oder sonst zugänglich macht,

wird mit Freiheitsstrafe bis zu einem Jahr oder mit Geldstrafe bestraft.

(2) Ebenso wird bestraft, wer eine Darbietung des in Absatz 1 bezeichneten Inhalts durch Rundfunk oder Fernsehen öffentlich verbreitet.

(3) Die Absätze 1 und 2 gelten nicht, wenn die Handlung im Rahmen der Berichterstattung über Ereignisse des Zeitgeschehens oder der Geschichte vorgenommen wird.

II.

Es erhalten folgende Fassung:

§ 184*

(1) Wer pornographische Schriften, Ton- oder Bildträger, Abbildungen oder Darstellungen

* Es ist vorgesehen, § 5 der Außenwirtschaftsverordnung zu ändern und dort eine Vorschrift einzustellen, welche die Ausfuhr von pornographischem Material an einen Ort, an dem die Verbreitung dieses Materials mit Strafe bedroht ist, verbietet und unter Strafe stellt.

1. einem Kind oder Jugendlichen anbietet, überläßt oder sonst zugänglich macht,

2. im Handel außerhalb von Geschäftsräumen oder im Reisegewerbe, in Kiosken oder anderen Verkaufsstellen, die der Kunde nicht zu betreten pflegt, oder in gewerblichen Lesezirkeln einem anderen anbietet oder überläßt,

3. in einer öffentlichen Lichtspielvorführung zeigt,

4. an einem Ort, der für Kinder oder Jugendliche zugänglich ist oder von ihnen eingesehen werden kann, ausstellt, anschlägt oder vorführt oder dorthin in Bild oder Ton übermittelt,

5. an einen anderen gelangen läßt, ohne von diesem hierzu aufgefordert zu sein,

6. herstellt, vorrätig hält, bezieht, liefert oder in den räumlichen Geltungsbereich dieses Gesetzes einzuführen unternimmt, um sie oder aus ihnen gewonnene Stücke im Sinne der Nummern 1 bis 5 zu verwenden oder einem anderen die Verwendung zu ermöglichen,

wird mit Freiheitsstrafe bis zu einem Jahr oder mit Geldstrafe bestraft.

(2) Ebenso wird bestraft, wer eine pornographische Darbietung durch Rundfunk oder Fernsehen öffentlich verbreitet.

(3) Absatz 1 Nr. 2 ist nicht anzuwenden, wenn der zur Sorge für die Person Berechtigte oder mit seiner Einwilligung ein Dritter handelt.

§ 184a

Wer pornographische Schriften, Ton- oder Bildträger, Abbildungen oder Darstellungen, die Gewalttätigkeiten, den sexuellen Mißbrauch von Kindern oder sexuelle Handlungen von Menschen mit Tieren zum Gegenstand haben,

1. verbreitet,

2. an einem allgemein zugänglichen Ort ausstellt, anschlägt, vorführt oder sonst zugänglich macht oder

3. herstellt, bezieht, liefert, vorrätig hält oder in den räumlichen Geltungsbereich dieses Gesetzes einzuführen oder daraus auszuführen unternimmt, um sie oder aus ihnen gewonnene Stücke zu verbreiten oder einem anderen die Verbreitung zu ermöglichen,

wird mit Freiheitsstrafe bis zu einem Jahr oder mit Geldstrafe bestraft.

Artikel 2[1])

(1) Ordnungswidrig handelt, wer durch Verbreiten, Anschlagen oder Vorführen von Schriften, Ton- oder Bildträgern, Abbildungen oder Darstellungen in grob anstößiger Weise Gelegenheit zum außerehelichen sexuellen Verkehr oder die Vermittlung oder Förderung eines solchen Verkehrs anbietet, ankündigt oder anpreist oder solche Erklärungen bekanntgibt.

(2) Die Ordnungswidrigkeit kann mit einer Geldbuße bis zu fünfzigtausend Deutsche Mark geahndet werden.

Artikel 2a

(1) Ordnungswidrig handelt, wer Ton- oder Bildträger, Abbildungen oder Darstellungen grob [aufdringlich] sexuellen Inhalts auf öffentlichen Straßen oder Plätzen oder an anderen Orten des öffentlichen Verkehrs oder an Orten, die von dort aus eingesehen werden können, anschlägt oder vorführt oder dorthin in Bild oder Ton übermittelt.

(2) Ordnungswidrig handelt ferner, wer pornographische Schriften, Ton- oder Bildträger, Abbildungen oder Darstellungen

1. öffentlich, durch Verbreiten von periodischen Schriften, die monatlich oder öfter erscheinen und nicht fachlichen Zwecken des Buchhandels dienen, durch Postwurfsendung oder in grob anstößiger Weise ankündigt oder anpreist oder

2. einem anderen im Wege des Versandhandels verkauft, vermietet oder sonst überläßt, ohne daß ihm eine amtliche Bescheinigung des anderen über sein Geburtsdatum vorliegt oder

1 § 361 Nr. 6 StGB wird aufgehoben.

bei einer früheren Eintragung in eine Kundenliste vorgelegen hat.

(3) Die Ordnungswidrigkeit kann mit einer Geldbuße bis zu fünfzigtausend Deutsche Mark geahndet werden.

Artikel 2b

(1) Ordnungswidrig handelt ferner, wer in grob anstößiger Weise Mittel oder Gegenstände, die dem sexuellen Gebrauch dienen, öffentlich oder durch Verbreiten von Schriften, Bild- oder Tonträgern, Abbildungen oder Darstellungen ankündigt, anpreist oder an einem Ort ausstellt, der allgemein zugänglich ist oder von dort eingesehen werden kann.

(2) Die Ordnungswidrigkeit kann mit einer Geldbuße bis zu fünfzigtausend Deutsche Mark geahndet werden.

Artikel 2c

Gegenstände, auf die sich eine Ordnungswidrigkeit nach den Artikeln 2, 2a und 2b bezieht, können eingezogen werden. Ist die Tat durch Ankündigen oder Anpreisen begangen worden, so kann nur das Werbematerial eingezogen werden.

Artikel 2d

(1) Ordnungswidrig handelt,

1. wer öffentlich in einer Weise, die geeignet ist, die Allgemeinheit oder einzelne andere zu belästigen, zu sexuellen Handlungen auffordert oder sie anbietet oder
2. wer einem durch Rechtsverordnung erlassenen Verbot, der Prostitution an bestimmten Orten überhaupt oder zu bestimmten Tageszeiten nachzugehen, zuwiderhandelt.

(2) Die Ordnungswidrigkeit kann mit einer Geldbuße geahndet werden.

III.

Aus der zu Artikel I und II vorgeschlagenen Lösung ergibt sich die Folgerung, daß § 6 GjS aufgehoben werden muß.

21. Stellungnahme des Kommissariats der deutschen Bischöfe zu den Vorschlägen des Bundesjustizministeriums zu den §§ 131, 184 ff. StGB und zum Verhältnis von StGB und GjS

vom 13. April 1971

Der von der Bischofskonferenz berufene Katholische Arbeitskreis für Strafrecht hat in seiner Stellungnahme vom 23. November 1970 gewichtige Bedenken gegen mehrere Vorschriften des Entwurfs eines Vierten Gesetzes zur Reform des Strafrechts (4. StrRG) vorgetragen. Das Kommissariat der deutschen Bischöfe hat sich der Stellungnahme der Katholischen Strafrechtskommission in allen Punkten angeschlossen und darum gebeten, den geäußerten Bedenken Rechnung zu tragen.

In seiner Rede zur Einbringung des Entwurfs des Vierten Gesetzes zur Reform des Strafrechts in der 105. Sitzung des Deutschen Bundestages am 5. März 1971 hat der Bundesminister der Justiz eine Erweiterung und Präzisierung der im Regierungsentwurf enthaltenen Strafvorschriften gegen die Pornographie angekündigt, die inzwischen im Bulletin der Bundesregierung Nr. 30 vom 2. März 1971 auch veröffentlicht worden sind.

Wir verkennen nicht, daß die neuen Formulierungsvorschläge eine Verbesserung der Regierungsvorlage darstellen. Das gilt vor allem für das in § 131 Abs. 2 und in § 184 Abs. 2 des Entwurfs vorgesehene ausdrückliche Verbot gewaltverherrlichender und pornographischer Darbietungen durch Rundfunk und Fernsehen. Dennoch glauben wir, ernste Bedenken aufrechterhalten zu müssen.

Diese Bedenken möchten wir zunächst pauschal in drei Thesen zusammenfassen:

I. Das Gesetz über die Verbreitung jugendgefährdender Schriften vom 29. 4. 1961 (GjS) sollte *nicht* demontiert, sondern uneingeschränkt erhalten bleiben. Es sollten auch nicht einzelne Bestimmungen aus dem GjS – wie die vorgeschlagene Neufassung des Strafgesetzbuches dies vorsieht – teils unverändert, teils in abgeschwächter Form in das Strafgesetzbuch übernommen werden, weil dadurch die Geschlossenheit des Gesetzes über die Verbreitung jugendgefährdender Schriften und die Überschaubarkeit der Jugendschutzvorschriften beseitigt wird. Zwar sind auch in § 184 Abs. 1 Nr. 2 und in § 184a des geltenden Strafrechts Jugendschutzvorschriften enthalten. Diese Vorschriften sind aber wesentlich älter als die Bestimmungen des Gesetzes über die Verbreitung jugendgefährdender Schriften. Der Bundesgesetzgeber hat bei der Schaffung des Gesetzes über die Verbreitung jugendgefährdender Schriften im Jahre 1961 bewußt weitergehende Jugendschutzvorschriften in ein Spezialgesetz aufgenommen. Die entsprechenden Vorschriften im StGB sind dadurch weitgehend obsolet geworden. Im übrigen würde mit der teilweisen Übernahme von Vorschriften aus dem GjS in das StGB ein Vorwand geschaffen, das GjS weiter abzubauen oder sogar ganz aufzuheben. Schließlich ist nach dem GjS auch die fahrlässige Begehungsform strafbar, während nach den Vorschlägen für das neue Strafgesetzbuch nur die vorsätzliche Begehungsform pönalisiert werden soll. Gerade auf die Strafbarkeit der fahrlässigen Begehungsform kann aus Beweisgründen einfach nicht verzichtet werden.

II. Die Einfuhr, Herstellung, Vervielfältigung, Vorratshaltung und Verbreitung pornographischen (unzüchtigen) Materials muß in Übereinstimmung mit dem Votum des Bundesrates und in Übereinstimmung mit der Stellungnahme der Landessynode und des Landeskirchenrates der Evangelisch-Lutherischen Landeskirche in Bayern vom 12. 3. 1971 wie bisher strafbar bleiben, weil sonst ein wirksamer Schutz von Kindern und Jugendlichen nicht gewährleistet werden kann.

III. Gegen den Begriff „Pornographie" bestehen nach wie vor Bedenken. (Vgl. Stellungnahme des Katholischen Arbeitskreises für Strafrecht vom 23. 11. 1970).

Über den Begriff „Pornographie" kann nur dann ernsthaft diskutiert werden, wenn eine befriedigende Legaldefinition gefunden und in das Gesetz aufgenommen wird, damit die bei diesem neuen Begriff zu erwartende Rechtsunsicherheit auf ein Minimum reduziert wird, und wenn außerdem sichergestellt wird, daß das Gesetz über die Verbreitung jugendgefährdender Schriften uneingeschränkt (einschließlich § 6 Abs. 1) erhalten bleibt.

Zu den neuen Formulierungsvorschlägen nehmen wir im einzelnen wie folgt Stellung:

1. Mit der Zielrichtung der vorgeschlagenen Neufassung des § 131 StGB sind wir einverstanden. Wir begrüßen es, daß beabsichtigt ist, die Herstellung, die Vorratshaltung und Verbreitung von Schriften, Ton- und Bildträgern, Abbildungen oder Darstellungen, die Gewalttätigkeiten gegen Menschen in grausamer oder sonst unmenschlicher Weise schildern oder die zum Rassenhaß aufstacheln, unter Strafe zu stellen.

Wir glauben jedoch, daß § 131 Abs. 1 Nr. 4 des Entwurfs („einem Kind oder Jugendlichen anbietet, überläßt oder sonst zugänglich macht") entbehrlich ist, da der hier vorgesehene Tatbestand bereits von den §§ 1, 3, 6 Abs. 1, 21 GjS in noch weitergehender Form erfaßt ist und diese Bestimmung aus den unter Ziffer I genannten Gründen im Strafgesetzbuch nicht noch einmal erscheinen sollte.

Ferner erscheint uns der Begriff „Darstellungen" in § 131 Abs. 1 des Entwurfs zu eng. Nach herrschender Auffassung sind hierunter nur „tote" Darstellungen (z. B. Plastiken) zu verstehen, nicht dagegen Schaustellungen oder Darbietungen durch lebende Menschen (z. B. brutales und grausames Auspeitschen eines Menschen auf öffentlichem Markt). Wir bitten deshalb zu erwägen, den Begriff „Darstellungen" durch das Wort „Darbietungen" zu ersetzen oder zu ergänzen.

2. Aus den vorgenannten Gründen sollte auch in § 184 Abs. 1 StGB das Wort „Darstellungen" durch das Wort „Darbietungen" ersetzt bzw. ergänzt werden.

Die Tatbestände des § 184 Abs. 1 Nr. 1, Nr. 2 und Nr. 4 des Entwurfs sind in wesentlich weitergehender Form vom GjS erfaßt und daher im StGB überflüssig. Es besteht die Befürchtung, daß mit diesen Vorschriften der Jugendschutz nicht verbessert, sondern abgeschwächt wird. Wenn auch nach den Ausführungen des Bundesministers der Justiz im Bundestag beabsichtigt ist, die Bestimmungen des Gesetzes über die Verbreitung jugendgefährdender

Schriften neben der neugefaßten Vorschrift des § 184 StGB bestehen zu lassen, muß für die Praxis mit ernsten Auslegungs- und Abgrenzungsschwierigkeiten und daher mit einer erheblichen Rechtsunsicherheit gerechnet werden, zumal es gesetzesterminologisch unüblich ist, fast gleichlautende Vorschriften in verschiedenen Gesetzen nebeneinander bestehen zu lassen. Es muß deshalb befürchtet werden, daß nach einer etwaigen Verabschiedung des § 84 StGB in der jetzt vorliegenden Fassung Verwaltung und Justiz die Bestimmungen des Gesetzes über die Verbreitung jugendgefährdender Schriften nicht mehr anwenden werden und es dann nur eine Frage der Zeit ist, bis das GjS weiter abgebaut oder ganz aufgehoben wird. Damit würde dem Jugendschutz ein schwerer Schlag versetzt. Die neuen Formulierungsvorschläge für den § 184 StGB fordern die Änderung des GjS geradezu heraus, während die Reform des Strafrechts doch dazu dienen sollte, dieses Spezialgesetz zum Schutz von Kindern und Jugendlichen in seiner Geschlossenheit und in seiner Wirksamkeit zu belassen bzw. erneut zu bestätigen und darüber hinaus im Strafgesetzbuch den Schutz der Erwachsenen sicherzustellen.

§ 184 Abs. 1 Nr. 6 des Entwurfs ist nur eine Deklamation und praktisch wirkungslos, da es in der Praxis nie zu beweisen sein wird, daß die „Herstellung, die Vorratshaltung, das Beziehen, Liefern und Einführen von Pornographie nur zu dem Zwecke geschieht, um sie oder aus ihnen gewonnene Stücke im Sinne der Nummern 1 bis 5 zu verwenden".

Das Erzieherprivileg in § 184 Abs. 3 des Entwurfs begegnet schwerwiegenden Bedenken und muß aus pädagogischen Gründen im Interesse einer gedeihlichen Erziehung und Entwicklung von Kindern und Jugendlichen abgelehnt werden. In dieser Form bedeutet diese Vorschrift einen Freibrief für gewissenlose Erziehungsberechtigte, auch Kindern und Jugendlichen übelste Pornographie zugänglich zu machen. Im übrigen würde auch eine solche Vorschrift nicht in das Strafgesetzbuch, sondern allenfalls in das Gesetz über die Verbreitung jugendgefährdender Schriften gehören.

Zusammenfassend möchten wir bemerken, daß wir dem § 184 des Entwurfs in der neuen Fassung nicht zustimmen können. Aus

Gründen des Jugendschutzes, aus Gründen der Menschenwürde und aus Gründen des Schutzes von Ehe und Familie bitten wir erneut darum, an der Strafbarkeit der Einfuhr, der Herstellung, der Vorratshaltung und der Verbreitung pornographischen (unzüchtigen) Materials festzuhalten.

Für die Pönalisierung des Grundtatbestandes in § 184 sind die Ziffern 1 bis 3 in § 184a des Entwurfs eine gute Diskussionsgrundlage.

Zur weiteren Begründung verweisen wir auf die Seiten 7 bis 15 der Stellungnahme des Katholischen Arbeitskreises für Strafrecht vom 23. November 1970.

3. Zu begrüßen ist, daß die neuen Formulierungsvorschläge in § 184a des Entwurfs auch die sodomitische Pornographie in das Herstellungs- und Verbreitungsverbot einbeziehen wollen, unverständlich dagegen, daß nicht auch die homophile Pornographie und andere Erscheinungsformen besonders harter und abartiger Pornographie einbezogen werden sollen. Die Tatsache, daß man jetzt schon von sog. Fäkalienpornographie spricht und die Tatsache, daß man bereits pornographische Abbildungen und Darstellungen an und mit Leichen herstellt, zeigt, daß bei der weiter zu erwartenden Eskalation durch eine casuistisch enumerative Aufzählung von Tatbeständen die Intention des § 184a des Entwurfs, für die besonders harte und abartige Pornographie ein Herstellungs- und Verbreitungsverbot zu schaffen, nicht zu verwirklichen ist.

Eine wirksame Bekämpfung der Pornographie ist nur zu erreichen, wenn entsprechend dem Vorschlag des Bundesrates und entsprechend unserem Votum die Einfuhr, Herstellung und Verbreitung jeglicher Pornographie wie bisher strafbar bleibt. Einer Sondervorschrift für die besonders harte und abartige Pornographie bedarf es dann nicht.

4. In Artikel 2 des Entwurfs sollte das Wort „grob" gestrichen werden, da es eine wesentliche Einschränkung der hier vorgesehenen Vorschrift bedeutet und diese Bestimmung für die Praxis weitgehend wertlos macht. Ferner sollte das Wort „Verkehr" durch das Wort „Handlungen" ersetzt werden, um auch homophile

Handlungen und besondere Abartigkeiten zu erfassen, die nicht einen (Geschlechts-) Verkehr im engeren Sinne darstellen.

Ferner muß sichergestellt werden, daß die Verbreitung von Inseraten im Stile der St. Pauli-Presse, durch die in anstößiger Weise sexuelle Kontakte gesucht werden, erfaßt werden. Bei der Entwurfsfassung scheint das nicht gesichert.

5. Gegen Artikel 2a Abs. 1 und 2 des Entwurfs bestehen inhaltlich keine grundsätzlichen Bedenken, jedoch handelt es sich auch hier wiederum um Tatbestände, die im GjS geregelt sind und nunmehr in eingeschränkter Form im Strafgesetzbuch erscheinen. Hier wird also erneut eine Ersatzvorschrift geschaffen, die zum Vorwand genommen werden kann, die §§ 1—6 GjS entbehrlich zu machen.

6. In Artikel 2b bitten wir ebenfalls das Wort „grob“ aus den schon erörterten Gründen zu streichen. Im übrigen bestehen gegen Artikel 2b keine Bedenken.

7. Gegen Artikel 2c und 2d werden Einwendungen nicht erhoben.

8. Die in Artikel III des Entwurfs vorgesehene Streichung des § 6 Abs. 1 GjS kann *nicht* hingenommen werden. Beim Wegfall des § 6 Abs. 1 würde eine der wesentlichsten Vorschriften des Gesetzes über die Verbreitung jugendgefährdender Schriften entfallen und damit der Jugendschutz erheblich abgeschwächt.

Anstatt den § 6 Abs. 1 GjS zu streichen, sollte ernsthaft geprüft werden, wie durch eine Änderung der strafprozessualen Zuständigkeitsregelungen, durch Schaffung einer zentralen Gutachterstelle und durch eine Umgestaltung der Bundesprüfstelle das geltende Recht, insbesondere auch der § 6 Abs. 1 GjS wieder effizient gemacht werden kann.

9. Nicht unerwähnt soll bleiben, daß die Bundesrepublik Deutschland bei Verabschiedung des vorliegenden Gesetzentwurfs das Internationale Abkommen vom 12. September 1923 zur Bekämpfung der Verbreitung und des Vertriebs unzüchtiger Veröffentlichungen kündigen und aus dieser internationalen Konven-

tion, der über 90 Kulturnationen der Erde angehören, austreten müßte. Bisher hat nur Dänemark das Abkommen gekündigt.

Würde die Bundesrepublik Deutschland als zweites Land die Vereinbarung aufkündigen, würde das deutsche Ansehen im Ausland mit Sicherheit erneut Schaden leiden und Deutschland würde in den Ruf geraten, Hersteller und Verbreiter übelster, die Menschenwürde mißachtender und die Jugend gefährdender Pornographie zu sein.

FSC
www.fsc.org
MIX
Papier | Fördert
gute Waldnutzung
FSC® C083411

Kolibri 360 GmbH
Ferdinand-Jühlke-Straße 7
99095 Erfurt, Deutschland
produktsicherheit@kolibri360.de